国家社科基金
GUOJIA SHEKE JIJIN HOUQI ZIZHU XIANGMU
后期资助项目

人力资本对收入流动影响的代际传导效应研究

The Effect of the Intergenerational Transmission of Human Capital on Income Flow

秦立建 著

中国财经出版传媒集团

经济科学出版社
Economic Science Press

图书在版编目（CIP）数据

人力资本对收入流动影响的代际传导效应研究/
秦立建著. —北京：经济科学出版社，2020.10
国家社科基金后期资助项目
ISBN 978 - 7 - 5218 - 1853 - 6

Ⅰ.①人… Ⅱ.①秦… Ⅲ.①人力资本 - 影响 -
国民收入分配 - 研究 - 中国 Ⅳ.①F124.7

中国版本图书馆 CIP 数据核字（2020）第 174556 号

责任编辑：李 雪 高 波
责任校对：隗立娜
责任印制：邱 天

人力资本对收入流动影响的代际传导效应研究
秦立建 著
经济科学出版社出版、发行 新华书店经销
社址：北京市海淀区阜成路甲 28 号 邮编：100142
总编部电话：010 - 88191217 发行部电话：010 - 88191522
网址：www. esp. com. cn
电子邮箱：esp@ esp. com. cn
天猫网店：经济科学出版社旗舰店
网址：http://jjkxcbs. tmall. com
北京季蜂印刷有限公司印装
710 × 1000 16 开 18.75 印张 340000 字
2021 年 1 月第 1 版 2021 年 1 月第 1 次印刷
ISBN 978 - 7 - 5218 - 1853 - 6 定价：74.00 元
（图书出现印装问题，本社负责调换。电话：010 - 88191510）
（版权所有 侵权必究 打击盗版 举报热线：010 - 88191661
QQ：2242791300 营销中心电话：010 - 88191537
电子邮箱：dbts@ esp. com. cn）

国家社科基金后期资助项目
出版说明

    后期资助项目是国家社科基金设立的一类重要项目，旨在鼓励广大社科研究者潜心治学，支持基础研究多出优秀成果。它是经过严格评审，从接近完成的科研成果中遴选立项的。为扩大后期资助项目的影响，更好地推动学术发展，促进成果转化，全国哲学社会科学规划办公室按照"统一设计、统一标识、统一版式、形成系列"的总体要求，组织出版国家社科基金后期资助项目成果。

全国哲学社会科学规划办公室

摘　　要

改革开放以来，我国经济快速发展，人民生活水平日益提高。但伴随而来的收入分配不公平程度日趋严重。2000 年以来，我国基尼系数一直处于世界公认的 0.4 警戒水平之上，近年来，更是达到了 0.49，表明我国存在较大程度的收入不公平现象。代际收入流动性是衡量收入不公平的指标之一，而代际收入弹性是衡量代际收入流动性必不可少的指标。当前，降低代际收入弹性系数，提升收入在代际之间的流动性，缩小收入差距是促进我国经济发展的重要任务，而提高代际收入流动性的关键是探究代际收入传递机制。健康和教育人力资本有提高劳动者收入、促进代际流动，以及保障社会公平等功能。因此，研究健康和教育人力资本在代际收入流动性过程中的作用机制，对促进我国社会公平具有重要意义。本项目在前人研究的基础上，分别检验健康人力资本、教育人力资本，以及两者共同对代际收入流动性的影响。

基于安徽财经大学中国城乡发展公共政策研究所组织的社会调查数据，首先，使用普通最小二乘法（OLS）和两阶段最小二乘法（2SLS）计量模型测算父代与子代之间的代际收入弹性系数，检验健康人力资本对代际收入流动性的影响。其次，为探究教育人力资本对代际收入流动性的影响，使用普通最小二乘法（OLS）和有序概率选择（Ordered Probit）计量模型进行分析。再次，为进一步分析健康和教育人力资本对代际收入流动性的联合影响，使用分位数回归和布兰登（Blanden）分解法进行分析。最后，分析医疗改革和教育发展的国际经验，以获得相关经验借鉴，为缩小我国收入差距，促进社会公平提出相关政策建议。

研究发现，第一，父代的健康状况越好，子代的收入越高，健康收入流动的影响效应在父代和农村子代样本中表现得更为明显。第二，我国农村的代际收入流动性高于城镇。相对于农村子女来说，城镇的子女有更好的就业环境和优越的家庭背景，能够获得比父辈更高的收入。第三，父代的教育对子代的教育有显著影响，父代的教育水平越高，子代的教育水平越高。第四，父亲对子代的代际收入流动性的影响低于母亲对子代的代际收入流动性的影响。第五，健康与教育在代际收入流动过程中起到了重要的传导作用，与健康相比，教育在代际收入流动过程中发挥了更加重要的作用。第六，从不同收入分位点来看，父代与儿子的代际流动性随着收入的提高先变小后变大，父代与女儿的代际流动性随着收入的提高不断变大。

为了缩小我国收入差距，提高收入流动性以促进社会公平，应当采取以下措施：第一，政府和家庭加大对劳动者健康投资的力度。劳动者健康水平改善了，从而提高劳动生产效率，增加个人收入，进而提高子女收入。第二，政府加大对公共卫生的投资力度。公共卫生服务的提高能缓解劳动者看病难、看病贵问题，有效提高劳动者的健康水平。第三，进一步完善新型农村合作医疗制度。新型农村合作医疗制度的有效实施能够提高农村居民的健康水平，从而为生产提供更加优质的劳动力，增加农民的收入。第四，在全国范围内实行十二年义务教育。十二年义务教育的全面推广能有效地缩小城乡教育的差距，增加农村子女受教育的程度。第五，政府加大对农民工子女的教育资源配置。农民工子女接受教育有利于社会的公平性，缓解城乡发展的教育矛盾。第六，进一步加大对家庭教育的重视程度。孩子养成良好的道德品质，有利于经济社会的健康发展，保证社会的公平性。第七，政府加大对小学教育的投资力度。小学教育是整个教育体系的基础，为促进我国教育事业的发展，必须抓好基础、全面提升小学教育水平。

目　录

第一章　引言 ……………………………………………………… 1

第一节　研究背景与意义 ………………………………………… 1

第二节　研究目标及研究方法 …………………………………… 2

第三节　拟解决的关键问题及创新之处 ………………………… 4

第四节　研究框架及研究内容 …………………………………… 5

第二章　人力资本对收入流动的代际传导研究文献综述 ……… 9

第一节　对代际收入流动性的研究 ……………………………… 9

第二节　教育人力资本对代际收入流动性的研究 ……………… 17

第三节　健康人力资本对代际收入流动性的影响研究 ………… 25

第四节　对已有研究的评价 ……………………………………… 30

第三章　中国健康政策和教育政策的制度变迁 ………………… 32

第一节　中国健康政策的制度变迁 ……………………………… 33

第二节　中国教育政策的制度变迁 ……………………………… 53

第三节　本章小结 ………………………………………………… 71

第四章　理论基础 ………………………………………………… 73

第一节　贫困循环理论 …………………………………………… 73

第二节　代际流动的人力资本理论 ……………………………… 77

第三节　健康需求理论 …………………………………………… 79

第四节　治理理论 ………………………………………………… 82

第五节　本章小结 ………………………………………………… 84

第五章　健康人力资本对收入流动性的代际影响 ……………… 86

第一节　引言 ……………………………………………………… 86

第二节　理论框架和计量模型 …………………………………… 89

第三节　健康人力资本代际传递影响收入流动性实证分析 …… 91

第四节　本章小结 ………………………………………………… 122

第六章　教育人力资本代际传递对收入流动性的影响 ………… 125

第一节　引言 ……………………………………………… 125

第二节　数据来源及描述性统计分析 ……………………… 127

第三节　理论框架与计量模型 ……………………………… 130

第四节　实证结果 ………………………………………… 132

第五节　本章小结 ………………………………………… 156

第七章　健康与教育对代际收入流动性的影响研究 ………… 158

第一节　引言 ……………………………………………… 158

第二节　数据来源与描述性统计 …………………………… 165

第三节　理论模型与研究方法 ……………………………… 171

第四节　实证结果 ………………………………………… 173

第五节　本章小结 ………………………………………… 192

第八章　国外健康和教育改革的经验借鉴 …………………… 195

第一节　英国健康和教育的发展经验 ……………………… 195

第二节　德国健康和教育的发展经验 ……………………… 211

第三节　以色列健康和教育的发展经验 …………………… 224

第四节　日本健康和教育的发展经验 ……………………… 237

第五节　国外健康和教育改革对我国的启示 ……………… 250

第六节　本章小结 ………………………………………… 256

第九章　结论与建议 …………………………………………… 258

第一节　结论 ……………………………………………… 258

第二节　促进健康政策的建议 ……………………………… 261

第三节　促进教育政策的建议 ……………………………… 265

参考文献 …………………………………………………… 271

第一章 引　言

第一节　研究背景与意义

　　教育与健康作为人力资本的重要组成部分是影响代际收入流动性的重要因素。收入流动性是衡量个体收入在长期内的变化情况，包括代内收入流动性和代际收入流动性。经济学主要研究和关注的焦点是代际收入流动性，其实质是微观家庭中父代收入向子代的传递。我国目前经济发展不平衡带来的社会公平问题，东西部之间以及城乡之间的收入差距、健康和教育水平差距逐渐增加。其中衡量社会公平和效率的一个重要指标就是代际收入流动性。本研究从人力资本角度入手，重点分析健康和教育代际传递对收入流动性的影响。教育反映了个人的知识储备状况，是个人得以长远发展并获取收入的重要条件。健康是一个人生存的基本要求，健康的身体条件可以为劳动者提供健康的劳动时间，对提高个人生产能力，增加个人收入产生很大的影响。因此，研究代际收入流动性及人力资本在其传递中的作用，对于改善社会公平、缩小我国贫富差距和促进社会经济稳定发展具有重要意义。

　　本书数据来源于安徽财经大学中国城乡发展公共政策研究所组织的实地调查。该次调查在东部、中部和西部地区选择山东、天津、河北、河南、安徽和甘肃6个省市涵盖地理范围广，数据具有较好的代表性。本次调查采用的是实地问卷调查，随机抽取受访者进行问卷填写与访谈。调查时间是2017年，调查对象为45~60岁人群。所有调查员均为经过专业培训之后，才开始正式参与实地调查。实地调查共发放问卷2200份，最后回收有效问卷数量为2137份，有效率达到97%。本研究使用的数据基于问卷调查，结合研究目的将整个家庭作为调查对象，针对相关家庭成员进行问卷调查，并最终以家庭为单位对问卷进行匹配，保证本研究的关键变量有较好的解释性。

本研究具有较强的学术价值。第一，检验理论假说，为我国扶贫攻坚和提高经济发展质量提供理论支持。本研究检验三个理论假说。假说一，健康人力资本对收入流动性具有显著的代际传导效应。假说二，教育人力资本对收入流动性具有显著的代际传导效应。假说三，由于健康人力资本的独特性，则相对于教育、健康人力资本的代际传导效应更大。进行田野调查，借助于计量工具，实证检验上述理论假设，具有重要的学术价值和理论意义。第二，揭示代际传导规律，探究健康和教育人力资本对收入流动性的传导。本研究试图回答：是否存在收入流动性不足的状况？收入流动性不足的根源是什么？健康和教育人力资本对其代际传导的学理基础是什么？代际传导的效应是什么？本项目对公共政策制定和学术界的研究借鉴都具有重要的学理基础和学术价值。

第二节 研究目标及研究方法

一、研究目标

本书的整体研究目标是：通过深入测度健康和教育这两种人力资本在父辈与子女间的代际传导效应，本研究从理论高度建立人力资本对收入流动性影响的代际传递经济学理论模型，运用现代前沿计量经济学方法，寻找我国居民收入流动性不足的产生根源和影响机理，为政策干预方案提供坚实的理论依据。本书的研究目标主要如下：

第一，梳理和总结有关人力资本代际传导和收入流动影响因素的国内外文献研究。从人力资本理论的视角切入，梳理了国内外的相关研究，以期向读者展现健康和教育人力资本代际传导对收入流动的影响。首先，分析国内外学者使用代际收入弹性对代际收入流动性强弱的测算。其次，介绍健康人力资本对代际流动性的影响路径，主要是后天环境（如母亲受教育程度、医疗卫生习惯、自然环境等）对健康人力资本代际传导的影响。再次，研究教育人力资本对代际流动性的影响及其方法论问题。

第二，分析了我国自中华人民共和国成立以来教育政策和健康政策的制度变迁。教育政策和健康政策是一国政府为形成高质量的教育和健康人力资本，从而增加人的生产能力，进而促进经济社会的发展而做的努力。梳理和回顾我国1949年以来的教育政策和健康政策，可以为当前的教育和医疗卫生领域的深化改革提供方向和思路，从而建立更加完善的、适应我国国情的教育和健康体系，进一步增加国民的教育和健康人力资本存量，促进经济社会的和谐发展。

第三，回顾前人的相关理论基础从中汲取研究人力资本代际传导的思想与方法。国外学者利用代际收入弹性作为衡量代际流动性的工具，从而探究社会固化程度。探究中国社会代际收入流动性，对社会公平进行深入分析，探究未来社会公平走向，为政府制定相关政策提供依据。为了研究代际传导对收入流动性的影响，需要回顾前人的相关理论基础，寻根溯源，从中汲取研究探索的思想与方法。

第四，考察了健康人力资本代际传递对收入流动的影响。通过研究健康代际传递对代际收入流动性的影响，能够寻找缩小差距促进公平的方法，为我国公共卫生政策、收入分配政策提供良好的建议。对健康影响因素的分析能够为政府拓宽健康投资的思路，从而实现社会公平正义。

第五，考察了教育人力资本代际传递对收入流动的影响。代际收入弹性以及代际收入的传递机制，对于相关机制的因果作用进行研究。从中获得关于如何改善中国代际收入流动性的较为有效的政策建议。分析父代收入及其人力资本在中国代际收入传递过程中的作用，导使我们更加了解中国代际收入流动性背后更深的关于机会公平的内涵。

第六，综合考察了教育与健康人力资本代际传递对收入流动的影响。采用布兰登（Blanden）分解法计算了教育与健康在代际收入流动中的贡献率，发现教育与健康在传递机制中所起的作用存在差异。进一步分析父代对子代在教育与健康方面影响路径的差异，通过具体的定量分析提出针对性的建议。

第七，借鉴了国外卫生与教育发展的经验。我国在医疗改革过程中，医疗服务市场失灵、政府职能部门管制过多、医疗体制不健全、医疗供给需求不平衡等现象依然存在，这就给医疗改革进程带来了很大的阻力。通过总结英国、德国、日本和以色列四个国家的医疗改革经验，以期为我国医疗改革寻找新的改革方向，推进医疗改革进程。

第八，根据我国实际国情，提出提高我国代际收入流动性水平的政策建议。教育方面，政府应当增加公共教育支出，大力发展教育事业。建立完善的贫困助学制度，保证弱势群体能够获得平等的受教育机会。医疗卫生服务方面，政府应当增加公共医疗卫生支出，优化医疗服务供给结构。

二、研究方法

第一，文献分析法。本研究梳理了国内外的相关研究，讨论了利用代际收入弹性对代际收入流动性的估计及其研究中存在的方法论问题；梳理和回顾我国自 1949 年以来健康政策和教育政策的制度变迁，为当前的教育和医疗卫生领域的深化改革提供方向和思路。为厘清健康和教育人力资本对收入流动代际传导的影响奠定了基础。

第二，理论模型分析方法。通过构建拓展经典的代际流动性模型（贝克尔和托姆斯，1979），将健康和教育的代际传递共同纳入同一分析框架，进而考察父辈对后代的健康和教育投资对代际收入状况产生的影响效果。通过构建拓展的格罗斯曼（Grossman，1972）健康需求理论模型，检验了健康和教育对收入的不同影响效果。

第三，实证计量模型分析方法。本项目的技术支撑是建立在相关计量分析方法基础之上的。在实证的计量经济学模型研究中，使用安徽财经大学中国城乡发展公共政策研究所实施的大规模实地调研数据。首先，使用 OLS 和两阶段最小二乘方法（2SLS）检验父代与子代之间的代际收入弹性系数，分析健康人力资本对代际收入流动性的影响。其次，使用 OLS 和 Ordered Probit 计量模型，探究教育人力资本对代际收入流动性的影响效果。最后，使用分位数回归（quantile regression）和布兰登（Blanden）分解法，进一步检验健康和教育人力资本对收入流动性的代际传导影响效果。

第三节　拟解决的关键问题及创新之处

本研究拟解决的关键问题是：第一，健康人力资本的代际传递对收入流动性是否产生影响，以及影响效应和相关路径。第二，教育在代际之间的传递是否会对收入产生影响，以及产生正向或者负向的影响，影响路径如何。第三，将健康和教育纳入同一分析框架，探寻代际间人力资本的传递是否影响收入的流动性，以及影响效应如何。第四，基于代际视角，对现有的收入流动理论分析模型进行创新和拓展，力图明晰健康和教育在代际收入流动过程中的作用。第五，构建拓展的计量经济学实证模型，厘清健康和教育人力资本对收入流动性代际传导的具体影响效应和主要路径。

本研究的特色及创新之处有三点，分别如下：

第一，尝试构建拓展的收入流动性代际传导理论分析模型。本研究首次通过实地调查数据，结合我国收入代际流动的实际情况，对收入代际流动性的影响进行理论扩展。将健康和教育人力资本共同纳入分析框架，避免了孤立变量检验时导致的有偏估计问题，这本身就是对经济学相关理论的重要发展，因此丰富了经济学的理论研究。

第二，尝试构建拓展的实证计量经济模型。本课题使用大规模的微观实地调查数据由安徽财经大学中国城乡发展公共政策研究所实施。将这些综合性较强的数据与先进的计量经济学分析技术相结合，在全部样本进行回归分析的基础上，还将进行不同经济社会地区、不同收入水平，以及不同家庭特征子样本的异质性检验，以刻画健康和教育人力资本对收入流动影响代际传导的效应。

第三，尝试探究收入流动性不足的代际传导的根源。本课题综合前沿的健康和教育经济学的计量研究方法，通过深入测量健康和教育在父辈和后代之间的相关程度和影响因素，立足于我国客观社会经济实际，厘清代际传导的路径和传递效应，寻找收入流动性不足的根源，为各级政府和学术界进行政策干预提供坚实的学理基础。

第四节　研究框架及研究内容

一、研究框架

本书梳理了我国自 1949 年以来教育政策和健康政策的制度变迁，综述了国内外学者关于健康和教育人力资本代际传递对收入流动影响的研究动态。首先，梳理和总结了健康和教育人力资本代际传导对收入流动影响的国内外相关文献。其次，分析了我国自 1949 年以来教育政策和健康政策的制度变迁，为当前的教育和医疗卫生领域的深化改革提供方向和思路。再次，回顾前人的相关理论基础，从理论上研究代际传导对收入流动性的影响。此外，分别考察了健康和教育人力资本在代际之间传递对收入流动的影响，以及综合考察教育与健康人力资本代际传递对收入流动性的影响。最后，在结合我国实际国情的基础上，有针对性地提出提高代际收入流动性的政策建议。

二、研究内容

近年来，我国的综合国力虽然快速增强，但是贫富差距和收入流动性不足问题却日益严重。收入流动性不足主要体现为收入差距在代际间的传导，父辈的贫富差距延续为子女的贫富差距，导致子女在发展机会上的不平等，且子女的社会经济地位无法得到有效改善。收入流动性是经济长期增长的核心，如果收入流动性受人力资本代际传导的影响较大，则将不利于我国政府缩小贫富差距的努力和城乡居民个体社会经济地位的改善。本研究从理论模型分析和经济计量模型分析两个维度，结合健康经济学、教育经济学、劳动经济学和发展经济学等交叉学科，运用全国性大规模的微观实地调查数据，检验健康和教育人力资本的代际传导及其对收入流动性的影响机理。通过深入测度这两种人力资本在父辈与子女间的相关程度及其影响因素，本研究从理论高度建立人力资本对收入流动性影响的代际传递经济学理论模型，运用现代前沿计量经济学方法，寻找我国居民收入流动性不足的产生根源和影响机理，为政策干预方案提供科学的理论支撑。根据本项目的研究主题，具体研究内容如下：

第一部分，梳理我国自 1949 年以来医疗政策和教育政策的制度变迁。新中国的成立，建构起了劳保医疗制度、公费医疗制度，以及农村合作医疗制度；实现了由旧教育体制向新教育体制的转变。21 世纪以来，建立了新型农村合作医疗制度和城镇居民医疗保障制度，教育制度向一个具有激励作用的全民教育体系的方向发展。回顾和梳理我国 1949 年以来的健康政策和教育政策，可以为当前的医疗卫生和教育领域的深化改革提供方向和思路，从而建立更加完善的、适应我国国情的健康和教育体系。对于改善社会公平、提高子代的收入获取能力，促进社会经济稳定发展具有重要作用。

第二部分，构建拓展的收入流动性传导机制的经济学理论模型。将健康和教育同时纳入分析框架，考察父辈对子女健康和教育的投入，对子女收入代际传导的影响机理；根据计量经济理论模型的演绎和推导结果，从多个维度来刻画我国城乡居民收入的代际传导的具体路径。分析了人力资本理论、代际流动的人力资本理论，以及健康需求理论，寻找人力资本代际传导的理论基础。人力资本理论奠定了代际流动性研究的理论基础；代际流动人力资本理论为研究子代和父辈收入关系提供依据；健康需求理论为从健康视角探讨收入代际流动性提供了理论基础。将健康和教育这两个重要的人力资本共同纳入分析框架，避免了孤立检验变量的有偏估计问题。

第三部分，研究健康的代际传导效应及其传导弹性。基于实地微观调查数据，利用现代计量经济学模型，探讨健康代际传导的主要影响因素。并且从成因的角度进行分析，提出解决健康不平等的代际传导的政策建议。本项目将使用实地微观调查数据，对健康的代际传导效应进行研究。本课题组已经收集了部分地区的微观调查数据，该数据库由安徽财经大学中国城乡发展公共政策研究所创建，调查范围涵盖了中国6个省区。调查搜集的信息包括受访者个体的基本状况，如人口学特征变量、经济收入状况、就业特征状况、个体的健康状况、医疗服务利用状况和社会关系网络等情况。还将分城乡、性别、收入状况等子样本进行检验，以探讨健康代际传导的异质性。

第四部分，研究教育的代际传导效应及其传导弹性。基于实地微观调查数据，结合计量经济学模型，探讨教育不平等代际传导的机理，探究代际传递的原因，并提出解决教育不平等的代际传导的政策建议。采用普通最小二乘法（OLS）方法和分位数回归（quantile regression）方法，测算代际收入弹性系数，分析教育人力资本在代际之间的传递路径。在收入代际传递的影响因素中，实证检验教育的影响效应。因此，研究代际收入流动性与教育人力资本代际传递过程对促进社会公平、减少收入差距具有重要作用。

第五部分，实证检验健康和教育人力资本对收入流动的代际传导效应。构建拓展的经济计量模型，将健康和教育同时纳入分析框架。综合检验家庭内部人力资本的代际传递是否影响收入的流动性。同时，运用分位数回归方法，测算不同收入水平上各影响因素对代际收入弹性的影响程度。为了考察子代健康与子代教育在代际收入流动中的贡献率，利用Blanden分解法对代际收入传递机制进行分析，剖析健康与教育在代际传递机制中所起作用的差异。进一步分析父代对子代在教育与健康方面影响路径的差异，通过具体的定量分析以检验健康和教育这两个人力资本对收入流动的影响效果。

第六部分，促进我国代际收入流动性的健康和教育政策建议。首先，探讨了医疗改革和教育改革的国际经验。我国在医疗改革进程中面临很多阻碍，国外医疗和教育改革起步较早，经验也较为丰富，学习与借鉴国外医疗改革和教育经验有助于推进我国的改革进程。其次，提出促进我国代际收入流动性的建议，增加对农村地区和贫困家庭的健康和教育投资，以促进社会公平和提高经济增长质量。

针对已有文献和本研究主题的分析，查阅文献，根据我国的客观经济社会现实，基于大样本微观实地调查数据，通过构建拓展的家庭效用最大化理论模型，利用国际前沿的计量研究方法，探究健康与教育人力资本对收入的代际传导影响，提出深化卫生和教育改革的政策建议，促进我国经济发展的质量。具体研究技术线路如图1-1所示。

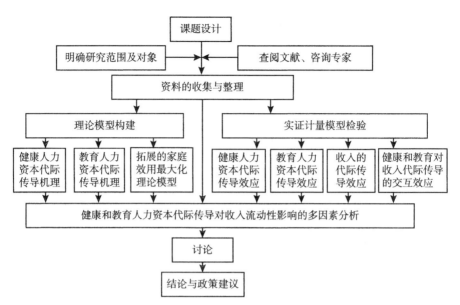

图 1 - 1　本课题研究的技术路线

第二章 人力资本对收入流动的代际传导研究文献综述

第一节 对代际收入流动性的研究

一、代际收入流动性的趋势研究

关于代际收入流动性的变化趋势，目前学术界对此仍有很大争议。刘国志和范亚静（2014）利用中国健康与养老追踪调查（CHARLS）数据分析我国代际收入流动性，结果表明我国居民的代际收入弹性值存在着先上升后下降的趋势，且代际收入流动性较低，比一般发达国家要低。韩军辉（2010）根据中国居民健康与营养调查（CHNS）数据，研究发现我国的代际收入弹性存在着先增后减的倒 U 型趋势。曹俊文和刘志红（2017）根据中国家庭收入调查（CHIPS）数据，运用转换矩阵的方法进行估计预算，结果得出一直到 1999 年底，我国代际收入流动性比较弱，但 2000 年以来有明显的提升，只是近几年提升的幅度有所减小，总之大体上呈现出倒"U"型趋势。然而有的文献通过数据分析和研究，最后得出代际收入流动性趋势并不是呈倒"U"型，而是呈下降的趋势。

王海港（2005）根据社会综合状况调查数据，测算出 1995 年中国城市的代际收入弹性值为 0.38，1998 年的代际收入弹性值为 0.42，从而认为我国的代际收入流动性这些年一直在下降。何石军和黄桂田（2012）根据 1989～2009 年的 CHNS 数据，通过优化估计方法和细致的数据处理，并且忽略各种偏差因素，通过计算得出 2000 年、2004 年、2006 年和 2009 年的代际收入弹性分别为 0.66、0.49、0.46、0.35，从结果中可以看出我国的代际收入弹性大体上呈现下降趋势。周兴和张鹏（2014）根据中国健康与营养调查（CHNS）1994～2011 年的数据，通过建立线性回归模型测算出近 20 年来我国居民的代际收入呈现固化现象，流动性严重不足，尤其是 2000 年以来，代际收入流动性一直在下降。杨汝岱和刘伟（2019）根据 1% 人口的抽样调查数据进行研究发现，我国的代际收入流动性一直存在着下降的趋势。

陈琳和袁志刚（2012）运用中国家庭收入调查数据和计量经济学方法，对 1988～2005 年代际收入流动性的趋势进行分析，研究结果表明，中国的代际收入弹性总体上呈现出先大幅下降再到逐步稳定的基本特征。魏颖（2009）、褚和林（2019）进行研究分析，发现在经济上升时期，我国代际收入流动性变化不大，基本趋于一致。陈杰和苏群（2015）运用中国居民健康和营养调查（CHNS）的数据进行研究，结果发现 1991～2011 年我国的代际收入流动性从整体上看较低，并指出代际收入流动性在这些年里呈现出三种不同的变化趋势，1991～2004 年间代际收入流动性表现出下降的变化趋势，2004～2009 年间代际收入流动性又迅速上升，而在 2009～2011 年间随着经济发展的逐渐平稳，代际收入流动性又呈现出下降的趋势。邵洲洲和冯剑锋（2019）基于 CHNS 数据，通过数据分析发现，这些年来我国的代际收入弹性呈现出一直下降的趋势。

陈琳（2012）利用中国综合社会调查（Chinese General Social Survey，CGSS）和中国家庭收入调查（Chinese Household Income Project Survey，CHIP）数据，测度了城镇与农村居民代际收入弹性系数，发现 1995～2005 年我国代际收入流动性一直下降。阳义南和连玉君（2015）使用中国综合社会调查（CGSS）和中国劳动力动态调查（China Labor-force Dynamic Survey，CLDS）混合截面数据，对我国的社会流动性趋势进行了判断。他们发现，极大似然结果和两阶段最小二乘回归结果，以及通过国际社会经济地位指数（ISEI）进行稳健性检验，结果都表明我国的社会流动性趋于上升的变化趋势。徐晓红（2015）基于 CHIP 和中国家庭追踪调查（China Family Panel Studies，CFPS）的数据，利用双样本工具变量法，对城乡居民代际收入弹性进行估计，认为我国城乡居民收入差距代际传递均呈下降趋势。何石军和黄桂田（2013）使用 CHNS 1989～2009 年的数据，发现 2000 年以来我国的代际收入弹性处于下降的趋势，即代际收入流动性呈上升趋势，但我国的代际收入流动性与其他国家相比仍偏低。陈胜男和陈云（2016）采用 2000～2011 年 CHNS 数据，测算了我国城镇地区和乡村地区的代际收入弹性，经研究发现我国城乡地区代际收入流动性较之前都有所提高。

而范等（2013）经研究发现，我国 1970 年前出生的一代人的代际收入弹性为 0.32，1970 年后出生的一代人的代际收入弹性为 0.44，代际收入弹性呈上升趋势，即代际收入流动性呈下降趋势。何勤英等（2017）使用 CHNS 数据，通过转换矩阵的方法，发现我国的代际收入流动性在 1997年到 2001 年出现了先降后升再降的变化情况。并且发现在变化期间，以基尼系数衡量的两代人的收入差距也存在差异。当代际收入流动性下降时，收入差距趋势扩大；当代际收入流动性上升时，收入差距趋势缩小，即表明随着代际收入流动性下降，收入不均也发生代际传递，可见社会公平问题更加严峻。马文武等（2018）发现我国的整体贫困水平呈下降趋势，但是贫困的代际传递呈上升趋势。林相森和周玉雯（2019）也认为低收入家庭的子女的代际收入流动性相对较低。杨汝岱和刘伟（2019）发现我国收入流动性呈下降趋势，子代收入水平与父代收入水平高度相关。

目前，我国许多文献比较偏好库兹涅茨的倒"U"曲线假说，对于发展中国家在发展过程中面临的收入分配差距问题，认为会经历一个贫富差距先扩大再逐渐缩小的过程。例如，韩军辉（2010）基于 CHNS 中 1989～2006年调查数据，发现我国乡村地区和城镇地区的代际收入流动性从低分位到高分位呈现先增后减的倒"U"趋势，即在低分位和高分位的代际收入流动性较低，中间分位的代际收入流动性较高。刘文和沈丽杰（2018）、杜凤莲等（2019）采用中国健康与养老追踪调查（China Health and Retirement Longitudinal Study，CHARLS）的数据，研究认为收入代际传递存在性别差异，男性代际传递呈下降趋势，女性呈倒"U"型趋势。曹俊文和刘志红（2018）基于 CHIP 数据，研究发现我国农村居民的代际收入流动性趋势总体呈倒"U"型。

对于我国代际收入流动性趋势的研究，存在上升的、下降的、倒"U"型流动性趋势等不同观点。在测量指标和研究方法上，以往文献也存在很大差异，他们主要是通过建立回归方程估计弹性系数，以此来衡量代际之间收入流动性大小，若代际收入弹性系数越小，则表明代际收入流动性越强。此外，由于选择不同的样本数据，而且之后在处理数据的方式上也不统一，因此以往的文献并没有一致的结论。且我国对于代际收入流动性的测算，大多是通过测算不连续的单年的代际收入弹性，而单个多年的收入不能完全替代持久性收入，测算结果会出现向下的偏误。因此，据此判断的我国代际收入流动趋势可能会出现偏差。

二、对代际收入流动传递途径的研究

对于代际收入流动传递途径的研究，我国学术界对此的研究从不同角度开展，从而得出不同的结论，大多从以下三种途径进行研究。

第一种是从人力资本传递途径进行研究。比如汪燕敏和金静（2013）基于中国健康与营养调查数据（CHNS），通过建立一个简单的线性模型进行研究，结果发现人力资本是代际收入流动的重要传递途径。黄潇（2014）运用中国综合社会调查（CGSS）2006 年的数据，在限制子代受教育年限这一变量后发现代际收入弹性值为 0.24，比不限制这一变量时低了 7.8%，说明人力资本是代际收入流动的重要传递途径，有助于促进代际收入流动。邸玉娜（2014）基于 2011 年中国健康与营养调查数据（CHNS），运用阶层线性模型进行分析，人力资本对于提高代际收入流动，打破阶层固化具有重要作用。邵洲洲和冯剑锋（2019）利用 CHNS 数据进行分析，结果发现教育人力资本是代际收入流动最重要的传递途径。

邢春冰（2006）根据中国健康与营养调查（CHNS）数据进行研究，发现工作机会在一定程度上可以通过人力资本的传递途径进行传递。杨新铭和邓曲恒（2016）运用转置矩阵法和回归方程法，研究父母对其子女的影响途径，研究发现父母对子女的影响途径主要是通过教育，当引入子女的受教育年限后，子女受父母的影响就明显减弱，子女收入水平受父母的影响也明显减小，说明教育人力资本是代际收入流动的一种有效传递途径。邹薇和马占利（2019）运用中国健康与营养调查（CHNS）的数据测算了父母受教育年限与子代受教育年限的关系，结果发现父母受教育年限与子代受教育年限有着正比关系，一个家庭里父母的受教育年限平均每提高 1 年，子代受教育年限就分别提高 0.17 年和 0.14 年，说明教育人力资本是代际收入流动性的一种重要传递途径。

第二种是从社会资本传递途径进行研究。社会资本作为代际收入流动性重要的传递途径，主要从社会网络这一途径来研究。赵剑治和陆铭（2009）通过回归方程进行研究发现，社会网络作为一种社会资本可以增加农村居民的收入，对调节中国农村收入差距的作用在 12.1% ~13.4% 之间，从而体现了社会资本也是一种重要的代际传递途径。周兴和王芳（2014）根据 CGSS 2006 年的数据，对中国城乡家庭代际收入流动的传递途径进行分析，父亲若作为负责人对子代收入有着明显的正比关系，说明父代社会关系有利于提高代际收入流动。黄潇（2014）分析研究了贫困家庭的代际收入流动性，在给定社会资本变量的情况下，测出的代际收入弹性值与未给定时相比减少了 3.92%，从而表明社会资本有利于促进贫困家庭的代际收入向上流动。陈琳和沈馨（2016）使用计量分析法，研究分析了父代社会关系与代际收入流动性的关系，表明父代可以通过其所拥有的社会关系人脉给予子代就学或就业提供便利，少走弯路，从而说明在某种程度上有利于推进代际收入向上流动。

第三种是从财富资本传递途径进行研究。陈琳和袁志刚（2012）依据中国家庭经济情况的调查数据，研究分析财富资本对代际收入流动的影响，结果发现相比前面两种传递途径，财富资本对代际收入流动性的影响最大。黄潇（2014）根据 CGSS 2006 年的数据，注重分析我国贫困群体的代际收入流动性情况，通过实证分析发现当加入财富资本时，代际收入弹性为 0.26，较未控制任何变量时的代际收入弹性上升了 2.35%，说明财富资本对代际收入流动的作用较小。牟欣欣（2017）根据 SFPS 2012 微观调查数据，运用 OLS、工具变量回归法（IV）和代际收入矩阵分析方法，通过研究分析家庭规模与代际收入流动性的关系，发现家庭的财富资本会随着家庭结构的变化而变化，因此子代收入水平也会发生变化。

代际收入弹性变小即流动性增强，不仅可以缓解收入差距扩大带来的社会压力，而且有助于实现社会公平公正和促进中国经济的进一步发展，对于避免中等收入陷阱以及人力资本质与量的双重突破具有重要意义。杨亚平和施正政（2016）指出，准确了解代际收入传递因素对于理解机会公平与制定有效政策具有重要意义。莱夫格伦等（2012）也指出，准确了解各种传递因素的相对重要性，对于研究针对收入再分配或普及教育的政策对代际收入流动产生的影响具有重要作用。以往文献往往将先天禀赋遗传和后天环境严格区分，分别探讨两者对代际收入流动性的影响，库里（2011）认为由于人体内表观基因组的作用，基因存在选择性表达的特性，而人类自身的行为与环境可以影响胚胎在子宫内的环境，从而影响表观基因组，所以他得出结论认为先天禀赋遗传和后天环境两者可以交互影响。

对于先天禀赋遗传的研究，起初是将亲兄弟和同社区的收入相关性进行比较，即认为若个体未来的收入与其家庭成长环境相关，那么相对于其他随机抽样人群，在同一社区和家庭成长的亲兄弟则具有更强的相关性。索伦（1999）利用方差分析法，研究发现美国兄弟间的收入相关性为 0.4；且 Solon（2000）研究发现，兄弟间收入相关性比社区收入相关性高，但是对于亲兄弟和同社区的收入相关性的测算和比较研究并不能说明先天禀赋和后天环境作用的异同。此后，又有文献选择采用收养者的数据来研究代际收入传递因素。萨切尔多特（2007）基于 HICS 的研究数据，得出收养子女和亲生子女的代际收入弹性分别为 0.09 和 0.32，可见亲生子女的代际收入弹性明显高于收养子女的代际收入弹性，普拉格（2004）和比约克隆（2007）经研究同样得出此结论，说明基因遗传在代际收入传递中扮演着重要角色。

　　除了先天禀赋因素，后天环境对代际收入流动性的影响也不容忽视。贝克（1979）研究了人力资本投资对代际收入流动性的影响。谢勇（2006）以人力资本为中心，认为收入不平等可能会以人力资本为中介在代际间进行传递，不同水平的人力资本积累进而导致子代出现新一轮的收入差距，收入不平等现象在代际间得以长期化。在对人力资本因素的研究中，格罗尔（1997）和哈努舍克（1996）更加关注家庭环境的作用，特别是父母人力资本的积累对于子女的代际传递作用。艾德（1999）基于PSID 和 HSB 数据，将受教育年限纳入代际收入弹性方程后，发现代际收入弹性系数下降，说明教育对代际收入流动性具有显著影响。范（2003）认为子女的学习努力程度与父辈的人力资本有很大的相关性，父辈人力资本较低则子辈努力程度弱，进而影响收入，造成贫困在代际间传递。

　　此外，姚先国（2007）利用 CHNS 数据，将代际收入流动性传递因素分解为教育、健康以及职业，经测算得出职业、健康以及教育在代际收入传递中的贡献率分别为 0.128、0.013 和 0.049。林相森和周玉雯（2019）认为职业和教育是代际收入传递的重要路径。除了人力资本因素，以往文献还关注了社会资本对代际收入流动性的作用，方鸣（2010）利用线性回归法和分位回归法分解了我国居民的代际收入传递路径，他认为主要是通过社会资本这一路径，其次是教育，最后是健康投资。陈琳（2012）运用CGSS 和 CHIPS 数据，讨论了人力资本、社会资本以及财富资本对我国代际收入流动性的解释力，她认为先天因素和后天环境对我国代际收入流动性中都具有重要作用，并结合实际提出了相关的政策建议。林相森和周玉雯（2019）认为，父辈对子辈的人力资本和社会资本投资决策是影响代际收入流动性的重要因素。

三、城乡居民代际收入流动的比较研究

　　随着经济的发展，城乡贫富差距逐渐拉大，充分了解城乡的代际收入流动性对于国家经济发展的平衡有重要意义。方鸣和应瑞瑶（2010）利用中国社会综合调查数据（CGSS）和中国健康与营养调查数据（CHIPS），研究发现农村的代际收入流动性低于城镇。李小胜（2011）根据中国综合社会调查 CGSS 2005 年的数据，运用 Atkinson 回归模型和转移矩阵两种方法进行研究，结果得出城乡的代际收入弹性分别为 0.18 和 0.25，从而认为农村的代际收入流动性比城镇低。李超等（2019）根据 1988 ~ 2013 年中国家庭收入调查（CHIP）数据，运用双样本两阶段最小二乘法（TS2SLS）

对中国居民 2013 年的代际收入流动性水平进行估计预算。预算结果发现中国居民的代际收入流动性不是完全一致的，城镇的代际收入流动性更高。

周兴和王芳（2014）根据 CGSS 2006 数据进行研究发现，我国城镇家庭比农村家庭总体上具有更高的向上流动性，城镇家庭的子女向上流动性的机会要高于农村家庭，但是城镇家庭子女向上流动的能力相对于他们的父辈来说有所减弱，农村家庭的子女向上的流动性要高于他们的父辈。刘国志和范亚静（2014）运用最小二乘法、Logistic 回归模型进行测算，测算出我国城乡居民的代际收入弹性值分别为 0.32 和 0.44，从而认为与农村相比，我国城镇的代际收入流动性较强。曹皎皎（2017）根据 CHARLS 2011 年的数据，利用双对数模型和分位数回归方法研究我国代际收入流动性，结果发现相比于农村地区，我国城镇的代际收入流动性更高。

然而，有文献进行研究得出的结论恰好与前面的相反。姚先国和赵丽秋（2007）利用 CHNS 数据，分别用父亲 2 年平均收入和父亲 3 年平均收入估计我国的代际收入弹性，其中用父亲 2 年的平均收入进行估算得出我国的代际收入弹性约为 0.50，其中城市地区约为 0.70，农村地区约为 0.45，而用父亲 3 年平均收入得到的代际收入弹性约为 0.70，其中城市地区约为 0.80，农村地区约为 0.55，表明城镇居民的代际收入弹性高于农村居民，城镇居民的代际收入流动性低于农村居民。魏颖（2009）使用 CHNS 1989 年、1991 年、1993 年、1997 年、2000 年和 2004 年这 6 年的调查数据，并通过 OLS 回归分析方法，结果得出农村家庭代际收入流动性要高于城镇家庭。周兴和王芳（2010）根据中国健康营养调查（CHNS）1989~2004 年的数据，运用收入转换矩阵的分析工具和 Schorocks 指数、平均流动指数等较为常用的指标进行测算，发现农村家庭的代际收入流动性要高于城镇家庭。刘文和沈丽杰（2018）、林相森和周玉雯（2019）利用中国营养与健康追踪调查（CHNS）数据进行研究发现，农村的代际收入流动性要高于城镇。

但随着我国经济迅速发展，"富二代""官二代"，以及"穷二代"等名词却越来越多地进入到大众视野，居民的贫富差距问题以及阶层固化问题日益突出，城镇和农村存在巨大的差异，研究城乡代际收入流动性差异对促进社会公平具有重要意义。周兴和王芳（2014）基于 CGSS 2006 年的数据，从生命周期角度出发，运用收入转换矩阵分别测算城镇地区和农村地区的代际收入弹性，发现，我国城乡之间各个阶层的代际收入流动性并不存在明显差异，相反还具有很大的相似性。马文武等（2018）指出，贫困代际传递特征在我国十分显著，且我国居民代际收入流动性水平存在异质性，农村和城镇之间存在很大差距。对于我国农村地区和城镇地区代际收入流动性的比较研究，以往文献的研究结果并不统一。杨汝岱和刘伟（2019）发现，我国代际收入流动性存在严重的地区差异，地区的市场化程度与代际收入流动性呈正相关关系。

胡洪曙和亓寿伟（2014）根据中国健康与营养调查（CHNS）数据，采用最小二乘法和估计变量法，发现中国城镇居民家庭与农村家庭在收入流动性上存在一定差距。利用分位数回归法，10%分位点的城镇父子的代际收入弹性系数为0.302，而农村地区为0.504，研究表明农村居民家庭代际收入流动性低于城镇居民家庭。对于不同收入层次的居民代际收入弹性系数差异，在城镇地区较小，而在农村地区这种差异较大。曹皎皎（2017）通过整理2012年查尔斯数据，研究发现我国城镇居民代际收入流动性高于农村。李超等（2019）基于CHIP 1988～2013年的数据，研究了中国居民2013年的代际收入流动性水平，发现城镇居民代际收入流动性低于农村居民代际收入流动性，父女代际收入流动性小于父子代际收入流动性。

此外，方鸣和应瑞瑶（2010）基于CGSS数据，利用双样本两阶段最小二乘法（TS‐2SLS），测算出城乡居民的代际收入弹性分别为0.584和0.546，结果表明农村居民的代际收入流动性略高于城镇居民。刘文和沈丽杰（2018）基于CHNS数据库中22年的调查数据，经过测算我国城乡居民代际收入弹性，发现城镇居民为0.608，农村居民为0.513，结果表明农村居民的代际流动性明显高于城镇居民。李超等（2019）得出了同样的结论。而陈胜男和陈云（2016）运用OLS法和工具变量法，通过测算和对比我国代际收入弹性，发现我国代际收入弹性逐渐下降并且趋于稳定，表明我国城镇地区和农村地区的差异变小，代际收入流动性上升。

四、提高我国代际收入流动性政策建议研究

充分均衡地提供基本公共品。齐良书（2006）提出要逐步取消各种造成城乡分割、城乡差距的制度措施，面对城乡差距、健康不平等等问题，要将关注点首先放在低收入群体上，要切合实际改善偏远地区和农村地区的基础设施和医疗保障，充分均衡地为城镇居民和农村居民提供良好的医疗保障。于大川和潘光辉（2013）认为，要改革和完善农村地区的新型农村合作医疗制度，提高县域内整体医疗水平，以满足人们对高质量医疗服务的需求；不断提高农村公共卫生基础设施建设，提升综合服务能力；加大农村地区社会保障体系和基础医疗设施建设，使农民从医疗保障制度中获得实惠。对于困难的地区，政府要加大财政补贴。曹俊文和刘志红（2018）提出要化解阶层固化，构筑机会均等的公平机制，为低收入阶层提供均等的资源和机会。

取消对不同群体的制度性歧视。胡洪曙和亓寿伟（2014）指出，要消除类似户籍制度等各种限制社会流动性的制度障碍。周兴和王芳（2014）认为我国城乡收入差距不断扩大，与城乡家庭代际间的收入流动有一定的关系。因此他提出，未来的收入分配政策要更加关注我国代际收入流动性偏弱这一现状，提高低收入阶层子女向上流动的能力，打通各收入阶层的流动通道，是缩小城乡收入差距的有效途径。还要重视人力资本在代际收入流动中的重要作用，政府应出台相关就业和收入的政策破解低收入阶层子女向上流动的障碍，以保证机会公平。尹玉琳（2018）认为要采取合理有效的措施打破城乡户籍制度的限制，促进社会流动性，让更多低收入群体中有智慧有能力的人才得以发挥作用，增强社会流动性，促进社会阶层结构合理有序发展。

政府要加大人力资本的投资。方鸣和应瑞瑶（2010）认为政府应针对贫困地区、落后地区制定合理的教育资助政策，并严格落实实施，大力发展教育，要增加低收入弱势群体子代受教育的机会，确保机会公平公正，以提高弱势群体子女在社会中的竞争力，防止贫困的代际传递，有助于增加低收入群体向上流动的机会。胡洪曙和亓寿伟（2014）指出经济长期增长的根本动力是人力资本水平的提高，因此要增加健康和教育资本的投入。易婷（2017）提出居民的健康效应表现出明显的城乡差异和区域差异，而且健康人力资本显著影响人们的收入；还提出要加大医疗支付比例，将医疗救助纳入社会保障体系，进行科学的管理。林相森和周玉雯（2019）认为，应提高教育选拔模式的公平性，增加低收入家庭子女实现阶层流动的可能性，使低收入家庭子女享有足够的人力资本投资。张丹青和王兰会（2018）认为要不断普及健康知识，加强人们的健康意识，真正做到全民健康，缩小人们的健康差距。

第二节　教育人力资本对代际收入流动性的研究

一、对教育人力资本代际传递流动性的研究

大多数文献都是从经济资本和社会资本这两个方面来阐释对教育代际

传递的影响效应。蒋国河和闫广芬（2006）使用家庭收入与家庭资产来代表经济资本，研究经济资本对子代学习成绩的影响程度大小，研究结果表明家庭财政收入与下一代学习成绩好坏的相关性为 0.20，从中我们可以看出经济资本对教育代际传递具有重要作用。邹薇和马占利（2019）根据中国健康养老与追踪调查的数据，对教育的代际流动性进行研究发现，子代受教育水平更多地受到家庭收入情况的影响，因而经济资本是教育代际传递的一个重要影响因素。杨和邱（2016）运用校准模型研究了家庭经济情况对教育代际传递的影响，结果发现家庭经济情况越好，其子女获得更好的教育资源的机会就越大，说明家庭经济情况能够促进教育的代际传递向上流动。梁梦捷（2017）根据中国教育追踪调查数据（CEPS），利用描述性回归分析方法，结果表明在经济资本上，家庭收入情况对子代受教育水平有重要的影响，家庭经济条件的差距对子代能否获得更优质的教育资源有着极大的影响，因此经济资本是教育代际传递的重要影响因素。

周群力和陆铭（2009）、曲海燕（2019）根据全国性的数据调查，对社会网络关系的投资进行调查发现，通过其社会网络关系可以为其子女获得更好的教育资源和更优质的学校，从而说明社会资本对教育传递有着举足轻重的作用。叶晓阳（2012）根据中国城市综合社会调查数据（CGSS），利用 Logistic 回归分析方法，研究发现在社会资本中，母亲的党员身份对子代受教育程度有显著的正向影响，然而父亲的党员身份对子代受教育程度并没有影响，这与我们平时的认知大相径庭，但仍然可以看出社会资本也是教育传递的一种重要影响因素。陈依婷（2018）通过访谈和问卷调查的方法，对少数民族父母的社会资本及其子女教育获得情况进行调查研究，分析社会资本对少数民族学生的教育获取情况的影响，结果发现拥有良好的社会资本的父辈，可以通过其社会关系来为其子女获取优质的教育资源，从而证明社会资本是教育传递的一种重要途径，但是调查中也发现，社会资本对子女的教育获得在不同年龄和不同教育阶段具有不同等的差别。

此外，要对教育的代际流动水平进行研究，目前我国研究教育代际流动水平影响因素的文献较多，其中主要都是研究父代受教育水平对子代受教育水平的影响。李春玲（2003）根据中国社会科学院社会学研究所于 2012 年进行的抽样调查数据，采取多阶段分层抽样调查的方法，分析了自 1949 年以来的这 60 年里，家庭背景和制度改善对受教育水平有着显著的影响。佐藤宏和李实（2008）研究我国农村家庭生活环境与教育之间的关系，实证发现父母的受教育水平越高，其子女的受教育水平也会越高，即两者有明显的正比关系。且研究数据表明，父亲的受教育年限每增加 1 年，子女获得更高教育年限的机会就会提高 1.9%，母亲的受教育年限每增加 1 年，就会带来子女受教育年限的机会增加 1.7%。

史志乐和张琦（2018）根据中国家庭追踪调查数据（CFPS）研究我国的教育代际流动水平，结果发现父母的受教育程度与子女的受教育程度有着显著的正向关系，但是子女的受教育水平相对于父母的受教育水平而言，并不是完全一致的，具有一定的流动性。林莞娟和张戈（2015）通过对 2005 年中国人口的 1% 进行抽样调查，并运用 2SLS 模型进行研究发现，在控制其他变量保持不变的情况下，父亲和母亲的受教育年数每增加一年，子女的受教育年数分别会相应地增加 0.36 年和 0.59 年，由此可见，父母的受教育程度对子女的受教育水平有着显著的正相关影响，尤其是母亲的受教育水平影响更大。邹薇和马占利（2019）进行的研究也得出这一结论，认为母亲受教育的水平对子女的影响更大。易迎霞（2018）依据 2015 年的中国健康与养老追踪调查数据，运用有序 Probit 模型进行验证分析，父母受教育水平与子女受教育水平呈正相关，当父母受教育水平提高时，相应地子女接受高水平教育的概率就会增大。

目前，虽然对于教育的代际流动性的研究比较少，但仍有少数文献从不同方面对教育的代际流动进行了研究。李力行和周广素（2014）依据 CHIPS 1995 年、2002 年和 2007 年的数据进行回归分析得出，近年来，我国的教育代际传递在经过短时间的下降之后，一直保持上升的趋势。赵红霞和高永超（2016）根据中国社会综合调查（CGSS）2010 年的数据，运用转换矩阵并构建回归模型的方法进行分析，结果发现我国教育的代际流动性较高，但是会受到子代的性别、户籍和家庭所属地区等方面的影响。王彩勤和卢宾宾等（2016）基于武汉市社会调查数据，运用地理加权分析、回归分析方法对教育的代际流动进行研究，发现子女的受教育年限随着父代受教育年限的增加而增加，因而教育体现出封闭性的特征，因此教育的代际流动性不明显。班格拉格等（2019）基于 LSM 2002 年和 HSES 2012 年数据，通过建立模型进行研究发现，近年来我国的教育不平等有所缓和，但是农村居民的教育不平等仍然高于城市居民。

由于城乡经济发展的差别，城乡代际收入流动性也存在差别，而教育是代际收入流动的主要传递途径，从而认为城乡的教育代际流动性也存在一定的差距，已有文献对此进行了研究，并证明了这一观点。孙永强和颜燕（2015）根据 2013 年中国健康养老与追踪调查的数据，对教育的代际流动性进行研究发现，相比于城市家庭，农村家庭父母的受教育程度对子女的受教育水平的影响更大，也就是说城市家庭的教育代际流动比农村家庭的要高。朱健等（2018）依据2012年中国家庭追踪调查（CFPS）数据，对城乡代际传递特征进行验证分析发现，城市的教育代际流动性要大于农村，东部和中部地区的教育代际流动性要大于西部地区。郭等（2019）根据2013年CHIP的数据分析城乡教育代际流动的情况，分析发现在城镇地区，低教育水平的代际流动性较大，高教育水平的流动性较小，而农村地区教育代际流动性则刚好与之相反。

二、对教育人力资本调节社会收入不平等的研究

侯风云和张凤兵（2007）运用协整检验和误差修正模型对农村人力资本投资及外溢与城乡差距的关系进行实证分析得出，要缩小城乡差距就必须加大对教育的投资和普及，因而教育能够具有调节社会收入不平等的功能。邹薇和张芬（2006）通过运用Lucas模型对农村各地区收入差距与教育状况的研究，发现我国农村各地区的收入差距日渐扩大，这种差距的扩大主要是因为各地区农民的工资收入差距较大，而工资的收入差距主要受到受教育程度的影响，因此强调教育普及并且增加受教育的水平能够大大增加农村人均收入水平，从而使教育具有调节社会收入不平等的作用。魏颖和郭丛斌（2009）的研究表明，教育可以改善收入代际流动，从而促进社会收入的公平。徐舒和李江（2015）利用变量分位数回归方法进行研究发现，教育可以使父辈投入转化为子辈收入，促进代际收入的合理流动，进而调节社会收入的不平等。

贺寨平（2015）根据CGSS 2006年的数据，采用回归分解技术，对中西部地区教育人力资本对居民收入不平等的影响研究发现，教育人力资本能够大大缩小社会收入的不平等，其中教育人力资本对调节社会收入不平等的影响程度，在发达地区要远远高于不发达地区。杨晶等（2019）通过中国社会综合调查（CGSS）2015年的数据和卡瓦尼个体相对剥夺指数测算并分析了人力资本对个体收入不平等的影响程度，结果发现以受教育年限衡量的人力资本每变动一个单位，收入不平等指数就已经平均降低0.0157个单位，说明教育能够有效抑制社会收入不平等的继续恶化。然而在很多文献都认为教育能够调节社会收入不平等的情况下，却有文献提出了相反的结论。周和赵（2019）收集了1993～2011年的中国健康与营养调查数据，运用反事实模拟的方法研究教育对收入机会公平性的作用，研究发现教育在近年来加大了社会收入的不公平，通过教育获得收入的机会减少，因而教育并没有起到调节社会收入公平的作用。

三、中国教育支出对代际收入流动性的影响研究

杨娟和周青（2013）引用中国住户收入分配数据库进行研究，结果发现在2002年以后，引入生均预算内事业费后，父代受教育水平对子女受教育水平的影响越来越大。徐俊武和易祥瑞（2014）根据中国健康营养调查数据（CHNS）进行研究发现，公共教育支出对子代收入流动性的影响为0.15，改善政府教育支出结构，有利于加快代际收入流动，并且公共教育支出越大，代际收入向上流动的速度就越快。徐丽等（2017）运用OLG数值模拟的方法进行分析，结果表明政府对基础教育的支出越多，父代收入对子代收入的影响就会变小，也就是说代际收入流动性增强。王等（2014）通过构建外生变量工具进行研究发现，公共教育支出对促进代际收入流动有着积极的影响，但这种影响作用会受到很多因素的限制。

牟欣欣（2018）根据中国健康营养调查（CHNS）数据，采用MLM模型法分析发现，在子代受教育时期的公共教育支出与子代收入的流动表现出显著的正相关性，从而有利于子代收入流动性的提高。周波和苏佳（2012）参照中国健康与营养调查（CHNS）1997~2002年的数据，运用非线性模型进行研究，结果发现增加人均公共教育支出，能够显著地提高代际收入流动性。徐俊武（2010）、弗莱切和韩（2018）进行研究发现，若公共教育支出水平高，那么这些地方的代际收入流动性会更强。纳姆（2019）根据全国青少年1979年的调查数据，利用贝克尔和托姆斯的人力资本模型，研究结果表明公共教育支出能够减少由于收入不平等而带来的教育不平等，因此公共教育支出具有阻止代际收入流动性降低的功能。邵洲洲和冯剑锋（2019）利用CHNS数据进行实证分析发现，公共教育支出尤其是对基础教育的支出能够促进代际收入向上流动。

郭丛斌和闵维方（2009）依据中国城镇居民教育与就业情况调查2004年的数据，运用结构方程模型（SEM）进行研究，结果发现对于影响子女以后的社会地位的因素来说，子女的社会地位受到家庭背景的总作用是0.54，其中子女社会地位受到家庭背景的直接作用是0.39，通过对子女进行教育而产生的间接作用是0.13，说明直接作用产生的影响更大，从而表明教育在某种程度上起到优势地位代际传递的作用，故增加公共教育支出阻碍了代际收入向上流动。刘志国和范亚静（2014）通过使用中国健康与养老追踪调查（2008）数据，同时运用实证研究的方法进行研究发现，教育对处于较低收入水平家庭的子女而言，有利于其加快代际收入向

上流动；对处于高收入水平的家庭来说，有利于帮助其代际收入的传递，相比于前者，对后者的影响更大，从而间接表现出公共教育支出对代际收入的流动起到了阻碍作用。

教育公平是体现社会公平的一项重要标准，然而教育作为人力资本的一种，其传导作用依靠它自身无法实现，因此要借助政府的财政投资来帮助实现。对于政府的教育财政投资对代际收入流动性影响的研究，国内外发布了许多与此相关的文献。陈琳（2011）利用国际截面数据的方法，对教育支出占财政总支出和 GDP 的比重对代际收入流动性的影响进行研究，结果发现教育支出占 GDP 及财政总支出的比重越大，代际收入流动性越高。周波和苏佳（2012）利用半参数可变系数模型（SVCPL 模型）进行运算，运算结果表明增加教育财政投入，代际收入流动性也会随之增加，即有利于社会机会公平。鲁（2014）通过运用两段时期的 OLG 模型，研究政府教育政策投资对代际收入流动的影响，结果显示更高的教育政策投资会使经济以更快的速度增长，从而认为教育财政投资会带来更高的代际收入流动。

李力行和周广肃（2014）运用中国健康与养老追踪调查（CHARLS）和全国综合社会调查数据（CGSS）进行研究发现，由于许多低收入家庭受到的借贷压力较大，导致对于人力资本的花费较少，而要缓和这种现象，教育财政投资能够起到有效的作用，从而有利于代际收入流动性的提高。徐俊武等（2014）根据中国营养与健康调查（CHNS）数据，并且使用多重门槛回归模型分析教育财政投资影响代际收入流动性的程度，分析表明教育财政投入在一定程度上可以降低代际收入弹性，充分说明了教育财政投入越高的地区，代际收入流动性越大。安娜比（2017）运用内生增长重叠世代模型研究是否应该加大高等教育财政投资，结果表明由税收资助的教育支出能够带来经济的增长，从而带来代际收入流动的提高。

四、教育人力资本对代际收入流动性的影响研究

宋静（2019）根据 CHIP 2013 年的数据研究分析，子代受教育程度对代际收入流动的影响，结果显示在给定子代收入条件分布的情况下，引入子代受教育年限之后，代际收入流动性有明显上升，且在贫困群体中教育的回报率更大，说明子代受教育水平能够促进代际收入流动。赵红霞和高培培（2017）根据中国家庭追踪调查数据，结合多种模型方法进行研究，结果表明在模型中加入子代受教育年限这个变量后，模型中总样本的代际收入弹性由 0.24 降低到 0.22，说明随着时间增加，子代受教育年限能够降低代际收入弹性，从而有利于代际收入流动性的增加。李龙杰等（2018）根据中国居民家庭收入调查（CHIP）2013年的数据，运用回归方程方法，结果发现子代受教育程度能够促进代际收入向上流动。梁莹和崔惠民（2019）根据对7个省进行实地调查的数据，运用最小二乘法进行研究发现，教育能够有效地缩小城乡差距，提高代际收入流动性，并且对城镇代际收入流动性的作用要大于农村。

方明（2010）通过线性回归法和分位回归法分析我国的代际收入流动传递途径，结果表明在东部地区，受教育年限对代际收入流动的回报率最大，且对于农村的代际收入流动的回报率要大于城市。徐俊武和张月（2015）依据中国家庭调查数据（CHIPS）2007年的城镇数据，采用Solon（2004）基本线性模型，运用中介变量法和分解法研究发现，在控制子代受教育年限不变后，2007年的代际收入弹性降低了18%，说明子代受教育年限对我国代际收入流动具有显著的正向影响。陈杰等（2016）对农村居民的代际收入流动性进行研究，结果表明相对其他影响因素，子代受教育年限对促进代际收入流动的作用最显著。值得注意的是林晶（2019）运用实证分析方法进行研究发现，子代受教育年限阻碍了代际收入流动性，导致个人收入差距不断扩大。

郭丛斌和丁小浩（2005）依据2000年的城镇户口调查数据，对中国劳动力市场分割，测算代际行业的流动性指标，研究发现在不同层次的教育中，高等教育最有利于行业代际效应，即教育水平越高，越容易摆脱行业的代际传递，特别是对那些出身于弱势群体的子女想要达到代际职业的向上流动的目的，提高其受教育水平是最有效的方法，因此教育对于促进代际收入向上流动具有重要作用。郭丛斌和闵维方（2007）对教育和代际收入流动性的关系进行回归分析，分析结果显示，相较于高收入家庭组、中等偏上收入家庭组和中等偏下家庭组，教育对促进最低收入家庭子女能够进入最高收入组的贡献率分别为前三者的1.06倍、1.02倍和1.01倍。由此可见，教育有利于代际收入流动性的提高，特别是对于促进最低收入家庭子女向上流动的贡献率最大。

刘一彬（2005）通过研究教育对劳动力市场分割以及行业代际效应的跨越作用，研究发现高水平教育有利于行业代际流动和劳动力市场分割，从而实现代际收入的向上流动。陈琳、袁志刚（2012）从资本投资角度引入子代的人力资本，研究了人力资本的回报率及其对代际收入流动系数的影响大小。将子代受教育年限引入到模型中发现，城镇样本中的代际收入弹性在1995年和2002年分别下降了6%和13%，农村样本中的代际收入弹性在1995年和2002年分别下降了2%和12%，因此可以证明教育人力资本有利于代际收入流动性的提高，并且随着时间的增加，提高作用越大。周兴和王芳（2013）依据多项式Logit模型进行研究发现，教育是影响代际收入最主要的因素，且接受教育的程度越高，对于代际收入向上流动的贡献越大。汪燕敏（2013）利用中国健康与营养调查的数据，对中国的代际收入流动性进行估计，估计结果显示教育对代际收入的贡献率为0.165，占整个代际收入弹性的53.5%。

刘国志和范亚静（2014）运用转换概念矩阵的方法研究并得出结论，教育对于收入处于上层的家庭来说，可以使其继续保持优势；对于收入处于中下阶层的家庭来说，教育具有促进代际流动的作用。尤其是接受过高等教育的子女能够完全摆脱父代收入的限制向高层流动，其比例由未接受高等教育的8.1%上升至81.8%，因此，有利于低收入家庭的子女向上流动。这一结论与彭等（2018）研究得出的结论基本相同。刘志龙（2014）根据CHNS 2011年的数据，运用双对数代际收入弹性模型对教育与农村代际收入流动性的关系进行研究，结果得出教育能够有效地增加农村代际收入流动，且农村的子代教育与父代收入相互交替，能够更有效地促进农村代际收入流动性，与前者相比具有两倍的贡献率。谭新红和崔惠民（2018）在根据实地调查所获得数据的基础上，运用工具变量法和Blanden分解法研究了在代际收入流动的影响途径中教育贡献率的大小。结果显示教育是代际收入流动的主要传递途径，且教育对城乡的代际收入流动的影响没有导致两者之间出现明显的差距。

我国文献多数是关于教育对代际收入流动的影响研究，大多从子代受教育的最高程度，即高等教育来研究，忽视了中学教育和幼儿教育是否对代际收入有影响。陈琳（2015）基于中国健康与营养调查数据和中国家庭追踪调查两个数据，运用回归方法分析不同阶段教育与代际收入流动性的关系，最终得出的结果表明，幼儿教育和中学教育有利于代际收入向上流动，而大学教育则表现出阻碍代际收入流动的作用。徐俊武和张月（2015）依据中国家庭调查数据（CHIPS）2007年的城镇数据，采用Solon（2004）基本线性模型，运用分解法、中介变量法研究发现，在控制不同阶段的受教育水平，幼儿教育和中学教育都有促进代际收入向上流动的作用，但是相比于大学教育，其促进作用相对较小。

教育是各个国家都会给予关注的重要事业，教育对国家经济发展有着至关重要的作用，因而国外有诸多文献也对教育对代际收入流动性的影响进行了研究。克劳克等（2014）通过盖茨比曲线和建立跨时空比较框架研究发现，教育机会不平等会导致代际收入流动性的降低，即增加教育的公平性，普及义务教育有利于代际收入向上流动。艾德米尔和亚齐奇（2019）运用回归系数和相关系数的分析方法分析教育与代际收入流动性的关系，分析发现教育不平等程度越低，代际收入流动性越高。比亚斯和柯尔斯顿（2010）运用 FE－2SLS 的方法分析研究了教育对开普敦殖民地经济的影响，分析发现教育有利于经济的快速发展，从而体现了教育有利于代际收入向上流动。钟和帕克（2019）运用对数线性模型和反事实模型研究韩国教育普及与代际收入流动性的关系，研究结果表明，教育普及对于代际收入流动有着重要的作用，并且超过了其他因素对此的影响，从而说明教育有利于代际收入流动性的增加。

第三节 健康人力资本对代际收入流动性的影响研究

一、人力资本投资在代际间传递的作用

20 世纪 60 年代，舒尔茨阐述了人力资本投资的内容，包括教育、医疗健康、在职培训等，并提出人力资本投资可缩小代际间的相对差距。古斯科娃等（2010）基于代际偏好理论模型，认为个人对未来的态度会影响经济和健康行为，包括对人力资本、健康资本和金融资本的投资。这种行为中的代际关联表明，家庭在向孩子传递时间偏好方面可能发挥着重要作用，且研究发现教育、财富以及先天智力因素均会对个体收入产生影响，约有 23% 的相关性。卡瓦略（2012）探讨了儿童时期所形成的性格特征是否在代际传递中起着重要作用。利用健康与营养调查的数据，记录了儿童人力资本在多大程度上解释了代际社会经济地位的相关性。研究结果表明，儿童健康和营养、认知和非认知能力以及早期教育在父母的社会经济地位和子女的社会经济地位之间的关系中占 1/3～1/2。

闫淑敏和段兴民（2002）指出健康和教育是人力资本投资的重要形式，家庭是人力资本投资最直接的受益者，他通过研究对家庭进行健康人力资本投资和教育人力资本投资，发现对教育进行投资有利于直接提高人力资本存量，而对健康投资是提高人力资本存量的基础。周群力和陆铭（2009）基于（CGSS）2003 的数据，通过运用 Probit 模型进行实证检验，发现父代通过社会关系网络对子代进行人力资本投资，使子女获得更好的资源，并进行人力资本积累。张文俊和窦学诚（2010）经统计资料研究发

现，农村居民虽然对于健康和教育人力资本的投资逐渐增多，但农村家庭教育投资占家庭消费支出的比例呈现下降的趋势，且与城镇居民之间的差距逐渐增大。刘庆彬和张晏玮（2018）论述了人力资本的重要性，发现预期寿命的延长伴随着高人力资本投入，据此提出应该提升国民的健康意识，同时提高医疗水平将促进我国济稳定增长。

二、健康人力资本对社会收入增长的影响研究

国外关于健康与收入关系的研究较为丰富，格罗斯曼（1972）通过数理模型的方式，第一次将健康投资和健康资本归纳进人力资本框架，他认为，不断改善健康状况，可以延长个体参加生产劳动的时间，进而增加个体未来的经济收入。罗福特（1975）研究发现，平均来看，健康状况良好的个体的年工资比健康状况不好的个体高 37%。迪顿（2003）认为健康和收入之间存在广泛的动态影响，而且往往滞后很长时间，任何改善健康环境的措施都将改善收入差距。佩尔科夫斯基和伯杰（2004）研究发现，工人的健康状况影响其就业和收入水平，个体健康状况越好则工作时长越久，进而收入水平越高。琼斯和威尔德曼（2008）发现个体的健康状况影响个体的收入水平，个人的健康状况越好则劳动生产率越高。霍尔拉（2013）通过上下班发生的事故来解释负面健康冲击对收入产生的影响。Halla（2013）和舒尔茨和坦塞尔（1997）都认为个体在患病的状态下会对收入造成损失。

我国对于健康和收入之间的关系研究起步略晚，以往的研究无论是通过理论分析还是实证研究，大多文献认为健康状况的改善可以大大提升个人的收入水平。张车伟（2003）针对营养、健康与收入的关系展开研究，发现健康对农民收入水平至关重要，良好的健康状况可以促进收入的增加。刘国恩（2004）基于 CHNS 数据，提出健康是人力资本的重要组成之一，个体的健康状况与收入呈正相关关系，而且他认为健康除了影响个人收入外其影响还明显呈现梯度关系。苑会娜（2009）认为健康与收入形成了循环作用机制，健康状况越好，则工作时间更长，在体力或者脑力上更加充沛。张玉华和赵媛媛（2015）、刘欢（2017）研究得出健康人力资本投入与收入具有显著相关性。梁莹和崔惠民（2019）、范君晖和闫明星（2019）认为居民的健康状况对居民的收入水平产生正向影响，即健康状况越好，则收入水平越高。

格罗斯曼（1972）认为健康是人力资本除教育之外的另一个重要组成和体现，以往大部分文献都认为健康与收入之间呈显著正相关关系，即个

体的健康状况越好，则参与社会劳动的概率越高，也可以获得更多的就业机会、延长工作的时间以及获得更多的技能，从而提高劳动生产率，继而获得更多的收入。健康人力资本的积累和拥有良好的健康状况，是个体进行其他创造性社会经济活动的前提和基础。但是也有文献持不同观点，例如，魏众（2004）利用1993年CHNS的调查数据，从微观角度出发，研究了我国农村地区健康和收入之间的关系，他发现健康因素对于农村居民参与非农业就业具有明显的影响作用，但是相对于工资决定方面，健康并未表现出明显的作用，但是他仍然肯定健康状况对于家庭收入增加的作用。余静文和苗艳青（2019）通过建立模型进行实证研究发现，健康人力资本对中国经济的发展有着显著的正向影响。

刘国恩和傅正泓（2004）基于CHNS数据，研究认为个体的健康状况与家庭人均收入情况显著相关，而且发现女性比男性的健康经济回报更大。即在中国，尤其是农村地区，对女性进行健康资本的投资更能为家庭带来良好的经济收益。而陈静思（2016）的研究结果却与之相反，通过实证检验健康对农村居民收入的影响，发现女性和男性的健康状况都与其收入有正相关性，但在保持方程中其他所有因素如教育、年龄等不变的情况下，男性遭受的健康打击会对家庭收入带来更显著的影响。王一兵和张东辉（2007）利用GLS、FE、HT三种模型分析了健康人力资本对收入的影响，发现健康状况越好，男性收入越高，即对男性有显著的正向影响，对女性收入虽有正向影响，但是并不显著。王引和尹志超（2009）研究了营养摄入和农民收入之间的关系，发现两者存在显著的正向关系，而且发现营养摄入对男性收入产生的影响高于女性。

我国对于健康和收入之间关系的研究更多地以农村地区为研究对象，更多地关注农村农民的健康问题，这与农村地区长期以来无法满足农村居民的医疗卫生保障需求、我国城乡之间医疗卫生保障体系存在差距有很大关系。张车伟（2003）运用我国农村地区贫困居民的调研数据，将身高、营养摄入和疾病等因素作为整体健康状况的代理变量，经研究发现农村居民的整体健康状况会影响其劳动生产率，进而对其收入水平产生影响。其中，营养摄入量和身患疾病成为影响其劳动生产率和水平的重要因素。他发现，营养与健康是制约农户收入增加的重要条件，农户种植业收入随卡路里的增加而有所提高，若农户因病无法工作，收入则随之减少。魏众（2004）认为健康对于劳动参与和非农就业机会都有显著的影响，加大对健康资本投资和提高健康资本存量有利于农民获得非农就业的机会。于大川和潘光辉（2013）基于CHNS的面板数据，采用固定效应模型，估计了中国农村地区农户健康人力资本与种植业收入之间的相关性。研究发现，几乎所有的健康测量指标都会影响农户的种植业收入水平。

此外，以往文献还将城乡之间健康对收入的影响进行了对比研究。齐良书（2006）利用自评健康数据，探索了我国城乡居民收入和健康之间的关系，发现我国城乡之间在收入与健康方面存在很大差异。其中发现城镇居民的健康状况越好则收入越高，收入与健康状况呈正相关；而农村居民的健康状况总体看上去与收入的相关关系并不显著，但是随着收入的增加，农民报告健康极佳的概率提高。张玉华和赵媛媛（2015）基于 CHNS 数据，研究了健康人力资本与收入之间的关系，发现健康是决定收入的重要因素，而且个人健康对城镇居民家庭收入的影响小于农村居民家庭。王秀芝和易婷（2017）基于 CFPS 数据，通过研究发现，健康人力资本显著影响个体收入水平，通过城乡之间对比健康人力资本的收入效应，发现城镇地区居民的健康收入效应明显低于农村居民。张川川（2011）、张玉华和赵媛媛（2015）、龙海明和陶冶（2017）认为健康的收入效应能为我国缩小收入差距提供重要的启示意义，可以通过加大对农村健康人力资本的投资来提高居民收入水平。

三、健康人力资本对代际收入流动性的影响研究

麻希金（1962）提出人力资本包括健康人力资本，从以上研究可以看出，以往文献主要是将先天和后天因素严格区分后论述，无论是先天禀赋因素还是出生后外部环境的影响，都与代际收入流动性具有相关性。贝克尔和托姆斯（1986）提出若每个家庭都能最大限度地发挥效用函数，其中效用取决于父代的投入和子代先天禀赋，当父母给予子女更多人力或非人力资本时，子女的收入便会增加。遗传因素决定了子代的先天条件，而后期父代的投入为子代提供了知识和技能。陈琳（2011）、博格等（2018）通过利用 CHNS 数据中亲生父子与养父子等各种类型父子的样本，经研究发现亲生父子相关性约为 0.570，而养父子的相关性约为 0.309，约为亲生父子相关性的一半，由此表明了后天环境和基因遗传在我国代际收入传递中可能都起到重要作用，即父代的健康水平在我国代际收入传递中起到重要作用。

健康人力资本的代际传递往往最直接考虑到的是遗传因素，即父母的遗传，尤其是母亲。科尼斯和史比斯（2012）基于德国社会经济小组（SOEP）的数据，研究发现父母与孩子生命的前 3 年的健康状况存在显著的关系，他们通过控制父代的教育、收入等，发现健康人力资本在代际传

递中起到了重要作用，且代际传递一般是通过母亲传递。顾和军和刘云平（2012）基于 CLHLS 2002 年和 2005 年的数据研究发现，照料父母或者配偶将影响女性的自评健康状况。连增等（2018）基于 CHIP 2013 年的数据，检验了人力资本因素对代际收入流动性的影响。他发现人力资本能解释全体样本数据代际收入弹性系数的 13.6%，是代际收入传递的主要方式，而且他发现个体家庭收入情况对于其自评健康状况，以及子女的受教育程度具有很强的正相关性，其中母亲的健康状况对子代健康的影响程度强于父亲。

库里（2011）认为，人类自身的行为与后天环境可以改变胚胎在子宫内的环境，很多先天因素在子女尚未出生时就已经受父母在环境、营养、医疗等方面的影响。因此很多文献针对一些特殊环境下出生的婴儿的健康状况和其成年后的健康、收入等方面进行研究。例如厄尔曼（2006）利用 1918 年的流感流行期间的数据，探索了父代健康状况对子代的影响，通过美国人口普查数据表明，在流感期间出生的群体与其他时间出生群体相比，身体健康率降低，收入减少了 5%~9%，社会经济地位降低，转移支付增加。库里（2011）认为子代出生时的健康差异对于其未来的发展具有重大影响，母亲在怀孕时的健康状况影响子代的体重，而出生体重低的子女未来的发病率高于出生体重高的，且一般受教育程度和收入都较低。科里（2011）研究了 1957 年亚洲流感流行期间，怀孕母亲的子女未来发展情况，发现受感染的母亲的后代健康状况和自身发展同样受到了不良影响，且收入普遍不高。

韩军辉（2009）基于 CHNS 选取了不连续的多年的 9 省农村地区家庭的调查数据，所选省区横跨我国东、中、西部，在一定程度上代表了我国农村地区的基本情况。他以农村地区农户家庭子女作为分析对象，通过运用多水平统计模型，通过控制健康属性变量，研究发现子女收入受父代影响较大，即农村地区代际收入流动性较小。且低收入农户家庭的子女，由于农村地区医疗卫生资源的短缺，一开始在健康方面就落后于城市地区子女。分析结果同时表明，农村地区代际收入流动性存在东、中、西部地区差异，即不同收入水平的家庭对子女收入的影响程度不同。

方鸣（2010）将城乡进行对比，发现在农村地区的代际收入传递中健康的贡献率远远高于城镇地区；他将我国东西部进行对比，发现西部地区和中部地区健康的贡献率高于东部地区，回归结果还显示健康对父辈中高收入群体的代际收入传递的贡献远低于低收入与群体，健康对代际收入传递的影响对低收入群体尤为显著。马哲和赵忠（2016）使用集中指数法研究了 1993~2009 年儿童健康的不平等程度的变化趋势，研究结果表明处于高收入阶层家庭的儿童，其健康状况优于低收入阶层家庭的儿童，并且这种差距总体上还处于不断扩大的趋势。

张丹青和王兰会（2018）基于 CHNS 1991～2011 年的调查数据，使用分位回归法研究了健康对代际收入流动的影响。研究发现健康与子代收入之间存在相关性，且健康对子代收入具有正向影响，即个体健康状况越好，则收入越高。健康程度的略微提高可能会使个体收入发生巨大变化，增加对健康的投资，有助于收入的增加。父代可以通过购买健康保险或者按时参加体检活动和医疗服务来提高子代的健康状况，积累健康人力资本，从而提高子代未来收入。研究还发现健康对于子代收入的提升并不是无限的，对于中等、低等收入家庭来说，健康对收入的影响更大，可见健康的差异会影响个体的收入，而且还影响代际间的收入传递。张津琛等（2019）基于 CGSS 2015 年的数据，研究发现良好的健康状况是提高个体收入的重要因素，有利于个人职业的长远发展。

健康人力资本是人力资本不可或缺的重要组成部分，健康人力资本的增加能够增强劳动者身体素质，健康的个体劳动时间更长并且劳动效率更高，从根本上促进收入增长。同时，健康的父辈同时也会注重对子辈健康方面的投资，健康水平的增加有助于预期寿命的延长，促使人力资本投资和积累，从而有助于社会进步和经济发展。罗伯森和罗克（2018）、张津琛等（2019）认为健康对收入增长有显著的正向促进作用。王等（2019）基于 1996～2012 年中国省级面板数据的研究，认为健康人力资本的改善可以显著促进社会储蓄和生态经济的发展。因此，健康人力资本对代际收入流动性影响的研究是不容忽视的。

第四节　对已有研究的评价

第一，缺乏实际调研考察所得的一手数据。一手数据是社会实际情况的真实反映，但已有文献基本上是利用二手数据进行研究，由于二手数据具有缺乏时效性和可靠性等的缺点，从而采用二手数据进行研究所得的结果可能会与实际情况发生偏离。另外，大多数研究者对数据的理解不够深入，对数据获取过程了解不足，故很可能缺乏对社会真实发展情况的认知。现有的实证研究文献，更多的是通过研究代际收入流动性来侧面反映出代际收入流动性相关问题。早期的研究曾用 1 年的收入代替父代的永久性收入，但是子代和父代的收入在同一时间可能会同时遭受短时间的冲击。后来用几年的平均收入来度量父代的收入，虽然这样比多个不连续的单年有改进，但是还是避免不了参数被低估，原因一是收入的度量会存在误差；二是用短期的收入代替持久性收入，会有无法观测到的短期波动。通过国内外代际收入弹性系数的对比，可以有效借鉴国外先进方法对我国代际收入弹性进行更为准确的测算，从而使我国代际收入弹性的估计更加准确。

第二，鲜有文献将教育人力资本和健康人力资本纳入同一分析框架下进行研究。人力资本对促进代际收入向上流动具有重要作用，它包括教育人力资本和健康人力资本。我国已有大量文献分别研究了教育人力资本对代际收入流动性的影响、健康人力资本对代际收入流动性的影响，并取得了丰硕的成果，但是很少有文献将教育人力资本和健康人力资本纳入同一分析框架下进行研究。他们大多忽视了这二者之间的联系，因为只有在保证健康人力资本的情况下，教育才能将作用更好地发挥出来，从而在研究教育人力资本对代际收入流动性的影响时，健康这一重要因素不可忽视。而教育和健康分别对代际收入流动性产生影响时，由于二者之间的内部矛盾，他们彼此间也会相互发生作用，进而对收入的流动性造成影响，所以用二者分开研究的结果来说明人力资本对代际收入流动性的影响不够严谨，缺失科学性。

第三，对健康人力资本的关注不足。目前，我国学术界对教育给予很大关注，尤其重视教育对代际收入流动性的影响，而忽略了健康人力资本也是代际收入传递的重要影响因素。党的十九大提出，要实施健康中国战略，创造价值的唯一生产要素就是劳动力，劳动力的健康至关重要。我国是一个拥有 14 亿人口的大国，人口老龄化问题严重，劳动力资源不断减少，健康人力资本的降低导致提高社会生产力的速度缓慢，对于我国这样一个发展中国家的长期发展极为不利。故良好的健康状况不仅对公民个人有着重要的作用，对整个社会经济的发展也有重要的作用，这种作用可能超过教育对代际收入流动的影响。因而，学术界有必要提高对健康人力资本的重视，加大对健康人力资本的研究。此外，由于受到个人毅力和生存环境等因素的影响，依附在个人体内的健康人力资本往往很难观察，从而个人应提高对健康的重视程度，养成定期体检的良好习惯；国家应加大对健康人力资本的关注和投资，构建一个综合全面的指标体系，完善医疗卫生健康保障体制。

第三章　中国健康政策和教育政策的制度变迁

　　本章梳理了我国教育政策和健康政策的制度变迁，发现我国教育政策和健康政策与中国社会的曲折命运紧密相连。新中国的成立，标志着我国逐步建立起了适应于计划经济时期的教育制度和医疗卫生制度，实现了由旧教育体制向新教育体制的成功转变，建构起了劳保医疗制度和公费医疗制度，以及农村合作医疗制度。改革开放以来，我国的教育制度和医疗卫生制度随着计划经济体制向市场经济体制的转变发生了重大变化，教育制度向一个具有激励作用的全民教育体系的方向不断发展，劳保医疗制度和公费医疗制度向城镇职工医疗保障制度转变，建立了城镇居民医疗保障制度和新型农村合作医疗制度。中华人民共和国成立以来的教育制度和健康制度变迁，对我国国民的教育和健康人力资本的形成与积累起到了重要的作用。

　　教育政策和健康政策是一国政府为形成高质量的教育和健康人力资本，从而增加人的生产能力，进而促进经济社会的发展而做的努力。决定一国政府对其教育和健康领域的投资包括很多因素，例如政治经济体制、经济社会的稳定、国民的需求、决策者的偏好等。然而，如果从经济学角度来看的话，主要是因为教育和健康人力资本具有正的外部效应。在教育人力资本投资方面，一国政府通过建立优质的教育体系，当父辈一代通过其获得较高水平的教育人力资本时，这会为其下一代营造一种良好的教育氛围和创建一些优渥的教育条件。在健康人力资本投资方面，一国政府通过建立完善的医疗保障体系，不仅可以提高国民的健康水平，增加其健康人力资本，而且可以改善其周围人的生产生活状况，同时对其下一代的健康水平也会有良好的影响。从整个社会来看，一般来说，教育体系和医疗保障体系越完善，个体从中获得的教育和健康人力资本就越高，其获得高收入的可能性也就越高，失业的可能性就越小，这对于降低社会不均等程度，促进经济社会的可持续发展，具有明显的好处。因此，梳理和回顾我国 1949 年以来的教育政策和健康政策，可以为当前的教育和医疗卫生领域的深化改革提供方向和思路，从而建立更加完善的、适应我国国情的教育和健康体系，提升国民健康、教育的水平和质量，促进社会经济高质量发展。

第一节　中国健康政策的制度变迁

我国健康政策的制度变迁与经济社会的发展具有密切的关系。纵观中国 70 多年以来的经济社会发展历史，可以将改革开放作为分界点，大致将其分为两个阶段。虽然这两个阶段前后存在着紧密的联系，但是在政治经济体制、社会结构等方面发生了翻天覆地的变化。我国健康政策也随着这两个阶段的转变，在政策内容、价值取向和中心任务等方面不断地调整与变迁，呈现明显的阶段性特征。因此，可以将健康政策的制度变迁分为以下四个阶段：（1）1949～1978 年，探索发展阶段；（2）1981～2000 年，转型发展阶段；（3）2001～2010 年，全面推进阶段；（4）2011 年至今，全面发展阶段。结合我国自 1949 年以来的经济社会体制的变迁，梳理和比较不同历史阶段的健康政策的内容和特点，有利于我们评价健康政策的成效，总结经验和教训，特别是对于目前医疗卫生领域的改革具有重大意义。

一、1949～1980 年：探索发展阶段

1949 年以后，我国人民的健康状况受到了天花等恶性传染病的严重威胁，人民的医疗卫生需求非常迫切。然而，自 1949 年初，我国的医疗人才和医疗卫生资源非常稀缺，医疗技术水平相对低下；国家财政主要投资于重工业，人民急需的食品、医疗卫生领域得不到重点扶持，发展迟缓。这些均导致我国医疗卫生领域的供需矛盾极为突出，尤其是在广大农村地区更是如此。虽然受到种种条件的限制和约束，但是在发展理念方面，新中国仍将社会公平摆在了各个社会领域的突出地位。生命健康是人的最基本需求，也是我国公民的基本权利，是体现社会公平和社会福利的重要领域，因此，福利性健康政策贯穿于整个计划经济时期。

一方面，在城市医疗保障供给方面，新中国成立初期，我国面临着百废待兴的社会经济状况，在战时供给制下实行的医疗保障制度，已经无法适应新时期的工资制。若将 1949 年前在小范围内实行的免费医疗模式推广至全国范围，这显然不符合实际情况。因此，中国政府从 1951 年开始，重新构建城市医疗卫生保障体制。1949 年后至改革开放之前，我国城市医疗保障制度主要有两种：职工劳保制度和公费医疗制度。这两种医疗保障

制度的结合在相当长的时期内，提升了我国城市居民和职工的健康水平。

劳保医疗制度的正式建立，是以 1951 年中央人民政府政务院发布的《中华人民共和国劳动保险条例》（以下简称《劳动保险条例》）为标志。《劳动保险条例》是一部保护企业职工健康的综合性劳动保障法规，它初步确立了养老、医疗、工伤和生育的四大保险制度。其中，《劳动保险条例》中有关医疗保险方面的内容主要有：（1）保障因工负伤的企业职工在医疗期间的工资全部照发，其他所有医疗费用均由职工所在企业负担；（2）对于疾病和非因病负伤的职工，其住院费、治疗费和普通药费由企业全额负担，其他因治病产生的费用则由本人自行承担；（3）关于疾病和非因疾病负伤的职工工资，治疗期限在 3 个月以内的发放其本人工资的 50% ~100%，超过三个月的则发放 30% ~50%，对于超过 6 个月未能康复者，则按照残废退职待遇处理；（4）企业职工直系亲属生病时，企业报销其一半普通药费，其他所有治疗费用则由本人负担。截至 1952 年底，城市企业职工的社会劳动保险已覆盖包括直系亲属在内的 1000 万人左右；到 1956 年，这一数量已达到 2300 万人左右。以《劳动保险条例》建立起来的劳保医疗制度保障了企业职工及其直系亲属的健康，对于调动职工的生产积极性，稳定社会秩序，促进社会主义新中国经济社会的复兴与发展具有巨大的推动作用。

虽然《劳动保险条例》为城市企业职工及其直系亲属构建了综合性的社会保障体系，但它不仅不适用于城市其他社会群体，而且也不是一部专门针对医疗卫生保障的法规。此时，陕北老革命根据地试行的公费医疗预防制取得了较好的实施效果，但由于中华人民共和国成立之后，各地区经济、卫生条件的不同，导致公费医疗预防制仅在部分地区、人员以及某些疾病范围内试行。为进一步扩大医疗保险覆盖范畴、增加试点城市。政务院于 1952 年公布的《关于全国各级人民政府、党派、团体及所属事业单位的国家机关工作人员实行公费医疗预算措施的指示》（以下简称《指示》）决定，从 1952 年 7 月份起，分期推广公费医疗预防的覆盖范围。这是在中华人民共和国成立之后，第一部专门针对医疗保障的法规，标志着我国的公费医疗制度正式建立。

在《指示》发布之后，国家相继出台了一系列政策扩大公费医疗预防制的覆盖范畴。1952 年 8 月，卫生部发布了《国家公务人员公费医疗预防实施办法》，从人员范围、经费来源等方面对公费医疗的具体制度安排作出了进一步的指导与规划。1953 年 1 月，卫生部发布的《关于公费医疗的几项规定》中，将乡干部、大学生全部纳入公费医疗的范围（见表 3 - 1）。

同时，公费医疗预防的经费不再由中央统一拨款，改由当地卫生部门承担。1956 年，国务院规定国家公务人员在退休之后仍可享受公费医疗的待遇。至此，我国公费医疗制度基本建立。截至 1956 年，全国享受公费医疗待遇的人数已由 1952 年的 400 万人扩大到 740 万人。

表 3-1   1949~1980 年探索发展阶段的城市健康政策解读

年份	政策	解决的主要问题
1951	《劳动保险条例》	正式出台劳保医疗制度，解决企业职工看病问题。明确了劳保制度的对象为国有企业职工和退休人员，县以上城镇集团企业可参照执行，在资金筹措上则按照企业及职工工资总额的一定比例提取，在企业生产项目中列支
1952	《国家公务人员公费医疗预防实施办法》	从人员范围、经费来源等方面对公费医疗的具体制度安排作出了进一步的指导和规划
1953	《卫生部关于公费医疗的几项规定》	正式出台公费医疗制度，将国家机关、事业单位工作人员、伤残军人、高校学生等纳入保险范畴。扩大了医疗保险覆盖范畴

随着城市医疗保障制度的不断完善，农村地区的医疗卫生问题愈发突出。在新中国成立之初，我国广大农村地区没有医疗保障，农民看病是以自行负担医药费用的方式为主。实际上新中国成立之初，东北的一些农村地区就通过集体筹资的方式建立了卫生组织。到 20 世纪 50 年代中期时，山西省高平县成立了联合保健站，它是由农民、医生和农业生产合作社共同集资成立，为广大农民群众提供便捷的医疗服务。这是我国最早出现的农村合作医疗制度，具有一定的保险性质，对我国探索建立更加完善的农村合作医疗制度具有重要的现实意义。1958 年，农村合作医疗制度没有得到较好的推广，还暂时只是在小范围内实行。总体来说，在 1949~1958 年期间，我国广大农村地区仍是以自费医疗的方式为主，小范围内实施合作医疗保障制度。这主要与我国当时仿效苏联，政策方面倾向于城市，优先解决城市的医疗保障问题有关。

在试行合作医疗制度的地区中，山西省稷山县试行的合作医疗制度实施效果最好，其采用的"大家集资、治病免费"的合作医疗制度受到社员的广泛认可。在此基础上，1959 年 11 月，全国农村卫生工作会议召开，会后发布的《关于全国农村山西稷山现场会议情况的报告》及其附件《关于人民公社卫生工作几个问题的意见》（见表 3-2），总结了自 1949

年以来广大农民主要通过两种方式看病：一种完全由个人（家庭）支付医疗费用，另一种是人民公社社员将大家的资金集中在一起，使用众筹基金看病。文件中指出，第二种方式更能保障农民的健康水平，应该让广大农民都能够通过这种方式进行疾病预防、治疗和保健。1960年2月，中共中央提出应该将合作医疗的方式推广至全国范围内，解决广大农民看病难、看病贵的问题，合作医疗由此开始逐渐覆盖全国农村地区。至20世纪60年代初，已有1/3的全国农村地区实行了合作医疗制度。

值得注意的是，虽然"文革"期间，我国的经济、文化、教育等方面遭受到了严重的冲击，但是正是在这一时期，农村合作医疗制度迅速发展，主要是因为当时各地区开始恢复振兴中医，发掘中草药，将中医和西医结合预防疾病，同时，"赤脚医生"的出现也进一步促进了农村合作医疗制度的发展，为中国落后的农村地区提供了初级的医疗卫生护理。但由于卫生条件等方面的差异，导致农村合作医疗的设施条件远比不上城市。于是，1965年，《关于把卫生工作重点放到农村的报告》由中共中央转发，提出了在医疗卫生领域城市支援农村的做法，为农民治病保健，同时为农村培养卫生人员。调整合并农村中的一些卫生机构与组织，保证农村的医药、医疗器材的供应和需要。这些举措极大地推动地了农村合作医疗的快速发展，提升了农民的卫生健康水平。至1975年，全国已有84.6%的农村地区实行了合作医疗制度；1976年时，这一规模已达到了90%。

至此，农村合作医疗在我国农村地区全面展开。由于各地区卫生条件不同，为进一步规范我国农村合作医疗制度，1979年，卫生部等部门发布的《农村合作医疗章程（试行草案）》中规定，农村合作医疗制度依靠人民公社社员集体的力量，是一种具有自愿互助性质的属于社会主义的医疗制度。农村的合作医疗制度能够为社员的健康提供保障，国家应当积极支持、鼓励合作医疗事业的发展，对经济发展困难的农村地区，还应该提供一些必要的援助（见表3-2）。这是改革开放以来的第一个法律法规性文件，对农村卫生事业具有重大的指导意义。章程中规定了实行农村合作医疗的生产大队应建立医疗站（卫生所），这是为农民提供医疗卫生服务的集体福利性事业，宣传国家制定的各项卫生政策和方针。在基金管理方面，合作医疗的基金由个人和集体按照需要和可能，在充分讨论商量的情况下，分别按照一定比例共同筹集。同时提出，随着集体经济的发展，应不断提高集体组织的筹资比例。章程还对"赤脚医生"作出了具体的政策指导，提出"赤脚医生"应由群众在认真商讨下推选，主要选拔那些热心服务人民群众、生产劳动好、具备一定文化水平的社员，由县（市）的卫生行政部门组织对"赤脚医生"进行考核，考核合格之后才能颁发证书。

表 3--2　　　　　1949~1980 年探索发展阶段的农村健康政策解读

年份	政策	解决的主要问题
1959	《关于全国农村山西稷山现场会议情况的报告》，及其附件《关于人民公社卫生工作几个问题的意见》	肯定山西省稷山县实行的集体合作医疗，初步提出农村合作医疗，解决农民医疗保障问题。各地区开始试行农村合作医疗
1979	《农村合作医疗章程（试行草案）》	正式出台农村合作医疗，对基金管理、赤脚医生等作出进一步规定，解决农民医疗保障的问题。将农村合作医疗定义为一项社员群众的集体福利事业，对于经济困难的人民公社，国家给予必要的扶植

总结起来，计划经济时期的健康政策和医疗制度主要具有两个显著特点。第一，医疗卫生事业具有福利性质。健康政策和医疗制度的起点是保障所有人能够享受到公平的医疗卫生服务，目标是"一切为了人民的健康"。劳保医疗制度、公费医疗制度保障了城市人民的卫生健康，农村合作医疗制度则为农村居民的健康水平保驾护航。三大医疗卫生制度均体现了新中国的医疗卫生事业是为人民举办的福利性事业，党和政府努力在医疗卫生领域维护公平，促进全民健康水平的提升。第二，健康政策的创新性。党和政府从我国具体国情出发，创造性地将健康政策与我国经济社会建设与发展密切结合起来。城市的劳保医疗制度和公费医疗制度覆盖了绝大多数的城市居民，合作医疗政策则紧密依托农村的集体经济基础和人民群众运动，为农村居民提供了医疗卫生保障。这些创新性的健康政策不仅促进了本国人民的健康水平提升，而且也对其他国家的医疗卫生领域产生了重大影响。

二、1981~2000 年：转型发展阶段

20 世纪 80 年代以后，随着改革开放以及社会主义现代化建设的不断深入，社会发展理念和经济政治体制都出现了巨大的变化。一方面，在社会发展理念方面，国家提出要让市场在资源配置中起基础性作用，强调市场和效率在经济发展中的地位和作用。另一方面，在经济体制方面，计划经济时期的国有企业、集体经济组织和人民公社开始向市场化的方向改革或逐渐解体，这意味着原先建立的医疗保障制度所赖以生存的经济基础逐

渐瓦解。社会发展方式的转型，对我国医疗卫生领域也产生了重大影响。

在城市医疗保障方面，劳动医疗和公费医疗制度成为我国计划经济时期的特色产物，城市人民看病基本免费，这带来了医疗费用不断上涨的问题，造成了政府的财政压力逐年增大。因此，国家对城市的医疗保障的改革一直在不断完善之中，力图在保障城市人民的医疗卫生健康水平不变的前提下，减少医疗资源的浪费，减轻政府财政压力。党和政府经过多方的改革和试点，最终使传统的福利性医疗保障制度成功向现代社会保险制度转变。从 20 世纪 80 年代初至 2003 年，这一时期的城市医疗保障改革可以分为以下三个阶段。

第一阶段改革的主要办法是由医疗需求方自行支付部分医疗费用。20世纪 80 年代初，随着社会主义市场经济体制目标的逐步确立，传统的职工医疗保障制度所依赖的经济基础逐渐瓦解，面临着继续维持和进一步发展的困境。城镇医疗保障制度的缺陷日益暴露，不能很好地满足广大群众的医疗需要。因此，国家出台了一系列相关的政策以推进职工医疗保障制度逐步适应新的经济社会发展情况。1978 年，《关于整顿和加强公费医疗管理工作的通知》（见表 3 - 3）提出，为弥补因公费医疗预算定额偏低所造成的医疗经费缺口，提高每人每年的公费医疗预算定额到 30 元。1979年，财政部、卫生部发出的《关于公费医疗几个问题的答复》中，对公费医疗的覆盖范围进行了更加严格的规定，尽量减少医疗经费的浪费。1984年，《关于进一步加强公费医疗管理的通知》（见表 3 - 3）认为，公费医疗改革已经到了必须大力推行的地步，要求在保证职工身体素质良好的前提下，可以采取各种改革办法节约医疗卫生资源。为防止公费医疗经费的浪费，在不让职工个人完全负担医疗费用的前提下，可以考虑个人、企业单位和医院三方共同分担。将个人就医的医疗费用与就职单位、医院共同分担。

在这一阶段，城市医疗保障改革的特点是：医疗费用的支付机制先是由个人在公费医疗单位就诊时自行支付，然后又逐步发展为政府按照财政预算补贴公费医疗经费，最终形成医疗费用由个人、企业单位和医疗服务机构三方共同按照一定比例负担的机制。此后，劳保医疗单位也实施了这一措施。这一改革措施的原本目的是通过个人、医院和单位三方来分摊控制医疗费用的责任，抑制医疗费用过快增长的势头，减轻政府财政压力，减少医疗资源的浪费。但是，这一改革只是在基金的筹集和补偿方面添加了一些新的制约，在医疗基金的社会层次方面的统筹和发挥医疗基金互助共济的作用等方面尚且没有涉及，因此，并没有从根本上解决城市医疗保障的问题。

第二阶段的主要办法是开展城市医疗保险社会统筹的试点工作。1988年，国务院医疗制度改革调研小组在广泛调研，反复论证之后，推出了《职工医疗保险制度设想（草案）》。该文件提出，今后我国职工医疗保险制度要依据我国的具体国情，逐步建立起由个人、单位和国家三方共同按照一定比例负担的医疗费用支付机制，逐步提高职工医保制度的社会化程度。同时，该文件该制定了先行试点的方案，以获取经验和教训，在全国范围内推广。1989年，大病医疗费用社会统筹的试点选在丹东市、四平市、黄岩市和株洲市四个城市，社会保障制度综合改革试点则选在深圳市和海南省，以及对医疗服务供给方和离退休人员的医疗费用社会统筹的改革工作也在部分省市展开。1992年，《关于试行职工大病医疗费用社会统筹的意见的通知》（见表3-3）充分肯定了大病医疗费用社会统筹机制，并正式提出各地从实际情况出发，开始实行职工大病医疗费用社会统筹。

这一阶段的职工医疗保障制度改革，主要是针对医疗服务的需求方和供给方进行的探索，为我国控制增长速度过快的医疗费用提供了有益的经验。但是，这一改革只是在小范围内进行和对职工医疗保障制度的局部内容改革，并没有涉及公费和劳保医疗制度在筹资机制、医疗费用支付约束机制和社会管理等方面的改革，而且筹集的只是部分资金，适用人群有限，再加上没有宏观的政策和配套的措施指导，城市职工医疗保障制度尚且需要进行更为深层次的改革。

第三阶段的改革办法是建立"统账结合"的企业职工医疗保障模式，即基本医疗保险通过建立统筹账户和个人账户的方式为职工看病时提供医疗费用的报销。1994年，国务院批准下达《关于职工医疗制度改革的试点意见》，并选择在镇江和九江两市开展"统账结合"的职工医疗保障模式的试点工作。改革的主要内容是：个人在发生就医行为时，医疗费用不再由国家和企业包揽，而是由个人和用人单位（行政机关和事业单位由财政缴费）按照一定比例共同负担。职工在缴纳医疗费用时，先由职工个人按照其工资的5%支付，超出的部分则由社会统筹基金承担80%~90%。各地还应该根据不同的经济社会发展状况和医疗保险基金的支付能力，设置统筹基金的个人医疗费用报销封顶线，如果超过这一封顶线，则用人单位和统筹基金共同按照一定比例承担个人医疗费用。1996年，《关于职工医疗保障制度改革扩大试点的意见》肯定了镇江和九江两市的试点工作，决定在1996年底，再挑选57个地级市进行推广实施。由于各地根据实际情况采取了不同的改革方式和改革内容，因此形成了各自具有独特风格的医疗保障模式，例如海南省的"板块"模式、青岛市的"三金"模式等。这一"统账结合"的城镇职工医疗保障模式由此开始不断地发展与完善。

1998 年，《关于建立城镇职工基本医疗保险制度的决定》（见表 3 - 3）要求全国所有的用人单位都必须为其职工缴纳基本医疗保险费，同时规定城镇职工医保是按照属地管理的原则进行管理。基本医疗保险费的缴费比例是个人缴纳其工资的 2% 左右作为基本医疗保险金，全部计入个人账户；用人单位按照职工工资的 6% 缴纳，其中约 30% 的费用全部纳入个人账户，约 70% 的费用全部用作社会统筹基金的设立。随着经济的发展，用人单位和个人的缴费比例可作相应调整。医疗保险基金由地方政府设立财政专户进行管理，限定其只能用于医疗费用的偿付，不得用作其他用途。设定最低和最高偿付标准用于职工在就医发生医疗费用时的支付，最低偿付标准是当地职工平均工资水平的 4%，最高标准为当地职工工资的 4 倍。至此，城镇职工基本医疗保险制度正式取代我国在 20 世纪 50 年代建立的公费医疗制度和劳保医疗制度。

表 3 - 3　　　　　　1981 ~ 2000 年转型发展阶段的城市健康政策解读

年份	政策	解决的主要问题
1978	《关于整顿和加强公费医疗管理工作的通知》	弥补因公费医疗预算定额偏低所造成的医疗经费缺口，提高每人每年的公费医疗预算定额到 30 元
1984	《关于进一步加强公费医疗管理的通知》	通过个人、医院和单位三方来分摊控制医疗费用的责任，抑制医疗费用过快增长的势头，减轻政府财政压力，减少医疗资源的浪费
1992	《关于试行职工大病医疗费用社会统筹的意见的通知》	推行大病医疗费用统筹机制，控制过快增长的医疗费用
1998	《关于建立城镇职工基本医疗保险制度的决定》	建立职工医疗保险制度，解决企业职工医疗问题，逐步提高职工医保制度的社会化程度。明确医疗保障制度改革的目标任务、基本原则和政策框架

改革开放以后，城镇职工基本医疗保险制度的快速发展与不断完善的过程反映了国家对于城市人民生产生活的重视，对于促进经济的恢复与发展起到了重大的支持和保障作用。然而，20 世纪 80 年代却是农村合作医疗制度基本瓦解的时期，这主要是由以下几个方面的原因共同造成的结果。第一，人民公社解体，集体经济基础不复存在。1982 年，中国经济体

制开始改革，家庭联产承包责任制开始实行，而合作医疗基金是由人民公社筹集，这实际上导致了合作医疗制度失去了赖以生存的集体经济基础。第二，合作医疗制度本身存在缺陷。一方面，合作医疗制度筹集的资金有限，但医疗支出没有节制。另一方面，体制内部的不平等，一些村干部往往拿好药且存在过度医疗的现象，这在一定程度上打击了其他普通社员缴纳医疗保险金的积极性。第三，合作医疗制度在计划经济时期走向辉煌的一个重要原因是，新中国的社会动员能力和行政机构的强制执行力很强大。但是，在改革开放以后，伴随着经济体制的改革，党和政府提出行政机构要简政放权，这种自上而下的社会动员能力和行政强制力被削弱。第四，从1980年开始，国家财政体制开始向"划分划支，分级包干"转变，乡级财政的设立减少了对卫生院的财政投入，导致卫生院的运转发生困难，这也是农村合作医疗制度衰落的一个重要原因。1980年，全国仍有68.8%的行政村实行合作医疗制度，1985年迅速下降到5%，1989年仅为4.8%，到20世纪90年代初，全国仅有上海和苏南地区的农村有合作医疗制度。经过了20世纪60～70年代的辉煌发展后，20世纪80年代后，农村合作医疗制度迅速衰落，广大农民又重新回到了自费医疗的时代。

1991年，国务院转发卫生部等部门的《关于改革和加强农村医疗卫生工作的请示》，提出加强农村医疗卫生事业的建设，改善农民卫生健康状况，是整个卫生事业的重点。完善农村医疗卫生服务体系，需要巩固和发展以县、乡、村为组织的三级医疗预防保健网，实行分级管理，独立核算，自主经营的体制。由于农村医疗卫生事业的重建缺乏医疗技术人才，因此，文件提出各级人民政府应积极支持医学院和卫生学校培养大量医疗技术人才，实行面向农村的定向招生、定向分配的制度，鼓励城市卫生人员积极支援农村的医疗卫生事业。各地依据实际情况，继续稳步推行在20世纪50年代建立起来的农村合作医疗制度。

1993年，在《关于建立社会主义市场经济体制的若干问题的决定》中，强调农村合作医疗制度的建设和完善，是发展农村卫生事业的核心。同年，国务院政策研究室和卫生部在深入调查和探讨之后，推出了《关于农村合作医疗保健制度改革与建设》的报告。报告中再次强调了重建传统农村医疗的重大意义，有利于保障农民身体健康，提高农村生产力、维护社会公平与稳定。报告充分肯定了传统农村合作医疗制度是适合我国国情的制度，应依法探索和兴办多种举办形式、多条发展路径。报告还对农村合作医疗制度的重建提出了具体的指导性政策建议。新时期的农村合作医疗制度的举办方针是，以政府为主导，集体给予一定扶持，探索多条筹资方式和渠道，以疾病预防为主，建立统分结合的双向管理体制，以及国家、集体和个人三方筹资的机制。

1996 年，我国医疗卫生史上的第一次全国卫生工作会议在北京召开。大会再次强调合作医疗制度的重建工作依然是当前农村卫生事业的关键、重点和难点。1997 年，《关于卫生改革和发展的决定》（见表 3-4）中明确提出，依靠人民发展合作医疗制度，政府给予一定扶持，人民自愿参加，以保障人人享有公平的医疗健康服务。农村合作医疗的筹资办法是要求农民自主缴费，集体给予一定支持，国家根据实际情况适当扶持。同年 5 月，《关于发展和完善农村合作医疗的若干意见》（见表 3-4）中，明确指出农村合作医疗制度是适合我国国情需要和经济发展情况的农民卫生保障制度，要求各级政府大力支持，因地制宜，根据各地的实际情况制定不同形式的合作医疗制度。

表 3-4　　　　　1981~2000 年转型发展阶段的农村健康政策解读

年份	政策	解决的主要问题
1997	《关于卫生改革和发展的决定》	解决农村卫生人员技术不足问题，采取人员培训、技术指导、巡回医疗、设备支持等方式，帮助农村卫生机构提高服务能力
1997	《关于发展和完善农村合作医疗的若干意见》	因各地实际情况不同，要因地制宜，制定不同形式的合作医疗制度

党和政府试图重新在广大农村普及合作医疗制度的一系列政策和措施，确实起到了一定的作用，让农村合作医疗重新进入大众的视野中。但是，从合作医疗实施的总体情况来看，这一效果并不显著。根据 2007 年《中国卫生统计年鉴》的数据，1997 年，全国只有 6.6% 的农村实施了合作医疗制度，这与 1989 年的 4.8% 确实有所提升，但是这和 20 世纪 70 年代末的 90% 的覆盖率仍相差甚远，也远远未达到保障人人能够享受医疗卫生保健服务的医疗卫生目标。

虽然 20 世纪 90 年代恢复和重建合作医疗的成效不大，但是这显示了党和政府对提升和保障广大农民的卫生健康水平的决心，对在 2003 年之后的新型农村合作医疗制度的正式建立和完善具有重大的历史和现实意义。农村合作医疗制度的瓦解，让已存在的城乡差距进一步地扩大。一些本已得到控制的传染病在 20 世纪 80 年代中期再次泛滥，对广大农民的身体健康造成了严重的威胁，农民看病贵、看病难的问题成为政府一大难题。城镇职工医疗保障制度的建立，对于保障城镇职工身体健康，缓解职工在就医诊疗时的负面影响，推动社会主义经济建设，稳定社会秩序，具有重大意义。但是，城镇职工医疗保障制度也存在着亟待解决的问题。城镇职工医疗保险制度覆盖范围小，仅行政机关、国有企业、部分事业单位和集体经济组织的职工有医疗保险。因此，随着我国改革开放和社会主义市场经济体制的不断深入，一些非国有经济的职工、非全日制和进城务工人员的医疗服务难以得到保障。

三、2001～2010年：全面推进阶段

农村合作医疗制度从20世纪70年代的辉煌到80年代的衰落，再到90年代的恢复和重建，表明了农村医疗卫生事业发展的曲折历程。进入21世纪，国家在总结了农村合作医疗制度建设的经验和教训之后，先行开展了大量的试点工作，以进一步探索出适合我国国情的农村医疗保障制度，为广大农民的医疗卫生健康提供保障，解决农民看病时的后顾之忧，提高农村生产力，促进农村经济在新世纪能够迈上一个新台阶，维护社会公平，不断缩小城乡差距。最终，在2002年，新型农村合作医疗制度的概念正式提出，随后在我国广大农村逐步建立。

2001年，《关于农村卫生改革与发展的指导意见》指出，发展农村卫生事业，需要依据社会主义市场经济体制的内在要求，建立符合农村经济发展状况的医疗卫生体系，保证广大农民能够享受基本的医疗保障。为此，意见中就农村卫生改革与发展提出了具体的措施。地方各级人民政府要统筹人力、物力和财力，积极开展农村初级卫生保健工作，坚持以疾病预防为主的方针，制定分段规划和方案，重点控制各种恶性传染病。意见中还对农村卫生管理体制、农村卫生服务网络和乡镇卫生院改革等方面提出了具体的建议。

针对改革开放上一时期出现的农村卫生事业发展停滞的局面，以及农民群众看病难的问题日益突出等诸多问题，2002年，《关于进一步加强农村卫生工作的决定》中首次出现新型农村合作医疗制度，并要求在中国广大农村地区逐步建立。新型农村合作医疗制度是为农民在患大病之后报销部分医疗费用的农村医疗保障制度，以减轻农民的经济负担，保障农民的身体健康水平。建立新型农村合作医疗制度，各地应根据自身的经济社会发展状况、农民经济承受能力等方面，从实际出发，坚持农民自主自愿原则，决不能强迫农民参保。新型农村合作医疗制度的筹资方式是个人、集体和国家三方共同承担。经济社会发展状况良好的地区，应当每年为农民

举行一次常规性体检活动。建立有效的管理和监督体制，保证新型农村合作医疗事业顺利发展，并且逐步完善农村医疗卫生体系。各地应先行开展新型农村合作医疗制度的试点，在取得经验之后，逐步推广覆盖其他农村地区。

2003 年，《关于建立新型农村合作医疗制度的通知》（见表 3 - 5）由国务院转发，对新型农村合作医疗制度的实施提出了具体性操作意见。在个人、集体和国家三方筹资的基础上，新型农村合作医疗制度由农民自愿参加，主要保障农民的大病医疗或者住院医疗，通过这种国家扶持、广大农民互助共济的制度逐步建立和完善农村医疗卫生服务体系。通知提出，从 2003 年起，新型农村合作医疗制度开始试点。新型农村合作医疗的统筹层次是以县（市）为单位，筹资标准是每人每年缴费 10 元，地方政府每年每人补贴 10 元；从 2003 年起，对中西部地区的参加新农合的农村居民，中央财政予以每人每年再补贴 10 元。建立农民合作医疗的专项账户，只能用作医疗费用的报销不得挪作其他任何用途。对每年没有报销医疗费用的参保的农村居民，应为其安排一次常规性的体检。通知发出后，新型农村合作医疗制度的试点工作陆续在湖北、浙江、吉林和云南四个省内展开。截至 2004 年 11 月，新型农村合作医疗制度已覆盖了全国 30 个省区市的 310 个县（市），参合农民达到 6899 万人，参合率为 72.6%。

2006 年，《关于加快推进新型农村合作医疗试点工作的通知》提出试点基础上的具体目标和要求。2006 年，新型农村合作医疗制度应覆盖全国 40% 的县（市）地区，2007 年达到 80%，2008 年基本推广至全国范围内，争取到 2010 年，实现覆盖全体农村居民的医疗保障目标。各地在推行新型农村合作医疗制度时，要坚持农村居民自愿参加，公开新农合的所有信息，服务于所有农村居民的原则，严禁各地为了硬性指标强迫农村居民参保。该文件中对新型农村合作医疗的补助标准作出了新的规定，从 2006 年起，中央财政和地方财政对参保农村居民的人均补贴由每年 10 元增加到 20 元。地方财政确实无法一次性补助的地区，可分两年时间完成，即 2006 年、2007 年分别增加 5 元。农村居民的个人缴费标准暂时不作提高要求。截至 2006 年 6 月，全国已有 48.9% 的县（市）开展了新型农村合作医疗制度的试点，44.7% 的农业人口参加新型农村合作医疗，参合率达到 80.1%。

2007 年，《关于完善新型农村合作医疗统筹补偿方案的指导意见》（以下简称《意见》，见表 3 - 5）中指出，我国新型农村合作医疗制度共有三种统筹模式，分别是大病统筹和门诊家庭账户相结合、住院统筹和门诊统筹相结合、单独的大病统筹，各地应根据实际情况将这三种模式规范至 1~2 种。各地应根据合作医疗基金的实际使用情况，合理确定合作医疗基金的起付线、封顶线、报销范围和比例等内容。要建立规范性的合作医疗基金，对实施大病统筹和门诊家庭账户相结合的地区，医疗保险基金主要用于大病和门诊医疗费用的报销；实行住院统筹和门诊统筹相结合的地区，新农合基金主要对住院和门诊医疗费用进行补偿；在实行大病统筹的地区，参合农民获得补偿的部分是在医院就诊时，按照病种医疗目录规定的大病病种才能够获得合作医疗基金的补偿，在大病统筹基金之外。无论哪一种统筹模式，必须抽取一部分合作医疗基金用于建立风险基金，以应对紧急突发状况。合作医疗基金专款专用，政府另行安排的其他公共卫生项目不得纳入补偿范围。《意见》中规定只能由县以上的医疗服务机构实行分段补偿的方式，同时须减少分段层次，县以下的医疗机构不得实行。在如何提高基金使用效率的方面，《意见》也提出了具体的意见：当年筹集的新农合基金结余率不得超过 15%。在补偿方案调整完善之前，若新农合基金存余较多，可适当安排二次补偿。截至 2007 年底，新农合的覆盖率已达到 86.2%，已完成国家制定的目标。

表 3-5　　　　　　2001~2010 年全面推进阶段的农村健康政策解读

年份	政策	解决的主要问题
2003	《关于建立新型农村合作医疗制度的通知》	提出建立新型农村合作医疗，筹资方式是个人、集体和国家三方共同承担，减轻农民经济负担。并进行新型农村合作医疗制度试点工作，各地积极响应
2007	《关于完善新型农村合作医疗统筹补偿方案的指导意见》	建立合作医疗基金，规范筹资费用，避免资源浪费。根据地区不同，试行不同的统筹模式

新型农村合作医疗制度在 2002 年建立之后，逐步完善，城镇职工医疗保障制度经过了 1998~2002 年的 5 年时间也已基本确立。与此同时，城镇灵活就业人员、进城务工人员等社会群体为我国经济社会的发展作出了重要贡献，但是，他们的卫生健康一直得不到很好的保障。因此，在新农合和城镇职工医保基本建立之后，党和政府有了更多的时间和精力来为他们构筑良好的医疗保障体系，这对于促进就业与再就业，维护社会公平与稳定，进一步推动我国经济社会发展具有长远和现实意义。

2003 年，《关于城镇灵活就业人员参加基本医疗保险的指导意见》由劳社厅发出，对城镇中以灵活就业为主要就业形式的下岗人员的医疗保险作出了具体的指导。《关于城镇灵活就业人员参加基本医疗保险的指导意见》明确提出要将灵活就业人员纳入基本医疗保险制度范围，缴费率仍可按照当地的缴费率确定，缴费基数则是以当地职工上一年度工资的平均水平确定。灵活就业人员应严格选择规定的医疗服务机构和药店进行就医诊疗。灵活就业人员的医疗保障问题，对促进就业与再就业问题具有重大意义。

2004年，劳社厅发出《关于推进混合所有制企业和非公有制经济组织从业人员参加医疗保险的意见》（见表3-6），明确提出将混合制企业和非公有制企业的从业人员也纳入职工医疗保障的范围。根据权利与义务相对应的原则，严格执行缴费水平与待遇水平相挂钩的办法，可以通过两种方式将这类从业人员纳入城镇职工医保的范围：一是对大额医疗费用进行补助，二是建立社会统筹基金。对于未被纳入医疗费用补助的门诊方面，意见规定用人单位应当对其职工给予一定的费用补助。另外，该文件还提出可以逐步将进城务工人员也逐步纳入城镇职工医疗保障制度，根据他们的经济状况和医疗需求，确定医疗保险的具体缴费率和缴费水平。

2005年，国务院转发《关于建立城市医疗救助制度试点工作的意见》，明确提出城市医疗救助的目标：在2005~2007年内，先试点建立城市医疗救助制度，获取经验和教训之后，在2007~2010年内推广至全国范围。文件主要从四个方面对试点内容作出了具体的规定。在试点地点的选择方面，各省区市至少应选择1/5以上的县市进行试点，重点是总结在资金筹集、管理和运行机制方面的经验和教训，可以建立示范区以具体指导医疗救助制度的建立。在基金的筹集方面，可以通过政府财政预算拨款、社会捐助等方式进行筹集。在救助对象方面，主要是参加城镇低保没有参加城镇职工医保的人员、参加了城镇职工医保但生活仍较为困难的人员等。城市医疗救助制度对保障城镇困难群众的生产生活，维护社会公平与稳定具有重大意义。

2006年，《关于解决农民工问题的若干意见》中，关于医疗保险的部分主要是建立以大病统筹为主的医疗保险基金，用于解决农民工发生大病时的沉重经济负担问题。农民工大病医疗保险的缴费率是依据当地实际经济社会发展情况予以确定，主要由用人单位为农民工缴纳医疗保险费。逐步完善基本医疗保险的结算办法，为在患大病之后，希望回原户籍地治疗的农民工能够继续享受基本医疗保险权益。对条件较好的地区，可以直接将其纳入城镇职工基本医疗保险范围，或者农民工也可参加其户籍所在地的新型农村合作医疗。

针对城镇职工和农村居民的医疗保障制度均在全国快速推进，然而，城镇居民的医疗保障却成为社会发展的一大难题。1949 年以来的劳保和公费医疗保健制度对职工的直系亲属实行的是"半费"医疗制度，这在很大程度上解决了城市居民的医疗保障问题。但是，改革开放特别是社会主义市场经济体制确立以来，我国的社会经济环境发生了巨大的转变。劳保和公费医疗制度属于"国家—单位"的保障制度，城镇医疗制度则成功地向"国家—社会"的保险制度转型，城镇居民及大中专小学生的医疗保障被忽视，被排除在城镇职工医疗保险范围之外。由于大部分的城镇居民没有医疗保障，他们只能自费医疗，导致城市中的"因病致贫""因病返贫"问题愈发突出。因此，解决城市居民的医疗保障问题成为社会发展的最迫切需求。

2007 年，国务院转批的《卫生事业发展"十一五"规划纲要》中，提出在"十一五"期间建立较为完善的社区卫生服务体系，为城市居民提供较为完善的医疗保障服务。为尽快建立覆盖城乡居民的全民医疗保障体系，国务院决定从 2007 年起开展城镇居民医疗保障制度的试点工作。同年 7 月，《关于开展城镇居民基本医疗保险试点工作的指导意见》（见表 3 - 6）由国务院正式发布，规定试点目标是，2007 年先选择 2 ~ 3 个城市开始试点，2008 年逐步扩大试点范围，到 2009 年扩大到全国 80% 的城市，2010 年则推广至全国各个大中小城市。城镇居民基本医疗保险以家庭为缴费主体，政府为每人每年补贴 40 元，西部地区是每人每年补贴 20 元，重点是保障城镇非从业人员的住院门诊和大病医疗需求。同时，意见还提出，要逐步完善城乡医疗救助服务体系，改善城乡困难群众的生产生活。

2008 年，人社部颁发《关于做好 2008 年城镇居民医疗保障制度的指点工作的通知》。通知提出到 2008 年底，城镇居民医疗保险的参保率应提高到 50% 以上。在个人（家庭）缴费的基础上，2008 年提高城镇居民医疗保险补助标准增加 40 元，提高到 80 元。其中，中西部地区中央财政对其增加 20 元的人均补贴，提高到 40 元，东部地区的补助标准提高的部分依据新农合的补助标准来确定。

2009 年 3 月，国务院下发《关于印发医药卫生体制改革近期重点实施方案（2009 ~ 2011 年）的通知》，提出在 2009 ~ 2012 年内，各类基本医疗保险的覆盖面扩大到 90%，稳步提高全体城乡居民的医疗保健水平。在覆盖范围方面，2009 年，要将在校大学生全部纳入城镇居民基本医疗保险中，全面扩大城镇居民基本医疗保险的覆盖范围。在财政补助方面，2010 年，各级地方政府将城镇居民基本医疗保险和新农合的补贴要提高到每人每年 120 元。同时，该通知中再次提出要进一步完善城乡医疗救助制度，简化救助金的发放程序，逐步提高对城乡困难群体的补助标准。

2009 年 7 月，《关于开展城镇居民基本医疗保险门诊统筹的指导意见》（见表 3 - 6）中，提到为扩大城镇居民医保的受益面，减轻城镇居民的门诊医疗费用负担，现提出有关城镇居民基本医疗保险门诊统筹的指导意见。开展门诊统筹，主要通过社会共济的方式，立足于基本保障，从低水平起步，例如从群众负担较大的慢性病和多发病做起。门诊统筹应当充分发挥社区医院的作用，方便群众就医。门诊医疗费用的报销起付线和封顶线可以单独设置，门诊报销的总费用由城镇居民基本医疗保险基金支付，单独列账，结算办法可按照人头付费支付，也可按照在门诊看病时的全部医疗费用的方式支付。

表 3 - 6   2001 ~ 2010 年全面推进阶段的城市健康政策解读

年份	政策	解决的主要问题
2003	《关于推进混合所有制企业和非公有制经济组织从业人员参加医疗保险的意见》	扩大职工医疗保障覆盖范畴，将混合制企业和非公有制企业的从业人员也纳入职工医疗保障的范围
2007	《关于开展城镇居民基本医疗保险试点工作的指导意见》	开始城镇居民医疗保险试点工作，解决城镇居民医疗保障问题
2009	《关于开展城镇居民基本医疗保险门诊统筹的指导意见》	开展门诊统筹，减轻城镇居民的门诊医疗费用负担

2010 年 6 月，人社部发出《关于做好 2010 年城镇居民医疗保险试点工作的通知》。通知提出各地要在城镇居民医保全面扩大的基础上，继续巩固和提高参保率，2010 年要达到 80%，有条件的地区要争取达到 90%。2010 年，东部地区的城镇居民基本医疗保险每人每年补贴增加 40 元，提高到 120 元，西部地区提高到 60 元。对地方财政确实无法一次性补助的地区，可以分两年完成。2010 年，提高参加城镇居民医保基金的最高支付限额为居民人均可支配收入的 6 倍以上。住院医疗费用的基金支付比例要达到 60%，二级（含）以下的医疗机构要达到 70%。

四、2011 ~ 2016 年：全面发展阶段

2011 年，《关于做好 2011 年新型农村合作医疗有关工作的通知》（见表 3 - 7）中要求，新农合的筹资标准从 2011 年开始增加。新农合地方财政的补助标准增加 80 元，提高到 200 元。个人缴费部分增加到每人每年50 元左右。对经济确有困难的地区，地方财政补助和个人缴费可按两年到位的方式实施。农村医疗救助基金应代有重度残疾的个人缴纳合作医疗保险金。参合农民的住院费用可以报销 70%，封顶线是当地农民人均纯收入的 6 倍左右，不低于 5 万元。门诊统筹基金每人每年应达到 35 元以上。扩大重大疾病保障试点该范围，减轻农民因重疾支付的较高医疗费用负担。积极落实门诊总额付费制度，控制门诊费用；住院医疗费用实施按病种付费的方式，各地还要在此基础上，积极探索扩大病种范围和覆盖更多病人；对于未纳入病种付费范围的其他病种，可按床日和项目付费的混合支付方式予以一定补偿。积极开展新农合"一卡通"试点工作，减少农民在就诊支付、报销时的烦琐程序。

2012 年，《关于做好 2012 年新型农村合作医疗工作的通知》（见表 3-7）中明确提出要求，地方财政于 2012 年起对参合的农村居民的补贴提高到 240 元，个人缴费标准提高到每人每年 60 元左右。住院费用的报销比例提高到 75% 左右，封顶线提高到当地农民人均纯收入的 8 倍以上，并且规定不得低于 6 万元，进一步提高了农村居民的医疗保障水平。门诊统筹基金部分每人每年从 35 元增加到 50 元。从 2012 年起，全面推进重大疾病保障试点工作，进一步缓解农民的医疗费用负担。继续开展新农合的"一卡通"试点工作，取得经验，再逐步推广，让农民享受从就医到结算时的"一站式"服务，真正做到就诊方便快捷。

2013 年，卫计委发布《关于做好 2013 年新型农村合作医疗的通知》（见表 3-7），要求地方财政于 2013 年开始对参合的农村居民的补贴提高到 280 元，个人缴费部分提高到每人每年 70 元左右。经济确有困难的地区，可分两年到位。为防止绝大多数农民集中到县及县以上的医疗机构就诊，浪费医疗资源，需要合理引导农民就医，拉开不同级别医疗机构的合作医疗基金的住院和门诊的报销比例，逐步引导农民在村卫生室就医，争取做到小病在村卫生室治疗，大病在县医疗机构治疗。进一步推进大病医疗保障的机制，扩大病种覆盖范围。全面推进"一卡通"信息工作，争取在 2013 年底开展参合农民跨省异地诊疗时的结算服务试点工作。

2014 年，财政部等部门发布《关于提高 2014 年新型农村合作医疗和城镇居民医疗保险筹资标准的通知》，规定地方财政参合农民的补贴提高到 320 元。其中，中央财政仍按照 120 元补助所有参加新农合农村居民，另外 200 元的补助部分，中央财政对西部地区补贴 160 元，其余 40 元由地方财政承担，中央财政对中部地区补贴 120 元，其余 80 元由地方财政负担。个人缴费部分增加 20 元，每人每年需缴费 90 元左右，需一次性缴清。

2015 年，卫计委发布《关于做好 2015 年新型农村合作医疗工作的通知》（见表 3 - 7），规定各级财政参合农民的补助增加 60 元，提高到 380 元，农村居民每人缴费在 2015 年也随之增加 30 元，提高到 120 元左右。2015 年要在全国范围内实施大病医疗保障制度，推动新农合基金积极购买大病诊疗服务。在 2015 年底前，统一省（市、区）的大病医疗保险政策，提高参合人员的抗风险能力。进一步完善医疗保险基金的支付方式改革，推动建立分级诊疗制度，即按照疾病的轻重缓急来选择不同级别的医疗机构进行治疗，实现"基层首诊和双向转诊"。

表 3 - 7　　　　　2011 年至今全面发展阶段的农村健康政策解读

年份	政策	解决的主要问题
2011	《关于做好 2011 年新型农村合作医疗有关工作的通知》	扩大重大疾病保障试点范围，减轻农民重疾支付较高医疗费用负担。开展新农合"一卡通"试点工作，减少农民在就诊支付、报销时的烦琐程序
2012	《关于做好 2012 年新型农村合作医疗工作的通知》	提高住院费用报销比例，减少农民医疗费用负担
2013	《关于做好 2013 年新型农村合作医疗的通知》	拉开不同级别医疗机构的合作医疗基金的住院和门诊的报销比例，合理引导农民就医，避免医疗资源浪费
2015	《关于做好 2015 年新型农村合作医疗工作的通知》	统一省（市、区）的大病医疗保险政策，提高参合人员的抗风险能力。积极推荐分级诊疗，避免医疗资源浪费

我国农村医疗保障制度，从计划经济时期的传统农村合作医疗制度的辉煌，保障了广大农民的医疗健康水平，到 20 世纪 80 年代的传统农村合作医疗制度的衰落，农民健康水平急剧下降，"因病返贫、致贫"的影响日趋严重，再到 20 世纪 90 年代党和政府深刻意识到广大农村的生产力和农民的健康水平因医疗保障体系的缺失受到了严重影响后，认为传统农村合作医疗制度是适合我国国情的医疗保障制度，试图使其重新覆盖广大农村地区，但效果并不明显。直到 2002 年，党和政府在总结试点经验的基础上提出建立新型农村合作医疗制度，我国农村的医疗保健水平才逐步提升。新农合的建立为广大农民的医疗卫生健康提供了有效的保障，对于农村生产力的提高和农村经济的进一步发展具有重要的促进作用，有利于逐步缩小我国的城乡发展差距，统筹城乡发展。

在此阶段，城镇居民医疗保险、城镇职工医疗保险也得到了全面的发展。2012 年 3 月，国务院颁发《"十二五"期间深化医药卫生体制改革规划暨实施方案》（见表 3 - 8）。实施方案中提出要继续巩固扩大基本医疗保险的覆盖范围，城镇居民医保参保率在 2010 年的基础上提高 3 个百分点。继续提高医疗保障水平，到 2015 年，城镇居民基本医疗保险的补助提高到每人每年 360 元以上，相应的个人缴费水平也应有所提高，进一步完善城镇居民基本医疗保险的筹资机制。住院医疗费用的报销比例均达到 75% 左右，进一步提高城镇居民基本医疗保险的最高报销额度。所有统筹地区应当建立城镇居民门诊统筹基金，城镇居民在门诊看病的医疗费用应当能够报销 50% 以上。2012 年 4 月，国务院发布的《深化医药卫生体制改革 2012 年主要工作安排通知》中规定，2012 年，城镇居民基本医疗保险的补贴每人每年为 240 元，每人每年缴费 300 元左右。住院医疗费用的报销比例要提高到 70% 以上，门诊统筹支付比例也要有所提高。

2013 年 7 月，国务院发布《深化医药卫生体制改革 2013 年主要工作安排的通知》（见表 3 - 8），继续巩固扩大城镇居民医保覆盖面，稳步提高保障待遇水平。2013 年，城镇居民基本医疗保险医保的参保率稳定在 95% 以上，地方财政给予每人每年的补贴提高到 280 元，同时适当增加个人筹资部分，住院医疗费用的报销比例继续维持在 70% 以上，另外门诊统筹的报销标准也应适当提高。深化基本医疗保险基金的支付方式改革，门诊统筹实行以人头付费的方式，门诊大病和住院则按照病种的方式结算医疗费用。2014 年 5 月，国务院发布《深化医药卫生体制改革 2014 年重点工作任务的通知》（见表 3 - 8），2014 年，城镇居民医保参保率稳定在 95% 左右，地方财政给予每人每年的补贴再增加 40 元，提高到 320 元，每人每年的缴费标准也增加 20 元。逐步整合城乡居民基本医疗保险制度的同时，应当确保人们依然享受原有的医疗保障水平不变，并随经济发展水平逐步提高；逐步完善基本医疗保险的政府、单位和个人（家庭）的三方筹资机制，并逐步强化个人的缴费责任，随着经济社会的发展和城乡人均可支配收入的提高，逐步增加个人缴费的比重。

自改革开放 40 多年来，党和政府针对不同群体的特点，分别建立了相应的医疗保障制度，基本实现医疗保障全覆盖。三类医疗保障制度经过多年来的不断发展与完善，较为有效地保障了我国人民的医疗健康水平，为持续提高生产力，促进经济社会的可持续发展形成了强大的后盾。然而，一方面，由于医疗保障制度的碎片化和多元分割的问题，导致了我国在城乡之间、单位之间、群体之间存在明显的医疗保障权益差异，进而导致了各群体之间健康水平的差距。另一方面，医疗保障制度的分离使社会保障制度本身具有的收入再分配功能遭到扭曲，导致社会收入再分配由低收入群体向高收入群体流动，产生了我国居民收入再分配的"逆向转移"，这可能会进一步拉大社会贫富差距。

由于城镇职工医保制度和城乡居民医保制度在筹资水平和保障水平等方面存在较大差异，例如城镇职工医保采用的是单位和个人缴费的方式，在筹资和保障水平两方面二者相差较大。2010 年我国城镇职工医保的人均筹资额为 1666.5 元，城镇居民医保和新农合的人均筹资额分别为 181 元和 156.6 元。因此，短期内城镇职工医保制度和城乡居民医保制度整合难度较大，学术界大多主张先行整合城乡居民医疗保险制度。党和政府也在不断探索如何统筹推进城乡社会保障体系建设，整合城乡居民医疗保险制度，促进社会公平正义。

2016 年 1 月，国务院发布《关于整合城乡居民基本医疗保险制度的意见》（见表 3 - 8），将城镇居民基本医疗保险和新型农村合作医疗保险两项制度合并，建立统一的城乡居民基本医疗保险（以下简称"城乡居民医保"）。城乡居民医保制度覆盖范围包括现有城镇居民基本医疗保险和新型农村合作医疗保险所有应参保（合）的人员，即除参加城镇职工基本医疗保险应参保人员以外的其他所有城乡居民。建立城乡居民医保，要坚持多渠道筹资，继续实行个人缴费与国家补助相结合的方式进行基金筹资，合理确定统一的筹资标准，鼓励有条件的单位予以一定补助。如果城镇地区居民和农村地区居民的医疗保险筹资标准相差较大，地方政府可以视情况暂时采用不同人群差别缴费的办法，计划用 2 ~ 3 年的时间完成过渡。城乡居民医保基金主要用于参保人员的住院和门诊医疗费用，其中，对住院医疗费用的报销比例稳定在 75% 左右。《关于整合城乡居民基本医疗保险制度的意见》中还对城乡居民的医保目录、定点机构、医保基金、统筹层次等方面进行了统一规划与管理。

表 3 - 8　　　　　　2011 年至今全面发展阶段的城市健康政策解读

年份	政策	解决的主要问题
2012	《"十二五"期间深化医药卫生体制改革规划暨实施方案》	进一步完善城镇居民基本医疗保险的筹资机制
2013	《深化医药卫生体制改革 2013 年主要工作安排的通知》	巩固扩大城镇居民医保覆盖面，稳步提高保障待遇水平

年份	政策	解决的主要问题
2014	《深化医药卫生体制改革2014年重点工作任务的通知》	逐步整合城乡居民基本医疗保险制度，逐步强化个人的缴费责任
2016	《关于整合城乡居民基本医疗保险制度的意见》	建立统一的城乡居民基本医疗保险，保障城乡居民享有公平的基本医疗保险权益

从20世纪50年代初逐步建立与完善的三大基本医疗保障制度以及城乡救助体系，促进了医疗卫生事业的发展，对于提升人民身体健康水平，促进经济社会的发展起到了积极作用。随着经济社会的发展，医疗卫生领域的改革向纵深化方向发展。由于医疗保障制度的碎片化问题，影响了我国城乡人民的生产生活，因此，未来我国基本医疗保险的改革方向将是如何整合城乡医疗保障体系，实现城乡居民公平的享受医疗保障，促进经济社会的持续健康发展。

第二节　中国教育政策的制度变迁

中国教育政策的制度变迁是与中国社会的曲折命运紧密联系在一起的。新中国成立以后的教育制度变迁，涉及一个重大的议题，即如何合理安排教育制度，建立一个具有良好激励导向的教育体系，以促进教育事业的发展。然而，70多年以来，为了完成这一重大目标，中国在教育事业上走过了颇为曲折、坎坷的历程。纵观中国教育政策的历史发展，大致可以将其划分为五个时期，即：（1）初创时期（1949~1956年）；（2）探索时期（1957~1976年）；（3）重建时期（1977~1990年）；（4）改进时期（1991~2001年）；（5）发展时期（2002年至今）。虽然教育政策在不同的时期被赋予了不同的主题，但是大致都围绕着教育的一些基本问题而制定。例如，教育的性质是什么，教育应该培养怎样的人才，教育应服务于谁，教育由谁来领导等。系统地认识与研究70多年来中国教育政策的制度变迁，对于今后我国教育的发展与走向，是非常有意义的。

一、1949~1956年：初创时期

新中国成立之后，党和政府完成了教育结构变革的第一个重大目标，

即对旧的教育体制进行改革，逐步建立起了具有现代意义的教育体系，并且形成了与计划经济体制相适应的教育制度框架，中国教育事业由此步入了一个党和政府完全自主建设和领导的新时期。自1949年初，教育继承了解放区的教育方针，该方针具有很强的平民意识与革命意识，并提倡教育平等的理念，是大多数人都能够接受的文化教育。

1949年9月29日通过的《中国人民政治协商会议共同纲领》（以下简称《共同纲领》，见表3-9）确立了"民族的、科学的、大众的"新民主主义的教育方针。《共同纲领》规定，须改革旧的教育制度、教育结构、教学内容和方式等，坚持教育面向全体人民，以普及基础教育为基础，促进中等教育的发展，提高高等教育的质量，重视培养人民生产劳动方面的技能，注重使用革命的政治教育引导知识分子，为国家建设工作做好充分的准备。《共同纲领》是中国教育史上的一次重大转折，它彻底改变了中国教育的性质，使中国教育由此开辟了一条以为人民服务为宗旨的道路。同年12月，全国第一次教育工作会议召开，规定今后教育工作的方针是以普及为主，以广大农民和工人阶级为主要普及对象，做到普及与提高能够正确结合。

20世纪50年代全国掀起了大规模的扫除文盲的热潮。1950年，政务院批准转发的《关于开展农民业余教育的指示》中，从两方面提出了扫除文盲的要求，一是扫除文盲要先面向村干部，使村干部获得科学文化知识的教育，以及社会上的一些积极分子和大多数青年男女，然后逐步扩展到一般农民。二是扫除文盲的标准为针对文盲和半文盲设立的农民业余初级班（组），要求使其在3年内识1000字以上，并且能够掌握简单的读、写和运算能力。全国都沉浸在普及文化教育、扫除文盲的热潮中，很多之前没有接受过学校教育的成年人都能够获得不同程度的文化教育。这一教育"向工农开门"的方针深刻体现了中华人民共和国成立之初，党和政府坚持教育机会均等的发展理念。

1951年10月1日，政务院发布《关于改革学制的决定》（见表3-9），对从幼儿教育到高等教育的各个教育层次均作出了具体规定。在经济发展良好的城市中率先实施幼儿教育，然后再逐步推广到全国城乡地区；儿童、青年和成年接受初等教育；实施中等教育，即主要建立两类中等学校，一类是中学（初级中学和高级中学）和工农速成中学以及业余学校，这是让学生习得一般的文化知识；另一类是中等专业技术学校，培养各类专业技术人才以响应国家建设需要；发展高等教育，建立各种高等学校，由政府统一安排高等学校毕业生的工作。另外，《关于改革学制的决定》中还提出各级人民政府应为盲、聋、哑等生理上有缺陷的儿童、青年和成年人开办特殊学校，施以教育。这是中华人民共和国成立后的第一次学制改革，初步建立了四大学制，充分地保障了全国人民能够接受各级各类的教育，提高文化教育素质。此后，我国又分别进行了3次学制改革，学制的统一为我国日后教育体系逐步完善奠定了深厚的基础。

少数民族教育是体现教育公平、维护民族团结和社会稳定的重要部分，党和政府一直都非常关注其发展，为此出台了一系列的相关政策，以推动少数民族的教育发展。1951年11月，政务院通过了《关于第一次全国民族教育会议的报告》，要求少数民族教育也必须确立"民族的、科学的、大众的"新民主主义教育方针。当前，少数民族教育应当以培养少数民族干部为第一要务，各地人民政府应设立专项资金以扶持少数民族的教育发展。这是我国第一次全国教育工作会议的召开，此后陆续召开了5次民族教育工作会议，对少数民族教育事业的发展均产生了极大的推动作用。

1952年，《中华人民共和国民族区域自治实施纲要》颁布实施，保障了少数民族的教育平等权利。1956年6月4日至7日，第二次全国民族教育会议召开，并制定了《全国民族教育事业十二年规划纲要》（1956～1967年，见表3-9），全面展现了党和政府在充分认识、发现和尊重少数民族教育发展的特殊规律的前提下，在学校的基础设施建设、师资力量的培养等方面给予足够的扶持，使得少数民族教育迅速发展。《全国民族教育事业十二年规划纲要》明确提出，要在少数民族地区逐步普及基础教育，提高中等教育和高等教育的发展质量，使其逐渐赶上汉族教育的发展进度。在民族教育会议召开后不久，中国政府针对少数民族教育的招生、就业、师资和经费等具体问题，又出台了相关政策以加快少数民族地区的教育事业发展。1956年7月，高等教育部发出的《关于高等学校优先录取少数民族学生的事宜》中，优先考虑少数民族的招生和就业分配工作；9月，《关于少数民族教育经费问题的指示》中，明确提出保障少数民族的教育经费；11月，教育部发出的《关于抽调初中、师范教员和教育行政干部支援西藏的通知》，体现了政府对少数民族地区师资培养的重视。

表3-9 1949～1956年初创时期的教育政策解读

年份	政策	解决的主要问题
1949	《中国人民政治协商会议共同纲领》	改革旧的教育制度、教育结构、教学内容和方式等，以普及基础教育为基础，促进中等教育的发展，提高高等教育的质量

年份	政策	解决的主要问题
1951	《关于改革学制的决定》	解决缺陷儿童的教育问题，提出各级人民政府应为盲、聋、哑等生理上有缺陷的儿童、青年和成年人开办特殊学校
1956	《全国民族教育事业十二年规划纲要》	将少数民族纳入教育改革范围，在少数民族地区逐步普及基础教育，并推行自主教育管理

民办教育是教育体系的一个重要组成部分，是体现国家对教育资源配置的公平性的一个重要方面。然而，从 1952 年 3 月开始，教育部颁布的中小学暂行规程的草案中规定，无论是社会力量举办的私立中小学，还是人民政府举办的公立中小学，均由人民政府教育行政部门管理和领导，这开启了我国以政府为主导的办学体制。1952 年 5 月，教育部推出"全国高等学校院系调整方案"，对所有的私立大学和教会学校等，政府采取接管、撤销或改造为公立大学的措施。这些文件使得我国自古以来就存在的民办教育在 20 世纪 50 年代初退出了历史舞台，直到改革开放以后才得以恢复重建。

1949 年初期，我国面临着复杂的国内外形势，教育事业发展的基础十分薄弱。这一时期的教育政策的突出特点是以国家为本位，即以国家和政府的需要为中心，由政府主导办学，呈现出了相当浓厚的政治色彩。在由旧教育向新教育过渡的时期，中国教育事业虽然没有形成完整的教育体系，但中国政府从国情出发，确立了教育为人民服务的性质，提出了培养学生德智体美全面发展的理念，初步创建了教育的四大学制，包括幼儿教育、初等教育、中等教育、高等教育，并对各学制作出了具体规定，大力支持少数民族地区的教育发展等。这些均为今后中国的教育现代化进程做了重要准备，推动了新中国的经济复兴与发展。

二、1957～1976 年：探索时期

新中国成立之初，党和政府立足于我国具体国情，教育事业的建设符合教育发展的内在规律，推动了教育的发展。然而，从 1957 年 7 月开始，大规模的反右斗争在全国范围内展开，教育界"百家争鸣"的景象迅速沉寂下来。1958 年，《关于教育工作的指示》（见表 3 - 10）颁布施行，规定了我国当时教育工作的方针是，教育内容、教学方式、教育理念等方面必须服务于无产阶级政治，学生不仅学习科学文化知识，还应当从事生产劳动，必须坚持中国共产党对教育的领导。在这一方针的指导下，各级各类学校均为学生安排了大量的劳动生产活动。要求青年知识分子"上山下乡"，从事简单的体力劳动。

1958年3月，中华人民共和国教育部提出，举办农村教育要坚持"两条腿走路"的方针，即下放农村教育管理权，国家和群众共同办学。这次农村教育办学方针的调整，对我国农村教育事业的建设产生了重大的影响，形成了以国家、集体和群众共同举办农村教育的体制。此后，在相当长的时期内，我国农村教育都是以人民公社为办学主体。1958年之后，由于受到"左"倾错误影响，大多数在1949年以后建立的少数民族学校不复存在，少数民族学生也不能再享受政府给予的公费待遇。

1960年11月，中共中央文教小组召开全国文教工作会议，会议提出必须贯彻执行"调整、巩固、充实、提高"的八字方针。教育事业在这一方针的指导下开始转危为安，有了较为良好的发展。1961年和1963年，《教育部直属高等学校暂行工作条例（草案）》和《全日制中学暂行工作条例（草案）》《全日制小学工作条例（草案）》（见表3－10）分别颁布实施。3个工作条例都规定了大、中、小学要以教学为主的原则，学生主要学习科学文化知识，与适当的生产劳动相结合。3个工作条例还对大学的院系、专业设置，中小学的课程设置、师资队伍的建设等方面作了相应的具体规定。这些条例很快在全国范围内实施，教育工作重新走上了正轨，稳定了教学秩序，提高了教学质量。

在这段时期，我国教育政策的中心任务是，如何促进教育为社会主义建设服务。最初教育政策符合社会的主流价值观，促进了教育事业的发展。而后，中国的教育事业出现了暂时的中断，加剧了城乡之间本已存在的教育差异。随着时间的流转，教育政策也在不断变化，在此阶段的后期，教育政策集中于恢复调整教学秩序，重建了教育体系和教育制度。在短短的几年内，中国教育事业从繁荣到停滞再到调整与稳定，这对社会生产和经济发展及教育自身的影响都是极其重大的。这从侧面说明，教育政策对教育具有导向、调控和分配的功能，对教育事业的发展具有重大影响。因此，教育政策必须集中于正向的引导功能，合理调控社会各种利益关系以及分配社会资源。然而，在1965年之后，教育政策呈现出了明显的负向引导作用，社会利益与资源的分配产生了巨大冲突。

1966年5月～1976年10月，国民的文化教育水平迅速下降，进一步拉大了我国与西方国家的距离，使我国的文化教育事业远远落后于西方国家的平均水平。

表 3 - 10　　　　　1956～1966 年探索时期的教育政策解读

年份	政策	解决的主要问题
1958	《关于教育工作的指示》	学生在学习科学文化知识的同时，也要从事生产劳动。教师与学生之间建立民主的平等的关系。教师要充分与学生进行交流，要把"全面发展"与"因材施教"结合起来
1961、1963	《教育部直属高等学校暂行工作条例（草案）》和《全日制中学暂行工作条例（草案）》《全日制小学工作条例（草案）》	避免学生浪费教育时间，要求学生主要学习科学文化知识，可与适当的生产劳动相结合
1966	《关于改革高等学校招生工作的通知》	取消高考，招收工农兵学员。彻底打破过去大学毕业生只能分配当脑力劳动者的资产阶级的框框

三、1977～1990 年：重建时期

中国教育事业在经历了"文革"时期的重创之后，党和政府开始遵循教育发展的客观规律，从我国的具体国情出发制定教育政策。改革开放之后，我国的教育政策在不断地开拓教育内容、教育理念和教育方法等，以期能够积极地指导教育实践，真正使教育能够提高全民的科学文化素质，以适应日益国际化的竞争，逐渐缩小我国与发达国家的差距，促进经济繁荣和社会进步。

1977 年，国务院转批教育部的《关于 1977 年高等学校招生工作意见》中规定，按照自愿的原则报名参加统一考试，由各地（市）的招生委员会组织阅卷工作，按照考试成绩选择政审和体检合格的考生名单，形成初选名单，提交省（市）、自治区的招生委员会，最后再由学校确定录取名单。至此，中断了十年的高考制度恢复。1978 年 4 月 22 日～5 月 16 日，教育部召开全国教育工作会议，会后发布了全日制的中小学和重点高等学校暂行工作条例的试行草案，基本恢复和重建了"文革"前 17 年的中小学制度，为中国教育事业的后续发展奠定了重要基础。

1980 年，《关于普及小学教育若干问题的决定》中明确要求，在 20 世纪 80 年代实现小学教育的全普及，同时，将中小学的学制统一改为十二年制。小学教育的办学方针是"两条腿走路"，处理好普及与提高的关系，即以国家为办学主体，社会和集体经济组织为补充，先集中力量建设一批重点学校，再通过以点带面的方式逐步普及。《关于普及小学教育若干问题的决定》提出在 20 世纪 80 年代，全国应首先按照"两条腿走路"

的方针，基本完成普及小学教育的任务，办学政策以各省、市、自治区的政府为主，以社队集体和厂矿企业为辅。同时，在经济社会基础较好的地区还可进一步普及初中教育。

党的十一届三中全会以来，党和政府对教育事业的拨乱反正基本恢复和重建了"文革"前17年的教育的基本体系、基本格局、基本模式等，使中国教育事业重新走上了正轨，并且由此不断地开拓创新，为日后教育事业的发展作了重要准备，具有重大的现实意义和历史意义。但与此同时，中国教育体制面临的突出问题是随着高考制度的恢复，广大中小学存在一味追求升学率，为了考试而考试的现象，导致无法提供社会经济发展所急需的各类人才。因此，教育界普遍希望能够在此新形势下进行教育体制改革，以增强中国教育的活力。

1985年，《关于教育体制改革的决定》颁布实施，明确提出教育建设的三个面向，即"面向现代化、面向世界、面向未来"。《关于教育体制改革的决定》对基础教育、职业技术教育和高等教育的体制改革与规划作出了具体指导，它标志着中国教育改革的进程正式启动，由此我国教育事业迈入了一个新的发展阶段。《关于教育体制改革的决定》的主要内容如下：第一，实行基础教育按照"地方负责、分级管理"的原则，从各地的经济文化发展水平出发，因地制宜地实行九年制义务教育。各地方政府必须确保适龄儿童和少年接受九年制义务教育，支援少数民族地区发展基础教育。第二，职业技术教育能够为各行各业培养专门技术人才，也是我国当前发展的一个重点和难点，各级地方政府应当重视和支持职业技术教育的发展。另外，职业技术学校应当在专业设置、教学内容、方式和方法等方面与当前社会发展的实践密切结合。为了确保中等教育的生源，根据考试成绩将初中和高中的一部毕业生分别安排进入中等和高等职业技术学校。第三，改革高等教育体制的方向是社会化，关键是放松政府对高等学校的过分管制。为此，须实行校长负责制，在招生、用人和毕业分配等方面扩大高等学校的办学自主权。

在《关于教育体制改革的决定》出台后，教育领域出现了整体化、全方位的变革趋势。1986年，《中华人民共和国义务教育法》正式颁布施行，规定由各省、市、县的地方人民政府分别承担所辖区域内的基础教育发展的责任，义务教育阶段免收学费，由县、乡（镇）政府筹集基础教育经费以普及九年制义务教育，同时设立奖学金以资助贫困学生上学。这意味着普及九年制义务教育的主要责任在地方人民政府。1987年2月27日至28日，在河北涿州市，国家教委和河北省政府启动了农村教育改革综合实验。同年 11 月 18 日至 22 日，城市教育综合改革工作启动。

党的十一届三中全会以来，党和政府从我国国情出发，并伴随着我国经济社会的发展，对教育体制开展了进一步的改革，基本建立了中国特色的现代教育体系框架，为我国日后教育事业发展奠定了深厚基础。但是，20 世纪 80 年代后期，伴随着我国对外开放和城市改革的不断深入，东南沿海城市的第二、第三产业迅速发展，对劳动力的数量提出了迫切需求，这刺激了大量农民外出到城市务工。20 世纪 80 年代后期至 90 年代初期，虽然大多数农民工是只身进城，但是仍有一定比例的农民工举家进城。尽管随迁子女比例较小，但此时农民工子女的教育问题已初步显现。在这一时期，国家并没有出台相关政策予以解决，而是要求在其户籍所在地完成教育。因此，这一阶段的农民工子女的教育，实际上处于一种被忽视和限制的境地。与此同时，少数民族教育、特殊教育和民办教育在政府的扶持之下快速发展，我国教育体系逐步完善。

针对少数民族地区教育事业的发展，在 1980 年《关于加强民族教育工作的意见》（见表 3-11）中明确要求，当前恢复和发展少数民族教育必须要遵行"调整、改革、整顿、提高"的方针。发展少数民族教育，必须要坚持贯彻执行党的民族政策，切实尊重和保障少数民族在政治、经济、文化上的权利。各少数民族必须从自身实际出发，不能搞"一刀切"，照搬汉族教育事业发展的办法。同时，在少数民族教育的办学经费方面，国家除了拨给必要的经费之外，还应当予以其他方面的特殊补助，例如可以设置少数民族专项教育经费。

1981 年，第三次全国民族教育工作会议召开，强调少数民族教育在教育现代化事业中具有战略意义，发展少数民族教育必须采取适合少数民族的教育形式，决不能照搬汉族地区的做法，规划好少数民族教育的长远发展。国家扶持少数民族教育的发展，同时，各少数民族也应当充分发挥自身的积极性和主动性，调动一切可利用的资源发展教育。另外，除人民政府举办的公立学校之外，还可积极鼓励和支持厂矿企业举办少数民族教育事业，实行"两条腿走路"的方针。按照新的财政体制，在国家支援少数民族地区的经费中划拨一部分用于少数民族教育经费。

特殊教育是推进教育公平的重要内容，是保障和改善民生、弘扬人道主义精神的重要举措。改革开放以来，党和政府十分重视我国特殊教育的发展。1982 年，《中华人民共和国宪法》第 52 条规定，国家应当为患有残疾的公民开办特殊学校，举社会力量帮助残疾人更好地生产和生活。这是我国第一次以国家根本大法的形式保障残疾人受教育的平等权利，彰显了教育公平。1986 年，国家教育委员会、中国残疾人福利基金会颁发《高等教育自学考试残疾人应考者奖励暂行办法》提出，对通过高等教育自学考试的残疾人，应以精神奖励为主，辅以 500 元的物质奖励，奖金从中国残疾人福利基金会"残疾人自学成才奖励基金"中支付，每年一次。

1988 年，国务院制定《中国残疾人事业五年工作纲要（1988～1992年)》。纲要中对特殊教育经费做了明确的规定，要求各地人民政府必须严格执行将特殊教育经费在财政列支中单独列出；国家教委划拨专项补助，财政部门增加特教补助费；从中国社会福利有奖募捐资金和中国福利基金会的社会筹集资金中，列出专款用于残疾人教育；各地特殊教育经费应随着社会经济发展状况逐步增加。各地应使残疾儿童、少年普遍接受九年制义务教育，提高盲童、聋童的入学率到 10%～15%。另外，加强特教教师的培训，展开特殊教育的研究，不断完善特殊教育体系，保障残疾人受教育的平等权利。

民办教育在改革开放之后的恢复与创建的标志是 1982 年的《中华人民共和国宪法》的颁布（见表 3 – 11）。这是国家首次以根本大法的形式，正式提出社会力量可以举办教育事业，肯定了民办教育的合法地位。1983年，国务院转批教育、国家计委、劳动人事部和财政部《关于成立全国高等教育自学考试指导委员会的指示》，规定将民办高校正式纳入自学考试的范围。1987 年，《关于社会力量办学的若干规定》（见表 3 – 11）中，讲到一切具有法人资格的社会组织均可参与教育事业的建设。这实际上打破了由政府主导的一元化办学格局，初步实现了办学政策的多元化，让教育成为全社会可以共同参与的事业，大大推动了我国教育的大众化进程，这能够让更多的人获得受教育的机会。

表 3 –11　　　　　　　1977～1990 年重建时期的教育政策解读

年份	政策	解决的主要问题
1977	《关于 1977 年高等学校招生工作意见》	重新恢复高考，保证了高校招生的质量
1980	《关于加强民族教育工作的意见》	加强少数民族教育，国家给予经费和补助，避免少数民族学生因学费问题而不能上学
1981	《中华人民共和国宪法》	解决残疾人受教育问题，建立特殊学校，保障残疾人受教育的平等权利，彰显了教育公平
1987	《关于社会力量办学的若干规定》	实现办学政策的多元化，鼓励社会力量参与办学，减少政府财政压力，让更多的人获得受教育的机会

在这一时期，中国教育政策的突出特点是以社会为本位。首先，从静态来看，"文革"之后的教育政策、法规、文件等，均体现了以社会为本位的特质。其次，从动态来看，一方面，决策的主体发生了变化，例如，基础教育的管理权限交由地方负责，高等教育实行校长负责制等；另一方面，参与主体发生了变化，社会力量办学的合法地位得到承认。再次，从发展方向来看，这一时期教育的发展方向是"面向现代化、面向世界、面向未来"，根本目的是提升全民族的文化素质水平，培养各级各类优秀人才为社会主义现代化建设服务。最后，从实质来看，这一时期的教育政策是在推动社会改革与发展的这一认识的指导下进行的公共选择。新中国成立后，中国教育事业走过了艰难曲折的道路，经过几十年的发展，初步形成了多层次、多形式、多学科门类的教育体系，为中国经济社会的发展提供了强大的智力支持。

四、1991～2001 年：改进时期

教育和文化的发展是孕育于社会的转型过程之中的，在这一转型期，人们的价值体系、行为方式、思维观念等，都会发生了一系列明显的变化，进而影响教育政策的内容。自改革开放以来，教育改革逐渐深入：九年制义务教育逐步普及，全国已有91%人口的地区普及了小学教育；中等职业技术教育已有较大发展，其招生和在校生的规模已超过高中阶段的一半以上；高等教育发展较快，高等学校的在校生规模已达到了376万人，成人教育和少数民族教育也取得较大的进步等。但是，从总体上来看，我国的教育事业仍比较落后，无法满足经济社会对高质量人才的迫切需求。例如，财政教育投入不足，学校基础设施条件较差，教师待遇较低；教育观念、教学方式、教学内容无法适应日益深化的经济、政治体制改革；教育体制的运行在实际工作中遇到一系列的阻碍等。教育是经济社会发展的基础，是增加人力资本的关键措施，我国迫切需要大批优秀人才为社会主义建设贡献力量，因此，这些问题必须认真加以解决。

中共中央、国务院于1993年发布《中国教育改革和发展纲要》（见表 3-11），明确提出教育在我国社会主义现代化建设中处于战略地位，科学技术的进步和劳动者素质的提高是经济建设的原动力。《中国教育改革和发展纲要》从宏观上提出了我国 20 世纪 90 年代至 21 世纪初的教育发展的战略思想、具体的目标和教育体制的进一步改革等内容。第一，关于战略思想：在教育事业的发展方面，扩大教育规模，提高教学质量和办学效益；在结构选择方面，九年制义务教育是教育事业持续发展的基础，

推动中等教育和高等教育向高质量方向发展，扶持少数民族教育和特殊教育；以九年制义务教育作为教育发展的基础，积极发展各级各类教育事业；在地区发展格局方面，各地要因地制宜地制定本地区的教育发展规划，采取专门措施支援经济欠发达地区和少数民族地区的教育发展。第二，关于具体发展目标：逐步规范基础教育的发展，改变"应试教育"的传统教育观念，以德智体美全面发展的教育观念贯穿于中小学的教学工作之中；鼓励社会力量举办职业技术学校，拓宽职业技术教育的发展渠道；继续完善高等教育结构，为培养高级人才设置有效和灵活机制，促进高等学校与社会实践良好对接。第三，关于教育体制的进一步改革：进一步放宽政府对教育的管制，促进社会力量参与到教育建设中；中等及中等以下学校实行校长负责制；逐步向大学生收取学费；改革由政府包揽大学生就业制度，推动大学生开始自主择业。

在《中国教育改革和发展纲要》的宏观指导下，秉持与我国改革开放和社会主义现代化建设需求相适应的理念，采取诸多一系列有力的改革措施，从而极大地促进了教育事业的纵深发展。《中国教育改革和发展纲要》为我国教育事业的发展提供了重要指导，成为我国在新时期的教育观念、教学内容和方法等方面的改革与创新的一个良好开端。

自1986年的《义务教育法》颁布实施以来，截至1995年底，全国已有36%的人口地区普及实施了义务教育。为切实贯彻落实"科教兴国"战略，加快贫困地区的义务教育事业发展，促进贫困地区的人民生产生活，从1995年9月起，国家教委和财政部决定联合实施第一期为期5年的"国家贫困地区义务教育工程"（以下简称"工程"）。"工程"是我国自1949年以来规模最大的全国性教育工程。中央财政拨款39亿元，其中，用于西部义务教育事业的资金达到28.4亿元。"工程"覆盖范围达到852个贫困县，其中国家级扶贫开发重点县占到了568个。从2001年起，第二期"国家贫困义务教育工程"实施，中央拨款50亿元，其中90%用于西部贫困地区，加上地方配套资金26.3亿元，共计76.3亿元。根据规划，共有10663所中小学改建或扩建；46.7万名中小学校长和教师获得进一步的培训；共1100万名中小学生获得免费教科书等。

20世纪90年代以来，国家对高等教育的发展倾注了大量精力，为培养更多高级人才作出了很多努力。1995年11月，国家计委、教委、财政部印发关于《"211工程"总体建设规划》（见表3-11）的通知。为贯彻落实"科教兴国"的战略，进一步提升教育质量，加快高级专门人才的培养，促进我国科学技术的发展，增强我国的国际竞争力，国家决定开展

"211 工程" 计划建设。"211 工程" 是面向 21 世纪，选择 100 所高等院校及一批重点学科重点发展与培养。通知中规定"211 工程"建设资金主要是由地方财政承担，中央财政设立专款予以支持，中央和地方的专项教育资金要优先保证支持重点高等院校及重点学科的发展。从 1995 年起，中央安排 3.5 亿元专项资金用于扶持"211"高等学校，到"九五"期末再增加到 21 ~ 25 亿元。此外，国家计划委员会在"九五"期间再追加 3.8 亿元用作"211"学校的建设资金。1998 年 5 月，国家决定进一步提升大学教育的质量，在"211"高等院校中集中力量培养一批世界一流的研究型大学，即"985"工程。1999 年，《关于面向 21 世纪的教育振兴计划》标志着"985"工程正式启动。

随着教育在国际竞争中的地位越来越高，知识经济的力量开始主导社会的发展，对人才培养提出了新的要求。自改革开放以来，我国教育事业取得了突出成就。但是应该看到，我国的教育内容、方式和方法较为落后，不利于少年儿童的全面发展。为此，1999 年，《关于深化教育改革，全面推进素质教育的决定》（见表 3 - 12）中提到，在全国范围内大力推动素质教育的发展，学校要以德智体美劳为抓手，积极改革创新课程、专业的设置，丰富教学内容，增强学生的创新能力，鼓励学生更多地参加社会实践活动，整体上提升学生素质能力。全面推动素质教育贯穿于教育的各个阶段、各个方面、各个环节等，提升学生德智体美全面发展的能力。地方各级人民政府须在 2000 年既要完成基本普及九年制义务教育的任务，又要完成基本扫除青壮年文盲的任务，即"两基"任务，这是全面推进素质教育的前提条件，是持续开展教育工作的重点的。在民办教育方面，以诸如土地优惠政策等措施鼓励和支持社会力量办学，从而形成以政府办学为主导、社会力量办学为辅的格局等。

表 3 - 12 　　　　　　　　1991 ~ 2001 年改进时期的教育政策解读

年份	政策	解决的主要问题
1993	《中国教育改革和发展纲要》	改变"应试教育"的传统教育观念，以德智体美全面发展的教育观念贯穿于中小学的教学工作之中
1995	《"211 工程"总体建设规划》	落实"科教兴国"的战略，加快高级专门人才的培养
1999	《关于深化教育改革，全面推进素质教育的决定》	全面推动素质教育贯穿于教育的各个阶段、各个方面、各个环节等，提升学生德智体美全面发展的能力

自 1993 年 2 月《中国教育改革和发展纲要》发布以来，截至 2000 年底，我国已有 85% 人口的地区已基本普及九年制义务教育，完成了"普九"任务的初步目标。党和政府将"两基"任务作为教育事业的奋斗目标，尤其是在我国广大农村地区开展"普九"工作，成为我国基础教育事业最核心、最艰巨的任务。此后，中央政府又陆续出台了一系列相关政策以加快农村基础教育的发展。

2001 年，国务院发布的《关于基础教育改革与发展的决定》，首次提出以县级人民政府为主的农村义务教育管理体制。具体办法是：由国家对义务教育的教学制度、考试制度、课程设置等方面作出统一规划；中央和省级人民政府加大对边远贫困地区和少数民族地区义务教育的转移支付力度；省级和地（市）级人民政府在做好教育统筹规划、组织协调工作时，推动农村义务教育的进一步发展；县级人民政府主要负责本地区的农村中小学的发展，做好中小学的教育资源的合理分配工作，指导学校的建设和教师的教学工作；乡镇人民政府应提升农村中小学教育经费投入的安全保障，完善学校基础设施建设，按时足额发放教师工资，将农村中小学教师的工资管理权限由乡镇上收到县，并设立教师"工资资金专户"。另外，该文件还对农村校舍建设、学校收费标准、流动人口子女义务教育问题、农村义务教育布局、基础教育课程、义务教育学制等方面作出了规定。同时，开始第二期"国家贫困地区义务教育工程"的建设，扶持贫困地区和少数民族地区的义务教育发展，落实奖学金制度。截至 2002 年底，全国已有 91% 人口的地区已普及了九年制义务教育。

1992 年，党的十四大确立了社会主义市场经济体制的改革方向，1993 年发布的《中国教育改革和发展规划纲要》正是在这一背景下颁布实施的。它指导了我国 20 世纪 90 年代乃至 21 世纪前 10 年教育事业的发展，深刻改变了过去教育体制"包得过多、统得过死"的现象，使教育面向市场，根据劳动力供求关系建立相应的教育体系，解决了教育与经济社会相脱节的问题。《中国教育改革和发展规划纲要》则对我国在 2010~2020 年的教育发展作出了总体规划和指导，站在一个更高的战略高度，结合时代发展的要求，坚持教育公平的基本政策和育人为本的基本理念，在教育领域不断开拓创新，进一步推动我国教育事业迈向一个新高度。与此同时，在这两个纲领性文件的指导下，党和政府对我国的少数民族教育、特殊教育、民办教育和农民工子女教育作出了全面部署，充分表明了国家建立和完善教育体系的重大决心。

1992 年，《关于加强民族教育工作若干问题的意见》在第四次全国民族教育会议召开后发布，再次强调少数民族教育应当立足于当地特色的风土人情和社会文化举办，同时必须坚持社会主义的办学方向。1996年，国家民族事务委员会编制了直属民族院校《国家经济和社会发展"九五"计划和2010年发展规划工作的通知》，极大地推动了民族高等院校的发展。截至2000年底，普通高校少数民族在校生人数达到31.99万人，占全国在校生总人数的5.8%；中小学少数民族学生在校生人数达到1608.50万人，占全国在校生总人数的15.7%。2002年，《关于深化改革和加快发展少数民族教育的决定》在第五次全国民族教育会议召开后发布，要求到2005年，民族地区70%的行政县必须完成"两基"任务，95%的地区全面实现普及小学教育的任务；到2010年，民族地区必须全面完成"两基"任务。决定中规定，在"十五"期间及至2010年，"国家贫困地区义务教育工程""国家扶贫教育工程"等项目的资金要向西部地区的少数民族教育事业倾斜。2004年，教育部等五部委联合发布了《关于大力培养少数民族高层次骨干人才的意见》，少数民族在升学、就业等方面，应当优先照顾。截至2010年底，全国民族自治地方普通高等院校在校生人数达到156.3万人，比上年增长8.9%；普通中小学在校生人数达到2784.9万人，比上年增长5.9%。2015年8月，《关于加快民族教育发展的决定》在第六次全国民族教育会议召开后发布，明确要求到2020年，民族地区的各级各类教育考核指标达到全国平均水平。

1990年，《中华人民共和国残疾人保障法》保障了残疾人平等接受教育的法定权利。1994年，《中华人民共和国残疾人教育条例》正式颁布实施，这是第一部针对残疾人教育的专门性法规。该条例规定，发展特殊教育，要坚持"普及与提高相结合，以普及为主"的方针。至2000年，中国已有1539所特殊学校，37.76万名残疾人接受特殊教育。2001年，国务院转发的《中国残疾人事业"十五"计划纲要（2001～2005年）》提出，残疾人可以进入普通学校的普通班级就读，鼓励地方政府和社会力量专门为残疾人举办培训机构。在普及残疾人基础教育的同时，应当大力发展残疾人高中教育，鼓励高等学校招收残疾学生接受高等教育。2007年，教育部颁布《残疾人中等职业学校设置（试行）》，进一步拓宽了残疾人接受教育的层次和路径。2009年，国务院转发《关于加快特殊教育事业发展意见的通知》，明确要求城市地区的智力、听力、视力残疾儿童入学率必须达到与当地普通儿童入学率相当的水平，在残疾儿童尚未普遍接受九年制义务教育的地区，应当有70%的残疾儿童能够上学。2011年，国务院转发的《中国残疾人事业"十二五"发展计划纲要（2011～2015

年)》中的数据显示，当前我国已有 1706 所特殊教育学校，42.60 万名残疾人在校生。该政策提出，在"十二五"期间进一步完善特殊教育体系，促进更多适龄儿童接受特殊教育。截至 2013 年底，我国有 1933 所特殊教育学校，36.81 万名在校生。2014 年，在《特殊教育提升计划（2014～2016 年)》中，明确提出要加大特殊教育经费的投入力度，规定残疾人中小学的每位学生的公用教育经费应在 3 年内达到 6000 元。截至 2014 年底，全国共有 2000 所特殊教育学校，在校生人数达到了 39.49 万人。

此外，20 世纪 90 年代以来是中国民办教育的快速发展期。1993 年，《中国教育改革和发展规划纲要》提出，积极鼓励和支持社会力量办学，这激发了社会力量办学的热情和积极性。同年，国家教委发布《民办高等学校设置暂行规定》，明确提出民办高等院校的校舍、资金、实验室等方面的标准。从 1993 年起，我国民办高等院校的试点工作以北京市为起点，并逐步扩展到全国一半以上的省份，这促进了一批民办高校的壮大发展。1997 年，国务院发布《社会力量办学条例》，这是我国首部将民办教育推入法制化轨道的行政性法规。该条例肯定了民办教育的办学自主权，民办学校的学生与公办学校的学生在升学、就业和评定奖助学金等方面，享有平等的地位和权利。条例还对民办教育机构的设立、财产、财务管理作了具体规定。

五、2002 年至今：发展时期

2003 年 9 月，国务院印发《关于进一步加强农村教育工作的决定》。该文件提出要加快完成我国西部地区的九年制义务教育的普及和扫除青年文盲的任务（"两基"攻坚任务），具体做法是以加强学校基础设施的建设、扩大招生规模、提高教师素质、实施现代化远程对接教育、扶助因学致贫的学生为重点。西部地区的义务教育投入是由中央安排专项资金进行扶持。该文件还提出，县级政府应继续完善农村基础教育体系，保障办学经费及时足额发放，关键是加大地方政府的财政投入。具体做法：第一，县级政府要将农村义务教育经费全额纳入下一年度公共财政预算，乡镇政府要通过多方渠道筹集资金，进一步改善办学条件。第二，由省级人民政府对农村中小学教职工的工资作统筹安排，中央下达的转移性工资必须全部发放到县，省、市一级人民政府不得截留。第三，地方政府应当将农村中小学的校舍建设所需经费纳入政府公共财政预算中。第四，免除家庭经济困难学生的学杂费和书本费，并且补助一定的生活费（"两免一补"）。第五，提高教师素质，严格执行教师持证上岗制度。第六，推进我国农村地区义务教育的数字化、智能化发展，加强对农村中小学的技术支持，全面提升农村学生素质。至此，我国农村义务教育基本形成了"以县为主"的管理体制。

2005年，在《关于深化农村义务教育经费保障机制改革的通知》中，规定了中央和地方财政各自在农村义务教育经费投入中应承担的责任。主要内容有以下三个方面：第一，全面免除农村中小学学生的学杂费，对家庭经济困难的学生继续实行"两免一补"政策。中央和地方按比例共同分担免除的农村义务教育阶段的学杂费，中西部地区分别是8:2和6:4，东部地区（除直辖市外）按照各省的经济发展状况另行具体确定。中央财政全额承担中西部地区免除教科书的资金，地方财政则负担寄宿生生活补助的资金；东部地区的"两免一补"的资金由各省财政自行负担。第二，提高农村中小学的公用经费标准，由中央和地方按上述比例共同分担。第三，中西部地区的农村中小学校舍建设和维修所需经费由中央和地方按5:5的比例共同承担。2008年9月，这项改革推广到了全国所有的中小学。自我国实施农村义务教育进程以来，此次农村义务教育经费保障体制的改革是一次具有里程碑式意义的重大决策，极大地促进了农村基础教育的发展。

2006年，《中华人民共和国义务教育法》（见表3-13）重新修订并通过，将免费九年义务教育制写进法律，同时，由中央和地方人民政府保障义务教育经费的投入。这充分体现了党和政府把基础教育纳入我国战略发展体系，意味着国家推动免费义务教育全国落地的重大决心，也标志着中国义务教育经费投入进入了由政府全额承担的历史阶段，实现了义务教育发展的重大突破和进展，具有划时代的重大意义。我国农村免费义务教育制度是分地区、分阶段逐步建立的。2007年，西部地区的农村义务教育阶段实现免收学杂费和书本费。2008年，全国农村地区的儿童、少年接受义务教育不再收取学费。2009年，全国城市地区实现了义务教育阶段的免费制度。

自20世纪90年代以来，我国的教育事业无论是在体系、结构、规模、程度和范围上，还是在质量、效益和影响上，都在不断地深化和推进。党和政府对教育事业的大量投入促进了"传统教育"向"现代教育"转型，为构建中国特色社会主义教育事业做出了一系列的探索和创新。然而，我国在新时期的教育依然存在着亟待解决的问题。例如，教学观念和教学方法无法与新时期接轨；学生考试压力较大，心理负担较重，实践和创新能力弱；教育体制仍存在一定的弊端，学校办学活力难以释放；校际、城乡、区域教育资源分配不尽合理，发展很不均衡；财政教育经费投入较少等。因此，这对教育提出了新的发展要求，中国的教育政策也在不断地创新，从而被不断赋予新的时代内容，开创了我国教育发展的新局面。

2010 年，国务院发布《国家中长期教育改革和发展规划纲要（2010 ~ 2020 年)》（见表 3 - 13），制定了各级各类教育的发展任务，推动各级各类教育统筹协调发展，促进教育面向人人，实现教育公平，提升人力资本价值，推进社会主义现代化建设。第一，推动义务教育的均衡发展，主要从以下三个方面安排具体措施：推动教育资源在校际间的均衡配置，例如，规定各地不再设置重点校，中小学不再设置重点班、加强各校之间教师的相互交流等；破除城乡教育二元化结构，关键是加快农村的义务教育发展，重点是由政府的公共财政全部承担农村的义务教育经费，由教育行政部门对城市与农村的师资进行统一调配等；促进西部地区义务教育的普及，在物资和政策上对其提供援助。第二，推动面向农村的职业教育发展，这需要促进中职教育面向农村学生招生，加快县级职教中心的发展与完善，加强农村劳动力和进城务工人员的教育培训工作。第三，加强跨行政区域的高等学校间交流合作，建立中西部高等教育的资源共享机制，缩小高等教育区域间发展差距。第四，加大民族地区的教育资源投入，推动各级各类少数民族教育事业均衡发展。第五，地方政府应重视和保障残疾人受教育的机会和权利，大力发展特殊教育，促进特殊教育体系日益完善。

民办教育这块也得到了全面发展。2002 年，《中华人民共和国民办教育促进法》（见表 3 - 13）审议通过，这从法律上保障了民办教育合法的社会地位，肯定了其与公办教育在同等平台下竞争的权利。极大地促进了民办教育的发展。截至 2005 年底，我国各级各类的民办学校数已达到 8.62 万所，比 2003 年增长 22.76%；在校生人数达到了 2168.10 万人，比 2003 年增长了 54.52%。2004 年，国务院颁布《中华人民共和国民办教育法实施条例》，进一步规范推动了民办教育的实施。2010 年，在《国家中长期教育改革和发展规划纲要（2010~2020 年)》中，第一次要求设立专门的民办教育行政机构，主持民办教育的综合规划、统筹协调等工作，对民办教育机构按照其是否为营利性质采取分类管理的方式和方法，公开民办学校的办学信息。社会力量举办民办学校具有一定的市场风险，应为其建立防范风险的机制。截至 2014 年底，全国共 15.52 万所民办学校，比上年增加 0.63 万所；在校生人数达到 4301.91 万人，比上年增加 223.60 万人。

20 世纪 90 年代中期，越来越多的农民工举家进城，随之而来的农民工子女教育问题日渐凸显。1996 年，在《城镇流动人口适龄儿童少年就学办法（试行）》中，选择北京市、河北省、浙江省、天津市、上海市、深圳市 6 省、市中的 1 个市（区）进行试点。这标志着农民工子女教育问题得到了国家的正式关注与承认，并且将其纳入了政策制定的轨道。1998 年，在《流动人口儿童少年就学暂行办法》中首次提出，由流入地政府和教育行政部门负责流动儿童在当地全日制公办中小学借读的规划和管理工作。

2003 年，国务院转发《关于进一步做好进城务工就业农民子女义务教育工作的意见》（见表 3 - 13），明确提出流入地政府要专门划拨一部分经费安置农民工子女入学，同时对流出地政府首次做了要求，即配合流出地政府做好随迁子女的学籍信息等其他相关信息的对接工作。2006 年，国务院发布《关于解决农民工问题的若干意见》，首次提出应当保障农民工子女接受义务教育的平等权利，这一核心指导思想一直贯穿于我国农民工子女教育政策之中。同年 6 月，新修订的《中华人民共和国义务教育法》，从法律层面上保障了农民工子女接受义务教育的平等权利。2008 年，《关于做好城市免除义务教育阶段学生学杂费工作的通知》由国务院发布，明确规定农民工子女在公办中小学就读，不再收取借读费，免除学杂费。

2010 年，《国家中长期教育改革和发展规划纲要（2010 ~ 2020 年)》，要求探索建立农民工子女在当地完成中小学义务教育之后，可以直接参加当地的升学考试。2012 年，在《关于做好进城务工人员随迁子女接受义务教育后在当地参加升学考试工作的意见》（见表 3 - 13）中，正式提出农民工子女在流入地的中小学完成学业之后，可以直接参加当地的升学考试。

新中国成立 70 多年来，我国的教育政策的制度变迁经历了一个不断调整与完善的历史过程，在内容方式、价值取向等方面均发生了深刻的变化。党和政府经过多年的努力，始终坚持教育面向全体公民，为人民服务的性质，从不同方向、层次和方面逐渐建立一个全面、普遍和开放的现代国民教育体系。我国在教育改革和发展的进程中，坚持创新教育方式、内容、理念等，合理分配教育资源，促进教育公平，充分开发现有的潜在教育资源，逐渐形成一个公平、合理和优化的教育资源配置机制。

表 3 - 13　　　　　　　2002 年至今发展时期的教育政策解读

年份	政策	解决的主要问题
2002	《中华人民共和国民办教育促进法》	保障了民办教育合法的社会地位，肯定了其与公办教育在同等平台下竞争的权利
2003	《关于进一步做好进城务工就业农民子女义务教育工作的意见》	流入地政府划拨一部分经费安置农民工子女入学，解决农民工子女上学问题
2006	《中华人民共和国义务教育法》	由中央和地方人民政府保障义务教育经费的投入，解决贫困家庭子女上学问题
2010	《国家中长期教育改革和发展规划纲要（2010～2020 年）》	合理配置教学资源，减少城乡教育资源浪费
2012	《关于做好进城务工人员随迁子女接受义务教育后在当地参加升学考试工作的意见》	避免农民工子女因户籍问题导致上学难，可直接参加当地的升学考试

第三节　本章小结

　　教育投资和健康投资是人力资本投资的重要投资形式。回顾与研究我国医疗保障制度和教育制度的变迁，可以发现，党和政府从我国实际出发，通过建立三大基本医疗保障制度以及城乡救助体系，人们因此能够有效地防病、治病，提升国民的健康水平，从而增加其人力资本，使其能够更好地生产和生活，促进了经济社会的发展。国家通过建立初等、中等和高等教育，让人们能够获得系统的正规教育，提升了人们的科学文化素质，这也带来了生产力的增长，从而比没有接受正规教育的人们更能够获得高收入。因此，有效的医疗保障制度和教育制度，对教育人力资本和健康人力资本具有重要的支持作用。

　　第一，为个人进行健康和教育人力资本投资提供激励机制。个人、家庭和企业处于提升自我的动机与目的进行人力资本投资，往往会给社会带来正向的外部性，但是由于健康和教育投资的回报的滞后期较长，而当社会制度不完善时，其投资收益就会低于其投资成本或者社会平均收益。在此种情况下，合理安排的健康和教育制度能够规范投资主体的行为，并为其提供公平竞争的平台，降低投资风险，从而为其微观个体进行健康和教育人力资本投资提供长远而有效的激励机制。例如，党和政府对少数民族教育、民办教育、特殊教育和农民工子女教育的政策倾斜，对个人加大教育投入具有强大的激励作用；城乡救助体系提高了我国城乡困难群体对未来的预期。

第二，为人力资本的合理配置和优化提供思路。有效的健康和教育制度能够促进人的自由流动，进而促进人力资本在不同个体之间进行自由转移，这就为人力资本提供了合理配置与优化的思路。例如，城镇职工医疗保障制度要求企业为其职工购买医疗服务，解决了职工在自主择业的后顾之忧；大病医疗保障制度减轻了人们在患大病后的经济压力，使个人有更多的时间和精力去实现自身价值；特殊教育制度为残疾人接受教育，增长知识，学习技能提供了机会和保障，从而促进他们能够最大限度地发挥自身的潜能；初等、中等和高等教育制度将具有不同天赋和能力的个体输送到适合他们的教育层次中去。

第四章 理 论 基 础

改革开放在不断提高人们生活水平的同时，也衍生出越来越严重的贫富分化现象。不断拉大的贫富差距意味着社会资源配置的公平性缺失。以往学者研究收入差距问题时候，大多都是从公平角度作为切入点，而忽视了其他因素。然而，根据现实来看，仅仅从公平角度来研究这个问题是远远不够的，无法深入剖析到收入差距现象产生的内在本质。对公平的解析也不应仅仅围绕在结果的不公平，而是需要追寻原因，了解产生这种不公平的根源。只有从源头上找到问题所在，才能解决严重的收入差距问题。基于代际流动性视角能够很好探究社会不公的本质，找到原因，对症下药。国外学者利用代际收入弹性作为衡量代际流动性的工具，从而探究社会固化程度。探究中国社会代际收入流动性，对社会公平进行深入分析，探究未来社会公平走向，为政府制定相关政策提供依据。为了研究代际传导对收入流动性影响，需要回顾前人的相关理论基础，寻根溯源，从中汲取我们进行研究探索的思想与方法。

第一节 贫困循环理论

本章主要是对人力资本问题的研究起源与对发展中国家贫困问题的探讨。人们试图去寻找贫困的原因并总结出解决贫困的方法，在这一探寻过程中，发现了发展中国家存在的贫困循环问题，而对这一现象，经济学界则具有不同的解释，由此产生了贫困的恶性循环理论、低水平均衡陷阱理论、循环累积因果理论等。这些理论强调了发展中国家的贫困循环机制，以及打破该机制的关键力量，贫困循环理论与人力资本的研究并无直接关系，但却为人力资本的研究提供了启示与思想萌芽。

一、贫困的恶性循环

20世纪50年代初，美国哥伦比亚大学教授拉格纳·纳克斯（Ragnar. Narkse）在其著作《发展中国家资本的形成》中首次提出了贫困的恶性循环理论，也是经济学界针对低收入国家贫困问题研究所提出的理论之一。该理论的主要观点为，发展中国家贫困的根本原因不是由于资源的匮乏，资本形成不足才是发展中国家处于贫困循环的关键因素。而在发展中国家资本形成过程中，却存在着许多相互联系、相互影响的恶性循环。纳克斯从供给与需求两个方面来解释发展中国家资本形成不足的恶性循环。其一，供给方面：发展中国家的居民人均收入处于仅能维持基本生存需求的水平，储蓄水平很低。从而可用于投资的资本很少，生产的规模很少，生产率很难提高，进而资本形成不足，人均收入依然处于低水平，陷入恶性循环。其二，需求方面：由于发展中国家的人均收入水平很低，则可用于投入市场进行消费的资本也较少，产品市场缺乏活力，从而投资者缺乏投资动机。投资诱因不足，因而资本形成不足，产出水平很低，国民收入难以提高，再次陷入资本形成不足的恶性循环。需求与供给两个循环相互作用，周而复始，使发展中国家的投资与国民生产总值难以突破低水平均衡，达到正向良性循环，国民经济水平始终难以提高，最终陷入贫困循环。

纳克斯认为，发展中国家贫困的根源在于资本形成不足。因而，他提出发展中国家走出贫困循环机制的关键在于储蓄与投资。人们必须将收入的一部分用于资本的形成，如用于购买生产器具、设施，引入先进技术等，提高生产效率与生产规模，进而提高资本积累，从而使人均收入提高，打破贫困的恶性循环。同时，纳克斯也进一步指出，资本不仅仅是指物质资本，也包括一国国民的健康水平、受教育程度等影响劳动力素质的人力资本。纳克斯将资本形成不足解释为发展中国家贫困的主要原因，将储蓄与资本的增长视作是发展中国家改善贫困的根本途径，尽管这一观点过于简单与乐观，忽视了不同国家之间政治制度与自然资源的差异，但实际上也对一国经济发展具有很深的影响。在某种程度上，纳克斯也低估了发展中国家的储蓄能力和投资能力。但纳克斯的观点依然对解释发展中国家贫困的原因做出了尝试，使人们认识到资本的重要作用，使政府与人们开始关注资本尤其是人力资本的提高，并对人们进一步探索、解释和改善发展中国家的贫困现状具有较大的启发作用。

二、低水平均衡陷阱理论

低水平均衡陷阱理论与贫困的恶性循环理论相类似，用于解释发展中国家的贫困原因及其循环机制。低水平均衡陷阱理论是1956年，由美国经济学家纳尔逊（R. R. Relson）在其著作《不发达国家的一种低水平均衡陷阱理论》中提出。纳尔逊利用数学模型就人均资本、人口数量、国民收入分别与人均收入的关系进行验证，认为在经济运行中存在着低水平均衡与高水平均衡两个循环机制。低水平均衡是指，纳尔逊认为存在人均资本的理论值。当一国人均资本很低，低于该理论值时，过快的人口数量的增长将消耗掉国民收入的增加值，使人均资本退回原有的水平。高水平均衡是指，当一国人均资本很高，超过理论值时，人均资本的增加带来的国民资本总的增加值会超过由于人口增加所抵消的部分，从而使人均收入增加，直到人均资本增加降低到与理论值相等，从而达到新的均衡。并且这两种循环在没有外力作用时，都将处于稳定状态。

纳尔逊用低水平均衡陷阱来解释发展中国家的贫困问题，他认为在发展中国家，人均资本普遍较低，仅能维持基本生存需求，低于人均资本理论值，从而使国民资本增加值都被过快的人口增长所抵消，人均收入难以得到提高。并且，纳尔逊指出，在人均资本低水平与人均资本理论值之间存在着低水平均衡陷阱，任何没有超过人均资本理论值的人均资本的增加都会被抵消，这就是发展中国家始终处于贫困状态的根本原因。他认为，发展中国家需要一个外力来打破贫困循环的机制，而政府恰恰应当充当这一角色。政府政策应当主要致力于人均资本的提高，包括引进投资、生产设备、扩大规模等物质资本的提高，也包括改善国民健康水平、提高教育经费支出，提高受教育年限及教育质量等人力资本的改善。

纳尔逊的低水平均衡陷阱在纳克斯的贫困恶性循环理论的基础上进一步指出了发展中国家的贫困循环是一种稳定机制，而突破机制的关键在于资本的形成。纳尔逊认为，发展中国家必须致力于提高人均资本，并且是大幅提高，以达到人均资本的理论值，只有超过了理论值，人均资本的增加才能真正带来人均收入的提高，使一国经济摆脱贫困循环，得到经济发展。但与纳克斯仅强调资本的作用不同，在纳尔逊的研究中，也关注了发展中国家庞大的人口数量及人口增速对经济发展的阻碍，使发展中国家的政府开始意识到放缓人口增速，提高人力资本的重要性，也对后来的学者从控制人口增长、关注人口质量、提高人力资本等方面研究发展中国家贫困问题做出了很好的理论支持，并具有启发作用。

三、循环累积因果理论

1944 年，瑞典经济学家冈纳·缪尔达尔（Gunnar Myrdal）在其著作《进退维谷的美国：黑人问题与现代民生》中提出了循环累积因果理论，该理论最初是用来解释美国的黑人贫困与遭受歧视之间的循环因果关系。缪尔达尔将经济发展定义为是一个动态的，众多因素相互影响、相互作用的过程。并且，其中这一过程中的任何一种因素的变化都会引起其他因素的变化，并不断强化这一变化过程，使得初始变化因素发生更大变化，进而形成不断累积的增长与下降的过程。显然，缪尔达尔认为，在发展中国家存在着不断下降的累积过程。即在发展中国家，由于人均收入水平很低，医疗卫生条件恶劣，健康水平落后，教育质量难以保障，人口素质较低，劳动者素质难以提高，造成低水平的生产率及产出水平，人均收入依然很低甚至下降。这一思想，在其著作《富国与穷国》以及《亚洲的戏剧：对一些国家的贫困问题研究》中均有所体现。

缪尔达尔用循环累积因果理论对发展中国家贫困问题进行解释的思想，在一定程度上否定了新古典主义发展经济学所采用的传统静态均衡分析方法。缪尔达尔认为，在发展中国家，如果政府不进行干预，仅依靠生产要素的自由流动和市场机制自发调节，不益于经济的发展，原因就是发展中国家存在不断加强的低水平的累积循环。仅依靠市场力量只会强化这一不断下降的循环过程。并且，他进一步指出，低收入与资本形成不足是发展中国家存在贫困循环的根本原因，但造成国民低收入的原因有很多，例如一国政治、制度、社会、经济等造成的国家贫困或收入分配不公平。因而，缪尔达尔主张对影响国民收入水平及其分配制度的制度、教育、经济等方面进行改革，实现国民收入平等。尤其强调通过提高穷人的收入能力，来提高穷人的购买力进而提高产品市场的活力，从而鼓励投资。正如缪尔达尔在其著作《国际不平等和外国援助的回顾》一书中所强调的，提高一国经济发展水平的关键在于通过改革提高穷人的消费能力。缪尔达尔的循环累积因果理论以一种动态的角度对发展中国家由于低水平的人均收入造成的不断循环的贫困做出解释。并强调了国家制度的作用，认为人民收入水平低下是因为一国不合理的政治制度所导致的国民收入分配不均造成的，主张通过改革收入分配制度，促使低收入水平的居民通过储蓄和投资的方式走出贫困循环的困境。

四、简要评价

纳克斯的"贫困的恶性循环"理论与纳尔逊的"低水平均衡陷阱"理论，以及缪尔达尔的"循环累积因果理论"都指出了，发展中国家的贫困循环是一种稳定均衡的机制，并都强调了打破这一贫困循环机制的外力的重要性。政府应当充当这一"外力"，运用政策功能，提高人均资本，不仅仅是提高物质资本，更要提高人力资本。同时控制发展中国家人口数量的增长，关注人口质量的提高，进行制度改革，提高收入分配公平性。只有当人均资本的上升使得国民收入增长高于人口数量上升抵消的值，国民收入才能真正提高，走出贫困循环。尽管这些理论都简单地将一国的经济发展水平归结为资本的不足，但该理论依然对发展中国家如何走出贫困循环，关注资本提高尤其是对关注人力资本的提高具有启示作用。

第二节　代际流动的人力资本理论

代际收入流动反映的是一个人的收入与其父母之间的关联程度，与社会公平相联系，为研究社会公平问题提供了一个崭新的视角。每个人生而平等，人人都应该享受自由，有充分发展自己的机会，这是公民的一项基本权利。然而，由于出生环境的不同、父母禀赋不同和家庭财富差异等，对子女人力资本的积累都将产生重要影响，从而间接影响其收入水平。父母将高禀赋通过遗传，使子女获得较高禀赋，加上后天追加的人力资本投资，这类子女往往比一般人拥有更多的社会资源与更高的人力资本，从而获得更多社会财富。这样一来，社会的流动性就大大减弱，贫困家庭的孩子更难改变自身阶层状况，长此与往，社会阶层将处于一种不流通的固化状态，不利于社会长期稳定发展。

一、代际流动人力资本理论概述

贝克尔和托姆斯基于人力资本理论，提出研究代际收入问题，即父辈与子辈之间收入关系的理论模型。考虑到家庭效用最大化原则，父母的收入有两种分配，一是用于自身消费，二是用于投资子女以改善他们的人力资本，在预算约束的条件下在二者之间进行合理分配从而实现家庭效用最大化目标。同时，子女也可以通过继承父母的禀赋获得先赋性优势，从而

·77·

提高自己的收入水平。在阐述模型之前，有必要提出该理论涉及的两个假设前提：一是资本流动不受限，资本市场是完善市场。资本市场中各种融资方式保证人力资本投资顺利进行。二是学习能力强弱直接影响子女获得的人力资本投资数额。学习能力强的孩子会得到更多的人力资本投资。模型中，投资倾向、遗传禀赋和财富积累等因素共同决定子女收入状况。资本市场完善条件下，父辈可以通过借贷来增加对子女的投资。而在不完善市场条件下对子女人力资本投资规模就会受限。

考虑到父母的效用函数包括消费与子女的收入水平这一假设条件，列出如下效用函数。

$$u_t = u_t(z_t, I_{t+1}) \qquad (4-1)$$

z_t 为 t 代父母的消费，I_{t+1} 为 $t+1$ 代子女的总收入，父母在 t 时期为子女投资人力资本，子女在 $t+1$ 时期工作以及消费等。父母的约束条件：

$z_t + \prod_t y_t$，y_t 是投资在子女身上的资本数量，$\prod_t$ 为每单位 y_t 所耗用的价值，I_t 为父母总收入。通过公式推导，得到父辈与子辈收入关系式：

$$I_{t+1} = \beta_t I_t + a W_{t+1} e_{t+1} + a W_{t+1} u_{t+1} \qquad (4-2)$$

e_t 是禀赋，其中 $\beta_t = a(1 + r_t)$ 为投资孩子的倾向。

再假设子女禀赋依赖于父辈禀赋和社会平均禀赋，通过简单的线性关系推导得知，父辈的禀赋通过遗传提高了孩子的收入，并且禀赋高的父亲收入也相对高，从而增加对子女的教育等投资。总之，贝克尔和托姆斯的代际流动理论表明子女的财富受到父母禀赋、父母对其人力资本投资以及市场运气的影响。其中，子女禀赋由父母禀赋和遗传系数等决定，而父母对子女的人力资本投资则与父母收入、投资倾向、市场运气等因素联系。另外，除对子女进行人力资本投资外，还可以通过财富转移来增加子女收入，从而提高效用水平。

通过财富的直接转移来改善子女收入水平时，假设资本的回报率基本保持不变。完善的资本市场保证资本流动不受到限制，父母可以通过借贷方式来对子女进行投资。此时代的收入和人力资本主要是受到禀赋遗传程度影响，父母根据子女禀赋状况对其进行投资，直至人力资本投资回报率等于财富回报率。如果财富回报率高，父母就会降低人力资本投资，反之，子女禀赋高，则父母提高人力资本投资。在资本市场不完善条件下，父母只能用自己有限的资本对子女进行人力资本投资。

二、简要评价

贝克尔和托姆斯后来对人力资本模型做了进一步的扩展和改进，假设人力资本的获得受到父母、政府投资数量和个体禀赋的影响。贝克尔和托姆斯（1979，1986）的人力资本理论有效地将子女收入与父母收入、禀赋遗传、投资倾向、政府支出、运气等因素相联系，并为实证研究提供依据。实证研究首先着手于对收入和代际教育弹性的测算，因为这两个指标揭示了父代和子代的关联程度，为经济学研究代际收入传导机制及其影响因素提供了理论模型与基础。代际收入流动性强的社会，子女的收入不完全依赖父辈，低收入阶层家庭出身的孩子更有机会通过自身努力改变命运。而流动性差的社会，则面临社会阶层固化的局面。

第三节　健康需求理论

健康经济学作为应用经济学的一个年轻的分支，仅有 40 多年的历史，但其在越来越多的国家得到了飞速的成长和发展。无论是在吸引世界上一流的经济学家的人数、对主流经济学的贡献、发表的研究成果及获得科研经费，还是在对公共政策的影响等方面，作为一门新兴交叉学科，健康经济学已获得了极大的成功。健康经济学主要研究如何合理利用社会资源满足人们的健康需求，提高人们的健康水平。而医疗卫生水平则对健康状况有着重要影响。美国纽约市立大学教授迈克尔从 20 世纪 70 年代开始已研究，并形成了一套完整的医疗需求理论，弥补了人力资本理论的不足，丰富了其在健康方面的应用。健康作为人力资本的一个组成部分，能提高消费者满足程度，增加对健康的投资有利于改善消费者人力资本质量，提高生产能力。对健康的投资主要体现在对医疗卫生服务的需求上，通过投资健康使消费者获得健康时间，提高了效用。正如格罗斯曼提出的，人们可以通过购买医疗卫生服务弥补自身健康损耗。消费者也可以通过提高健康时间与医疗保健服务的投入提高自己的健康人力资本。

一、健康生产函数

在提高劳动者个人生产能力上，健康与教育具有同等重要的作用，通过提高对教育与健康的投资能够间接改善一个人的收入状况。一方面，健康能给人们带来效用；另一方面，健康状况能影响工作效率，从而影响收入水平。健康需求理论的发展依据人力资本理论。为了提高个人生产能力，教育与培训是十分必要的，这也是国家大力推行义务教育的原因。贝克尔将厂商生产函数的概念用到家庭生产、消费活动中。接着，格罗斯曼将该观念应用到健康部门，提出健康生产函数。下面是其一般表达式：

$$H = f(M, LS, E, T) \qquad (4-3)$$

H 表示健康，M 是医疗卫生服务，LS 是生活方式，E 表示教育，T 是其他影响因素。健康生产函数说明了各变量对健康状况的影响，并且医疗服务不是影响健康状况的唯一因素。

二、贝克尔健康需求模型

消费者行为理论着重分析在一系列约束条件下，消费者为满足自身效用最大化会如何进行选择。在运用这些该理论分析实际问题时，不能忽视该理论背后的假设条件，即能给消费者带来满足程度的都是市场上可以买到的商品。然而，在现实中有许多"消费品"无法从市场上直接购买到，却能给消费者带来效用，例如健康。1956 年贝克尔提出了家庭生产函数的概念，区分了物品与消费品的概念。他指出，物品是能够在市场上直接购买得到，并结合消费者时间进行生产，满足自身效用。医疗卫生服务的获得给消费者带来健康，下面是消费者效用函数与收入约束等一系列函数表达式：

$$U = U(H, Z) \qquad (4-4)$$
$$H = G_1(M, T_h; E) \qquad (4-5)$$
$$Z = G_2(X, T_z; E) \qquad (4-6)$$
$$P_m M + P_X X = R = N + WT_W \qquad (4-7)$$
$$T = T_w + T_h + T_z \qquad (4-8)$$

其中，U 和 H 分别表示效用和健康。Z 是能带来效用的消费品，X 是其他物品消费量，M 表示医疗卫生，T_h 是生产健康耗费的时间，E 是环境因素，T_w 表示工作时间，可支配收入用 R 表示，P_m 和 P_X 分别是单位医疗服务和物品 X 的价格。W 是小时工资率，N 是工资外的收入。根据上式看出，医疗服务需求是健康的引致需求。再将时间与医疗服务要素的比例固定，经过一系列推导得到消费者的医疗服务需求函数。另外，时间成本也会影响消费者的选择与资源配置情况。

三、格罗斯曼健康需求模型

格罗斯曼在 1972 年根据人力资本理论相关内容，构建了健康需求理论。健康给人带来效用水平，主要体现在以下两种路径：一是健康作为一种消费品，直接增加了消费者效用水平。二是将健康看作投资品，视为能带来效益的资本，它通过生产过程给消费者带来效用的满足。在市场信息完全条件下，消费者根据健康生产函数得到均衡解，确定健康需求模型。往后的学者在此基础上继续相关研究，完善了健康需求模型并进行了相应的实证分析，通过对假设条件的改变与扩展丰富了模型内容。与 Becker 健康需求模型不同，格罗斯曼认为消费者在某一时点的选择同时影响着当期与未来效用。因此，他考虑了消费者终身效用状况，并联系家庭生产函数，分析对健康的投资数量。此外，在影响消费者健康生产函数的诸多要素中，教育程度占据最重要的地位，影响健康生产效率。格罗斯曼在模型中探讨了健康与医疗保健之间的关系，对生产要素或医疗保健的需求是一种派生需求，是为了获得健康或者产品，从而列出如下关联等式：

$$I_i = I_i(M_i, T_{hi}; E_i) \tag{4-9}$$

$$Z_i = Z_i(X_i, T_{hi}, T_i; E_i) \tag{4-10}$$

式（4-9）中，M_i 表示购买的医疗卫生服务数量，它是健康的一种派生需求。式（4-10）中，X_i 是用于生产物品 Z 所需的投入要素，健康投资需要时间 T_{hi}，T_i 是生产物品 Z 所投入的时间，E_i 是人力资本存量。通过对健康需求模型增加条件和改变假设，格罗斯曼进一步扩展了该模型。例如，加入对消费者决策的限制：一是传统消费者理论的收入限制；二是时间约束。最后，他得出这样的结论：能给个人带来效用最大化的健康需求是在健康资本边际收益与边际成本相等时决定的。格罗斯曼健康需求模型阐述了以下重要的理论意义：首先，消费者对医疗卫生的需求是健康的派生需求。其次，消费者通过花费时间和金钱不断改善健康。最后，健康兼顾投资品与消费品的角色。一方面，给人们带来直接效用，如精神状态的维持；另一方面，作为投资品的健康则增加了人们工作时间，提高了效用水平，获得更高收益。收入水平的高低也影响着健康投资的数量，收入高的群体往往更愿意投资健康。因为他们能享受通过健康投资带来的高收益。另外，教育也从某种程度上改善了健康资本投资。受教育程度高的群体投资健康需要花费的成本相对较低，从而激发了该群体对健康资本投资的追加。

四、简要评价

研究健康需求理论具有深刻的现实意义。消费者购买医疗服务是为了获得健康需求，满足自身效用。健康生产函数也向我们表明医疗服务需求是健康的派生需求。与其他消费品一样，消费者对医疗服务的需求受到价格波动的影响，并且其需求与价格之间是反函数关系，即西方经济学中的需求定理在这里依然成立。经济学中，生产要素之间具有替代性，每种生产要素的价格弹性也不相同。因此，政府可以根据弹性大小，适度调整价格，从而使消费者选择最低成本的生产要素组合，实现效用最大化。

第四节 治理理论

政府责任理论是在肯定了人力资本对经济发展的重要性基础上提出的，理论强调了政府作为公共权力的责任及其能动性主体对提高整个社会的经济福利的重要意义。同时，该理论为政府政策的制定及治理的规则方面做出了阐释，为政策更有效地发挥具有重要理论指导作用。

一、政府责任理论

政府责任理论强调，在市场机制无法有效发挥作用的时候，政府应当履行其公共权力的职能。2012 年，吕晖在其发表的博士论文《基于疾病经济风险的农村贫困人口医疗保障制度研究》中，对医疗卫生服务的特点做出总结。其一，医疗卫生服务是一项特殊的商品，其公共产品的属性意味着，该项商品的资源配置既要强调效率，更要保证公平性。市场具有逐利本质，单纯地依靠市场调节，不能兼顾效率与公平。以支付能力与购买意愿为法则的市场交换机制必然使商品流向购买能力强的发达地区或城市人群。这样一来购买能力低的消费者的健康水平则得不到保障，违反了健康的普适性原则。其二，医疗卫生的公共产品属性，意味着其在消费上具有非竞争性以及利益的非排他性，往往供不应求，依靠竞争性市场机制调节，不能达到社会效用最大化的资源配置，影响整个社会的健康水平。其三，医疗卫生服务的特殊性也表现在，医疗卫生的信息不对称性，所以，各市场主体尤其是消费者难以根据充分的信息来做出最优的决策选择，从而影响整个医疗卫生资源的配置。

政府责任理论指出，政府不仅要致力于提供健康保障服务，也要关注该项服务的配置公平。由于医疗卫生服务的特殊性，使得以供需价格机制为作用法则的市场调节难以有效发挥作用，无法实现资源配置的最优与合理。尤其容易陷入最需要医疗健康保障的人因购买能力落后，难以获得健康保障的资源逆向配置，从而导致市场失灵，造成医疗卫生不公平与社会的不可持续发展问题。市场机制难以有效发挥作用的区域，需要政府运用公共权力进行干预。政府为提高居民的人力资本，而提供医疗卫生服务的同时，也要关注医疗卫生资源的配置公平问题。这并不是慈善，而是文明社会中，每个人的人权得以保障的正义问题。

二、协同治理理论

协同治理理论的创始人之一是罗西瑙（James. N. Rosenau），2001年，在其著作《没有政府的治理》中，他对协同治理的内涵作了阐述。罗西瑙认为，与统治相比，治理更强调集合各方主体的协同力量，以保障政策的正常、高效运行。政府责任理论强调了治理的主体及其重要性，但在现实中，某一政策的推行，绝不是单一地依靠政府的强制力。治理本身应当在包括政府强制力之外，也包括非强制的、非正式的其他机制。罗西瑙指出，随着政策的推行，治理的范围逐渐扩大，治理对象必然由单一向多元演变，牵涉的各方主体或机制必然越来越多。蕴含在治理网络中的利益关系必然变得复杂，个体或机制将不可避免地从该治理机制中获取利益，满足各自的利益。在一个日益复杂的治理系统下，针对某一问题或目标所开展的治理活动的同时作用于多方主体的行为，不仅仅是一种逐渐一致的学术观点，更是一种社会现实。

在这样一种"治理主体多元化"的情况下，需要把握两个方面。其一，保持各方主体的权威性。在强调政府这一治理主体的强制性的前提下，应当确保各方参与主体在其有限或擅长的领域，也要确保具有权威性，这是为了避免某一方主体的权力过大而产生寻租行为。其二，强调各方主体的协同性。政策的制定要兼顾各方利益，同时，各方主体机制所运行的规则或制定的政策应具有协同性而不是互相矛盾。否则在保证各方主体都具有权威性的前提下，必然导致治理难以进行或效率低下。

三、简要评价

治理理论一方面强调了由于公共产品特殊性，市场机制往往难以有效发挥，需要政府来进行干预，保证资源配置的公平与效率，在健康问题与教育问题的治理中，显示了政府的责任的重要性。另一方面强调了治理过程的协同性。治理范围的扩大必然使牵涉的主体多元，各方主体的利益网络也趋向复杂，在治理过程中，要保证各方牵涉主体的权威性，使各个机制均能发挥治理作用并防止寻租行为发生，同时要保证各方主体的协同性。这就必然要求治理政策要兼顾各方利益，且治理规则的目标及作用机制应当具有一致性而不能相互矛盾，否则，治理活动将难以开展或效率低下，使治理活动难以达到预期目标。

第五节　本章小结

社会流动性是经济长期稳定发展必不可少的要素。收入流动性弱的社会，意味着子女财富水平受到父母影响程度大，大部分子女继承父辈禀赋与财富，通过自身后天努力难以大幅度改善其收入状况，社会阶层处于一种固化的状态。反之，一个收入流动性强的社会，子女可以通过接受教育等方式来改善自己的人力资本，从而增加收入，有利于社会公平的促进。为了研究代际传导对收入流动性影响，需要寻根溯源，了解相关理论基础。根据这一主题，本文分析了人力资本理论、代际流动的人力资本理论，以及健康需求理论，并从中收获思想与启发。

第一，人力资本理论奠定了代际流动性研究理论基础。舒尔茨、贝克尔等一批经济学家详细阐述了人力资本理论内涵，使人力资本理论从经济学中独立出来，逐渐形成一套完备、系统的理论体系。他们将资本的概念扩展到人，打破了人们的传统思维，并据此从宏观和微观两个方面展开对人力资本的理论分析。人力资本理论的出现，使人们开始重视教育。子女通过教育能够增加自身人力资本积累，逐步提高劳动生产率，改善人力资本的代际流动性，凭借人力资本积累提高自身收入水平。

第二，代际流动人力资本理论为研究子代和父辈收入关系提供依据。代际收入流动反映的是一个人的收入与父母之间的关联程度，与社会公平相联系，为社会公平问题的研究提供了一个新的思路，也为今后的研究提供了理论依据代际收入人力资本理论模型主要关注父辈的行为动机，即在家庭预算约束条件下，如何对有限的家庭收入进行合理分配，从而实现家庭效用的最大化。其中，禀赋高的父母通过遗传，使子女获得先赋性优势，提高了子女的收入水平。代际流动的人力资本理论为学者从经济学角度研究社会代际流动问题提供了理论基础，为社会公平的剖析提供新思路。

第三，健康需求理论为从健康视角探讨收入代际流动性提供了理论基础。人们可以通过购买医疗卫生服务弥补自身健康损耗。消费者可以通过健康时间的投入，以及医疗保健服务的投入来完善自己的健康人力资本。格罗斯曼将人力资本概念应用到健康领域，认为消费者可以通过在市场上购买各种医疗保健服务来生产健康。最为关键的是，提出了健康生产函数的概念，为后续研究奠定基础。健康生产函数说明了医疗服务不是影响健康状况的唯一因素。格罗斯曼和贝克尔的健康需求模型认为，医疗服务需求是健康的派生需求，健康兼顾投资品与消费品两种角色。作为投资品，对健康的投资增加了人们的工作时间，从而产生更多收入。

第五章 健康人力资本对收入流动性的代际影响

健康作为人力资本的重要一部分，是影响代际收入流动性的重要因素之一。本章通过微观数据的实证分析发现，首先，健康资本的代际传递能够提高代际收入流动性，这种正向的影响在农村样本下更为明显。其次，研究还发现农村样本下子代健康水平和子代收入呈现负相关的关系，由此推测是农业生产活动尤其是农民工工作环境恶劣所造成的。最后，分析子代健康水平影响因素发现，父代健康水平正向影响子代健康，且父代对子代健康投资不足容易造成贫困循环，拉大城乡健康水平差距。对此提出改善农村人口尤其是农民工的工作环境以提高其健康水平、普及家庭健康教育知识、提高父母的健康教育水平、减少职业隔离尤其改善女性就业环境以及建立完善的医疗保险体系的政策建议。

第一节 引 言

我国经济发展不平衡带来了社会公平问题，东西部之间城乡之间的收入差距、健康和教育水平差距逐渐增加。而代际收入流动性则成为衡量我国社会公平和效率的一个不可或缺的指标。默里等（2018）认为，代际收入流动性的增强不但能够缩小社会贫富差距，而且能鼓励人们通过劳动和对自身的投资打破固化阶级，获得更高的收入。影响代际收入流动性的因素有很多，本书选择站在健康人力资本角度分析健康的代际传递对代际收入流动性的影响。因为健康是一个人生存的基本要求，同时健康作为人力资本的一个重要部分，对提高个人生产能力，增加个人收入产生很大的影响。伦堡等（2018）认为，健康资本的代际传递机制除了基因的遗传之外，还可能通过收入传递，父代对子代的健康投资进行传递。如果收入传递机制存在，则证明人们对健康的投资会降低代际收入弹性，提高流动性，这对促进社会公平正义有着重要的意义。另外，通过研究代际收入的流动性能够反映我国社会平等程度，了解城乡之间收入差距。通过研究健康代际传递对代际收入流动性的影响，能够寻找缩小差距促进公平的方法，为我国公共卫生政策、收入分配政策提供良好的建议。对健康影响因素的分析能够为政府拓宽健康投资的思路，实现社会公平正义。

代际流动性反映了社会资源分配的公平性。学者一般通过研究两代人的社会资本、人力资本、财富等方面测度社会的流动性，而对代际收入流动性的研究始于贝克尔和托姆斯。他们从家庭效应最大化的角度认为父母不仅通过禀赋遗传对子女收入产生影响，而且通过决定对子女的人力资本投资水平间接影响孩子的收入水平。人力资本包括两方面，一方面是教育，另一方面是健康，龙翠红、王潇（2014）认为教育对代际收入流动的影响程度大于健康和社会资本，因为健康更多影响的是农民的生产率从而影响农民的收入，在城镇其影响程度就大大降低。而程名望、金彦宏、盖庆恩等（2014）得出相反的结论，他们认为健康和教育人力资本对增加农户收入有显著促进作用，并且健康效应比教育更加显著，尤其是农村贫困户的健康水平增加，对其增收的正向作用更明显。

国内很多学者通过微观数据研究了教育在代际收入流动中的促进作用。如邹薇、马占利（2012）和严斌剑（2019）认为，我国的代际收入流动性低主要是低收入群体阶级固化，代际收入弹性高造成的。通过劳动力的迁移和增加教育能够降低代际收入弹性，增加社会流动性，尤其对于那些处于低教育群体的人。但是关于健康的资本的代际传递，学者们却持有不同的观点。洪秋妹（2014）和邓力源等（2018）认为，健康人力资本的代际流动能够促进代际流动功能。健康资本的代际传递关系应该是双向互惠关系，除了父亲健康代际传递给子代，子代又会对父代产生自下而上的代际支持。刘国恩、威廉、傅正泓等（2004）认为，健康水平的提高会增加一个人的劳动时间，获得更高的收入；另外，健康水平高的人会更倾向于增加对教育的投资，从而间接提高收入。健康对农村户籍影响更大，因为农业生产需要更多的体力劳动，需要更加健康的身体支撑。但齐良书、李子奈（2011）研究发现，我国的高收入人群其健康状况受到更大的损失，作者认为主要原因是高收入人群普遍存在不健康的生活方式。齐良书（2006）指出，社会经济地位低的人要想获得更高的收入，只能从健康方面付出代价，健康和收入呈现负向的关系。这样的后果是更容易受到健康的冲击，造成健康不平等问题。他认为要改善农村基础设施完善医疗保障，消除城乡分割带来的资源差异。针对以上不同的观点，栾斌、杨俊

（2015）通过面板数据的回归发现中国农村居民的健康和收入关系并不是单一的正向关系，而是存在库兹涅茨效应，随着收入的增加，健康人力资本会出现先下降再上升的趋势。这主要是因为，当居民的收入水平处于低水平下，对教育投资的回报率大于对健康的投资回报率，只有当居民的收入持续增加，教育投资的边际回报率下降时，居民才会增加对健康的投资。值得注意的是增加健康人力资本的投资会增加健康水平，但是健康人力资本投资过高会抑制对健康资本的进一步投资。也就是说根据样本的不同来源，得到的结果也存在着差异，健康对于收入的影响可能会同时存在正向的促进和负向的影响。

目前，对于健康资本在代际之间的传递机制的研究很少。除了最直接的父代的基因遗传路径，孙昂、姚洋（2006）认为，健康水平的代际传递思路是健康水平下降会导致容易受到疾病的冲击，从而减少对子女的教育投资，间接影响子女的收入水平，而且这种影响对处于低教育水平的人群更明显。洪秋妹（2014）则认为，健康状况下降导致医疗费用支出增加，减少对子女的营养和教育投资，从而降低子女健康、教育人力资本的投资，减少子代预期收入。周广肃、樊纲、申广军（2014）认为，父代通过增加对子代的资本投资来影响子代收入，资本对健康的投资，主要通过增加获得医疗保障途径和保健行为实现的，缓解收入差距。因此学者对健康代际传递的路径总结为：第一，遗传路径，即靠基因直接遗传给子代；第二，收入路径，即通过增加教育投资或健康投资以增加子代健康，从而增加子代收入。

不同的性别和户籍下子代健康的影响因素也不同。叶茜红、孙盼弟（2015）专门研究了母亲的教育水平和职业类型会影响子代的健康，其中母亲的健康水平越高，收入越高，规范的生活习惯会显著提升子代的健康水平，但是母亲的教育程度也可能会通过不同的职业类型对子代的健康状况产生负向影响，因为，女性的工作中会遭受更加激烈的竞争，工作时间越长照顾子代的时间越短。杨玉萍（2014）认为，对低收入人群而言，健康对收入的促进作用更明显，农村户籍健康资本的收入回报高于城镇。

通过对已有文献研究的梳理，发现学者大多研究的是横向的健康和收入的关系，而且对健康对收入的关系并不确定，尤其在截面数据下根据样本的不同会存在相异的结论；很少有学者研究健康的代际传递，很多学者只是测算了代际收入的弹性，并没有指出健康在代际收入流动中的影响机制，即使少数学者指出了健康和收入传递机制的关系，但没有给出详细的计量模型。此外，学者并没有全面分析城镇乡村之间，父亲母亲之间，不同亲子关系之间代际流动性的差异，分析使用的样本比较单一。

第二节　理论框架和计量模型

一、理论框架

为了研究代际传递对收入流动性的影响，需要回顾前人的理论以此为依据进行寻找相关内容做模型研究。本章要研究主要内容涉及两个重要理论：

第一，代际流动人力资本理论。贝克尔和托姆斯基于人力资本理论，提出了研究代际收入问题，即父辈与子辈之间收入关系的理论模型。考虑到家庭效用最大化原则，父母的收入有两种分配，一是用于自身消费，二是用于投资子女以改善他们的人力资本，在预算约束的条件下在二者之间进行合理分配，从而实现家庭效用最大化目标。同时，子女也可以通过继承父母的禀赋获得先赋性优势，改善自己收入水平。在阐述模型之前，有必要提出该理论涉及的两个假设前提：一是资本流动不受限，资本市场是完善市场。父母可以通过资本市场进行融资等方式来进行人力资本投资；二是学习能力强弱直接影响子女获得的人力资本投资数额。学习能力强的孩子会得到更多的人力资本投资。模型中，投资倾向、遗传禀赋和财富积累等因素共同决定子女收入状况。资本市场完善条件下，父辈可以通过借贷来增加对子女的投资。而不完善市场条件下对子女人力资本投资规模就会受限。

第二，健康需求理论。格罗斯曼在1972年根据人力资本理论相关内容，建立了健康需求理论。健康给人带来效用水平，主要体现在以下两种路径：一是健康作为一种消费品，直接增加了消费者效用水平。二是将健康看作投资品，视为能带来效益的资本，它通过生产过程给消费者带来效用的满足。在市场信息完全条件下，消费者根据健康生产函数得到均衡解，确定健康需求模型。往后的学者在此基础上继续相关研究，完善了健康需求模型，并进行了相应的实证分析，通过对假设条件的改变与扩展丰富了模型内容。与贝克尔健康需求模型不同，格罗斯曼认为，消费者在某一时点的选择同时影响着当期与未来效用。因此，他考虑了消费者终身效用状况，并联系家庭生产函数，分析对健康的投资数量。此外，在影响消费者健康生产函数的诸多要素中，受教育程度占据最重要的地位，它将影响健康生产效率。

二、计量模型

本书在贝克尔和托姆斯的理论基础上，基于数据特点和研究目的，进一步拓展构建本研究所需的实证分析模型，通过实证测算代际收入弹性，进而反映代际之间收入的流动性。具体体现为，代际弹性越高，代际流动性越弱。基本回归模型为：

$$\ln y_{it} = \beta \ln y_{0t} + \varepsilon_t \qquad (5-1)$$

式（5-1）中，y_{it}、y_{0t} 分别表示 i 家庭子女和父代的永久性收入，β 为代际收入弹性，取值范围为 $\beta \in [0, 1]$；β 值越大，代际流动性越弱。由于本文采用的是截面数据，会导致估计出的 β 有误差，为降低模型的估计误差，本文运用收入均值法，增加年龄以及年龄的平方变量，修正后的模型为：

$$\ln y_{it} = \alpha + \beta \ln y_{0t} + \beta_1 age0_{it} + \beta_2 age0_{it}^2 + \beta_3 age1_{it} + \beta_4 age1_{it}^2 + \varepsilon_t \qquad (5-2)$$

式（5-2）中，y_{it} 是家庭子女在 t 年的收入，y_{0t} 表示父代在 t 年的收入，$age0_{it}$ 表示在 t 时间点父代的年龄，$age1_{it}$ 是子代的年龄变量，ε_t 为模型中的随机扰动项。

鉴于本书考察健康人力资本对代际流动性的影响，故需要在修正模型中加入健康人力资本，以及控制变量组 X：

$$\begin{aligned}\ln y_{it} = {}& \alpha + \beta \ln y_{0t} + \beta_1 age0_{it} + \beta_2 age0_{it}^2 + \beta_3 age1_{it} + \beta_4 age1_{it}^2 \\ & + \beta_5 health1_{it} + \beta_6 X_{it} + \varepsilon_t\end{aligned} \qquad (5-3)$$

式（5-3）中，$health1_{it}$ 是子代的健康水平，X 是子代个人特质的控制变量，包括子代户口，性别，教育水平，工种等。作为基础模型，并没有考虑健康人力资本的直接传导，所以用 OLS 进行估计。

联立方程模型便于研究分析经济变量之间的复杂关系，能够更全面地反映经济事实。本书引入健康人力资本的代际传递，并观察其对于子女收入的影响，方程为：

$$\begin{cases}\ln y_{1it} = \beta_1 \ln y_{0it} + \beta_2 health_{1it} + \beta_3 X_{1it} + \varepsilon_t \\ health_{1it} = \alpha_0 + \alpha_1 health_{0it} + \alpha_2 \ln y_{0it} + \alpha_3 X_{1it} + \mu_i\end{cases} \qquad (5-4)$$

父亲的健康水平和收入水平会影响子代的健康水平，从而间接影响子代的收入。对联立方程的估计方法为两阶段最小二乘法（2SLS）。

为进一步检验父代对子女健康水平的影响因素，更深入了解父代对子女的健康投资，需要以子女健康水平为因变量，将父代收入、健康，以及其他个体特征作为解释变量进行回归有序 probit 模型回归。具体表达方式如下：

$$health1 = \lambda Z + \mu \qquad (5-5)$$

式（5-5）中，Z 是解释变量组成的向量组，具体包括父代的性别、年龄、教育水平、年收入、健康状况和职业类型等变量。λ 是各变量的待估系数，μ 表示随机误差项。设 v_1、v_2、v_3、v_4、v_5 为分界点，且 $v_1 < v_2 < v_3 < v_4 < v_5$。则：

$$health1 = \begin{cases} 1, & health_1 \leqslant v_1 \\ 2, & v_1 < health_1 < v_2 \\ 3, & v_2 < health_1 < v_3 \\ 4, & v_3 < health_1 < v_4 \\ 5, & v_4 < health_1 < v_5 \end{cases} \qquad (5-6)$$

第三节　健康人力资本代际传递影响收入流动性实证分析

一、研究假设

父辈对于子女健康人力资本的影响路径有两条。第一是基因路径，健康水平高的父辈更有可能通过生物学的基因遗传，实现代际健康传递；第二是收入路径，健康水平高的父辈会获得较高的收入，从而增加对子代的健康投资，提高子代的健康人力资本积累。无论哪种路径，都是通过提高子代的健康人力资本，间接影响子女的工作和收入水平。把健康代际传递因素考虑到代际收入弹性的分析模型中，可能会在一定程度上提高代际收入弹性，进而降低代际收入流动性。

另外，鉴于我国现行的城乡二元户籍制度，文章将划分城镇和农村两个子样本来考察健康人力资本的传递对于收入流动性的影响差异。我国城乡户籍的划分导致城镇居民和农村居民在享受到的医疗和就业等资源方面存在很大的差距，一般来说城镇居民的就业机会更多，得到的收入要高于农村家庭；相比较农村居民来说城镇居民有良好的医疗环境，对于健康投资的途径可及性更高，城镇户籍的子代有更多的机会获得比父代更多的收入。因此，农村地区的代际流动性可能要比城镇地区低。

由于我国传统的家庭观念中父亲和母亲在家庭角色存在差异，文章划分了父亲和母亲的子样本来考察健康人力资本的传递对于收入流动性的影响是否存在差异。一般情况下父亲的收入为家庭的主要来源，其对子代的收入流动性影响程度大于母亲。

子女的健康水平受父母的诸多因素影响。健康水平高的父辈有更多的机会获得高收入，通过增加对子代的健康投资提高子代的健康水平；或者直接通过遗传的方式，健康程度高的父母更可能养育健康的子代。

因此，本章的假设为：

假设 1：健康人力资本的代际传递显著影响收入流动性。

假设 2：农村群体的代际收入弹性要高于城镇。

假设 3：父亲对于子代的代际收入流动性影响要高于母亲。

假设 4：子女的健康水平受到父母健康水平的显著影响，且父母的健康水平越高，影响程度越大。

二、数据来源以及描述性统计

本章数据来源于安徽财经大学中国城乡发展公共政策研究所组织的实地调查。问卷调查在安徽省、甘肃省、山东省等 6 个省市开展，这 6 个省份分别属于中部、东部以及西部地区，具有很好的代表性。调查对象为 45~60 岁人群，调查方法为随机调查。调查发放 2200 份问卷，共回收问卷 2137 份，由于统计误差等原因，文章剔除异常和含有缺失值的样本；同时为平滑数据，对父亲收入取对数。最终得到的有效问卷为 2095 份，有效率为 95.23%。

表 5-1 是全样本下本章主要变量的描述性统计。在调查的对象中，子代和父代中男性的比例高于女性，农村户籍的人群多于城镇户籍，婚姻状态已婚和未婚约各占一半。就收入水平而言，子代的年平均收入水平为 54124.03 元，高于父代的年平均收入水平 46170.71 元，差距较大。从受教育程度来看，子代受到大专及以上教育水平的比重为 44.73%，占比最重，而父代 40.29% 的人群受到的是低水平的教育。从职业类型上比较，子代从事的工作中比例最大的为商业服务人员，为 33.02%，父代从事的工作多为农林牧渔水利生产人员，比例为 34.77%，说明子代的职业等级要比父代高。健康状况方面，子代的平均健康水平和父代的健康水平差距不大，平均健康水平都处于良好状态。

表 5-1   本章变量的描述性统计

变量	定义	均值	标准差	最小值	最大值
子女					
年收入	子女的年收入（元/年）	54124.0300	50078.9700	1000	750000
年收入对数	对子女的年收入取对数（元/年）	10.6557	0.6950	7	14
年龄	子女的年龄	27.2709	6.7049	18	45

变量	定义	均值	标准差	最小值	最大值
子代教育低水平	初中及初中水平以下为1，其余为0	0.1992	0.3996	0	1
子代教育中等水平	高中水平和中专水平为1，其余为0	0.3534	0.4782	0	1
子代教育高水平	大专及以上水平为1，其余为0	0.4473	0.4974	0	1
性别	子女的性别为男性赋值为1，女性为0	0.5527	0.4974	0	1
子代健康状况	健康状况很好赋值为1，好赋值为2，良好赋值为3，一般赋值为4，不好赋值为5	1.8160	0.8518	1	5
职业国家机关、党群组织、企业、事业单位负责人	子代职业国家机关、党群组织、企业、事业单位负责人为1，其余为0	0.1105	0.3136	0	1
职业专业技术人员	子代职业专业技术人员为1，其余为0	0.2305	0.4213	0	1
职业为办事员和有关人员	子代职业为办事员和有关人员为1，其余为0	0.1619	0.3685	0	1
职业为商业、服务人员	子代职业为商业、服务人员为1，其余为0	0.3302	0.4704	0	1
职业为农林牧渔水利生产人员	子代职业为农林牧渔水利生产人员为1，其余为0	0.0787	0.2694	0	1
生产设备操作人员及有关人员	子代职业为生产运输设备操作人员及有关人员为1，其余为0	0.0546	0.2273	0	1
户口类型	子女户口为城镇户口赋值为1，农村户口赋值为0	0.3733	0.4716	0	1
婚姻状况	子女已婚赋值为1，未婚、离婚赋值为0	0.5298	0.4993	0	1

变量	定义	均值	标准差	最小值	最大值
父代					
年收入	父代的收入（元/年）	46170.7100	54128.3000	1	1000000
年收入对数	对父代的年收入取对数（元/年）	10.2337	1.6914	0	14
年龄	父代的年龄	51.3135	4.4202	45	60
教育低水平	初中及初中水平以下为1，其余为0	0.4029	0.4906	0	1
教育中等水平	高中水平和中专水平为1，其余为0	0.2557	0.4364	0	1
教育高水平	大专及以上水平为1，其余为0	0.3420	0.4745	0	1
父代性别	男性为1，女性为0	0.6802	0.4839	0	1
职业国家机关、党群组织、企业、事业单位负责人	父代职业国家机关、党群组织、企业、事业单位负责人为1，其余为0	0.1060	0.3079	0	1
职业专业技术人员	父代职业专业技术人员为1，其余为0	0.0793	0.2703	0	1
职业为办事员和有关人员	父代职业为办事员和有关人员为1，其余为0	0.0742	0.2622	0	1
职业为商业、服务人员	父代职业为商业、服务人员为1，其余为0	0.2468	0.4313	0	1
职业为农林牧渔水利生产人员	父代职业为农林牧渔水利生产人员为1，其余为0	0.3477	0.4764	0	1
生产设备操作人员及有关人员	父代职业为生产运输设备操作人员及有关人员为1，其余为0	0.1459	0.3532	0	1
健康状况很好	父代健康状况很好为1，其余为0	0.2202	0.4145		1
健康状况好	父代健康状况好为1，其余为0	0.2862	0.4521	0	1
健康状况一般	父代健康状况良好为1，其余为0	0.3008	0.4587		1
健康状况差	父代健康状况一般和很差都为1，其余为0	0.1929	0.3947	0	1

表 5-2 是分样本下本章变量的描述性统计，依据子女的户籍类型分为城镇和农村两个子样本进行比较。从收入来看，农村子女的收入为46676.20 元，要明显低于城镇子女 65660.37 元，差距约为 2 万元，而父辈的差距为 17000 元左右，说明城乡收入差距在增加。从教育程度来看，无论是平均受教育水平还是高等教育水平的比例，农村子女都要低于城镇子女，但是纵向比较来看，农村子代的教育水平较之父辈有了明显的增加。从健康水平上看，农村子女的健康水平略低于城镇子女，但高于父辈；农村子女从事的职业等级总体水平要比城镇子女低，尤其是国家机关人员、党群组织人员的比例比城镇低约50%。其他如子代性别，子代婚姻状况等并无太大城乡区别。

表 5-2   分样本下本章变量的描述性统计

变量	农村		城镇	
	均值	标准差	均值	标准差
子代收入	46676.2000	40598.2000	65660.3700	60190.1700
子代收入（对数）	10.5153	0.6867	10.8886	0.5997
子代年龄	26.8426	4.5719	28.0268	9.1647
子代教育水平—低	0.2141	0.4104	0.1706	0.3764
子代教育水平—中	0.3565	0.4792	0.3512	0.4777
子代教育水平—高	0.4293	0.4952	0.4783	0.4999
子代性别	0.5567	0.4970	0.5418	0.4987
子代健康	1.9122	0.8887	1.6789	0.7834
子代职业为国家机关、党群组织、企业、事业单位负责人	0.0965	0.2954	0.1304	0.3371
子代职业为专业技术人员	0.2401	0.4274	0.2174	0.4128
子代职业为办事人员和有关人员	0.1350	0.3420	0.2074	0.4058
子代职业为商业、服务人员	0.3494	0.4770	0.3027	0.4598
子代职业为农林牧渔水利生产人员	0.0857	0.2801	0.0669	0.2500
子代职业为生产设备操作人员及有关人员	0.0525	0.2232	0.0518	0.2219
子代婚姻状况	1.4914	0.5414	1.4799	0.5165
父代收入	39178.9300	44146.7800	56304.1900	63871.0200
父代收入对数	10.0228	1.8455	10.5380	1.4171

变量	农村		城镇	
	均值	标准差	均值	标准差
父代年龄	50.8747	4.4927	52.0067	4.2117
父代教育水平—低	0.4368	0.4963	0.3445	0.4756
父代教育水平—中	0.2120	0.4089	0.3244	0.4685
父代教育水平—高	0.3512	0.4776	0.3311	0.4710
父代性别	0.7013	0.4808	0.6438	0.4896
父代职业为国家机关、党群组织、企业、事业单位负责人	0.0760	0.2652	0.1589	0.3659
父代职业为专业技术人员	0.0782	0.2686	0.0786	0.2693
父代职业为办事人员和有关人员	0.0610	0.2395	0.0936	0.2916
父代职业为商业、服务人员	0.2452	0.4304	0.2475	0.4319
父代职业为农林牧渔水利生产人员	0.3876	0.4875	0.2843	0.4514
父代职业为生产设备操作人员及有关人员	0.1520	0.3592	0.1371	0.3443
父代健康状况很好	0.2013	0.4012	0.2425	0.4289
父代健康状况好	0.2752	0.4468	0.2993	0.4583
父代健康状况一般	0.3180	0.4659	0.2776	0.4482
父代健康状况差	0.2056	0.4043	0.1806	0.3850

三、实证结果与分析

(一) 基本回归模型的估计结果

对方程 5-3 的 OLS 估计结果如表 5-3 所示。模型 1 显示全样本下的代际弹性为 0.0662，即当父亲的收入每增加 1%，子女收入会增加 0.0662%。模型 2 加入了子代的基本控制变量后发现，代际弹性下降为 0.0574。在模型 3 加入健康人力资本后，发现其对于子代收入的影响不显著，而且测算的代际弹性与模型 2 相比改变不大。这与预期的结果相去甚远。为检验该回归结果，将全样本分为城镇和农村两个子样本进行回归，结果如表 5-4 所示。表 5-4 中当以农村为子样本回归后出现了与全样本不同的结果。在农村子样本下，子代的健康水平会对子代收入水平产生显著影响，农村子代的健康水平越低，收入水平越高。这有可能与子代的职业有关，根据描述性统计发现，农村子女的职业等级低，主要从事农业、工业等工作环境差的职业，以牺牲健康获取更高的收入。当以城镇为子样本进行考察时，健康水平对于子代的收入并不产生显著性影响。而且通过比较两个子样本的代际弹性会发现，城镇的代际收入弹性为 0.0981，远高于农村的 0.0383，说明城镇的代际流动性要低于农村。这可能是因为现在更多农村的劳动力向城镇转移，获得更多的就业机会，得到比父辈更高的收入所造成。

表 5 – 3　　全样本下子代收入的代际弹性 OLS 估计模型回归结果

自变量	基本模型		拓展模型		拓展模型	
	(1)		(2)		(3)	
	系数值	P 值	系数值	P 值	系数值	P 值
父代收入（对数）	0.0662 *** (0.0099)	0.0000	0.0574 *** (0.0098)	0.0000	0.0579 *** (0.0099)	0.0000
子代年龄	0.0350 *** (0.0078)	0.0000	0.0390 *** (0.0084)	0.0000	0.0391 *** (0.0084)	0.0000
父代年龄	0.4726 *** (0.0908)	0.0000	0.4320 *** (0.0921)	0.0000	0.4356 *** (0.0924)	0.0000
子代年龄平方	− 0.0001 *** (0.0000)	0.0000	− 0.0002 *** (0.0000)	0.0000	− 0.0002 *** (0.0000)	0.0000
父代年龄平方	− 0.0043 *** (0.0009)	0.0000	− 0.0040 *** (0.0009)	0.0000	− 0.0040 *** (0.0009)	0.0000
子代性别			0.0552 * (0.0330)	0.0940	0.0568 * (0.0332)	0.0870
子代户口			0.1856 *** (0.0303)	0.0000	0.1874 *** (0.0305)	0.0000
对照组：子代教育水平—低						
子代教育水平—中			− 0.0297 (0.0473)	0.5300	− 0.0310 (0.0474)	0.5130

自变量	基本模型 (1)		拓展模型 (2)		拓展模型 (3)	
	系数值	P 值	系数值	P 值	系数值	P 值
子代教育水平—高			0.0275 (0.0508)	0.5880	0.0275 (0.0508)	0.5890
对照组：子代职业为国家机关、党群组织、企业、事业单位负责人						
子代职业为专业技术人员			−0.0712 (0.0794)	0.3700	−0.0746 (0.0798)	0.3500
子代职业为办事员和有关人员			−0.1085 (0.0685)	0.1130	−0.1137 (0.0693)	0.1010
子代职业为商业、服务人员			−0.0496 (0.0724)	0.4940	−0.0546 (0.0732)	0.4560
子代职业为农林牧渔水利生产人员			−0.0827 (0.0630)	0.1900	−0.0884 (0.0641)	0.1680
子代职业为生产设备操作人员及有关人员			−0.1934 ** (0.0801)	0.0160	−0.1990 ** (0.0810)	0.0140
子代婚姻状况			0.0464 (0.0368)	0.2080	0.0466 (0.0368)	0.2060
子代健康					0.0097 (0.0202)	0.6300
常数项	−3.6801 (2.3607)	0.1190	−2.8342 (2.4140)	0.2410	−2.9413 (2.4248)	0.2250
Prob > F	0.0000		0.0000		0.0000	
Adj R-squared	0.1202		0.1478		0.1497	

注：*、**、***分别表示在 10%、5% 和 1% 的水平下显著。

表5−4　　分样本子代收入的代际弹性 OLS 估计模型回归结果

自变量	农村		城镇	
	系数值	P 值	系数值	P 值
父代年龄	−0.0346 (0.1394)	0.8040	0.31828 ** (0.1357)	0.0190
父代年龄平方	0.0005 (0.0013)	0.6860	−0.0029 ** (0.0013)	0.0240

自变量	农村		城镇	
	系数值	P 值	系数值	P 值
子代年龄	0.3099 *** (0.0491)	0.0000	0.0615 *** (0.0123)	0.0000
子代年龄平方	−0.0051 *** (0.0009)	0.0000	−0.0002 *** (0.0001)	0.0000
父代收入（对数）	0.0383 *** (0.0117)	0.0010	0.0981 *** (0.0166)	0.0000
子代性别	0.0728 * (0.0436)	0.0960	0.0361 (0.0459)	0.4320
子代教育水平—中	−0.0098 (0.0606)	0.8710	−0.0426 (0.0694)	0.5400
子代教育水平—高	0.0257 (0.0667)	0.7000	0.0151 (0.0719)	0.8330
子代职业为专业技术人员	−0.2671 ** (0.1075)	0.0130	0.2942 *** (0.1095)	0.0070
子代职业为办事员和有关人员	−0.2438 *** (0.0894)	0.0070	0.2074 ** (0.1000)	0.0390
子代职业为商业、服务人员	−0.1680 * (0.0972)	0.0840	0.1936 * (0.1015)	0.0570
子代职业为农林牧渔水利生产人员	−0.2074 (0.0817)	0.0110	0.2192 ** (0.0945)	0.0210
子代职业为生产设备操作人员及有关人员	−0.3468 *** (0.1024)	0.0010	0.2443 ** (0.1208)	0.0440
子代婚姻状况	0.0677 (0.0479)	0.1580	0.0215 (0.0530)	0.6850
子代健康	0.0553 ** (0.0252)	0.0290	−0.0463 (0.0305)	0.1300
常数项	5.9043 (3.3325)	0.0770	−0.3988 (3.5768)	0.9110
Prob > F	0.0000		0.0000	
Adj R-squared	0.1239		0.1901	

注：*、**、*** 分别表示在 10%、5% 和 1% 的水平下显著。

为进一步检验，将样本分为母亲和父亲两个子样本进行回归，得到的结果如表 5 - 5 和表 5 - 6 所示，发现子样本为父亲时的代际收入弹性为 0.2725，远高于全样本的测算结果。另外，可以发现在加入健康水平自变量后，代际弹性降低了 1.40%，说明健康人力资本的代际传递效应降低了代际收入弹性。相反，表 5 - 6 显示母亲的收入对子女收入的影响并不显著。这证明了，父亲对子代收入的影响要远远高于母亲。另外，表 5 - 5 中显示，子代的健康水平会影响子代的收入，即子代的健康水平越低，其收入越高，与前面的农村子样本结论一致。

表 5 - 5　　父亲子样本下子代收入影响因素 OLS 模型回归结果

自变量	(1)		(2)		(3)	
	系数值	P 值	系数值	P 值	系数值	P 值
父代年龄	0.0262 (0.1195)	0.8270	0.0606 (0.1202)	0.6140	0.0649 (0.1200)	0.5890
父代年龄平方	0.0001 (0.0012)	0.9580	− 0.0003 (0.0012)	0.7900	− 0.0004 (0.0012)	0.7510
子代年龄	0.2474 *** (0.0428)	0.0000	0.2756 *** (0.0441)	0.0000	0.2820 *** (0.0441)	0.0000
子代年龄平方	− 0.0039 ** (0.0007)	0.0000	− 0.0043 *** (0.0008)	0.0000	− 0.0044 (0.0008)	0.0000
父代收入（对数）	0.2865 *** (0.0219)	0.0000	0.2672 *** (0.0224)	0.0000	0.2725 *** (0.0224)	0.0000
子代性别			0.0400 (0.0372)	0.2830	0.0483 (0.0374)	0.1960
子代户口			0.1208 *** (0.0343)	0.0000	0.1263 *** (0.0343)	0.0000
对照组：子代教育水平—低						
子代教育水平—中			− 0.0820 (0.0519)	0.1150	− 0.0932 * (0.0521)	0.0740
子代教育水平—高			− 0.1053 * (0.0561)	0.0610	− 0.1086 * (0.0560)	0.0530
对照组：子代职业为国家机关、党群组织、企业、事业单位负责人						

自变量	(1)		(2)		(3)	
	系数值	P 值	系数值	P 值	系数值	P 值
子代职业为专业技术人员			0.0679 (0.0902)	0.4520	0.0282 (0.0919)	0.7590
子代职业为办事员和有关人员			0.0125 (0.0801)	0.8760	−0.0342 (0.0827)	0.6800
子代职业为商业、服务人员			0.0586 (0.0844)	0.4880	0.0118 (0.0869)	0.8920
子代职业为农林牧渔水利生产人员			0.0276 (0.0732)	0.7070	−0.0238 (0.0767)	0.7570
子代职业为生产设备操作人员及有关人员			0.1189 (0.0897)	0.1850	0.0697 (0.0923)	0.4500
子代婚姻状况			0.0843 ** (0.0426)	0.0480	0.0835 ** (0.0425)	0.0500
子代健康					0.0515 ** (0.0234)	0.0280
常数项	2.3606 (2.8437)	0.4070	1.0038 (2.8922)	0.7290	0.7425 (2.8894)	0.7970
Prob > F	0.0000		0.0000		0.0000	
Adj R-squared	0.2403		0.2592		0.2626	

注：*、**、*** 分别表示在10%、5%和1%的水平下显著。

表 5 - 6　　　母亲子样本下子代收入影响因素 OLS 模型回归结果

自变量	(1)		(2)		(3)	
	系数	P 值	系数	P 值	系数	P 值
母亲年龄	0.5249 *** (0.1657)	0.0020	0.4548 *** (0.1575)	0.0040	0.4413 *** (0.1580)	0.0050
母亲年龄平方	−0.0049 *** (0.0016)	0.0020	−0.0042 *** (0.0015)	0.0060	−0.0040 *** (0.0015)	0.0080
子代年龄	0.0381 *** (0.0140)	0.0070	0.0308 ** (0.0146)	0.0350	0.0292 ** (0.0146)	0.0460
子代年龄平方	−0.0001 ** (0.0001)	0.0150	−0.0001 ** (0.0001)	0.0500	−0.0001 * (0.0001)	0.0640

自变量	（1）		（2）		（3）	
	系数	P 值	系数	P 值	系数	P 值
母亲收入（对数）	0.0331 ***	0.0050	0.0162 (0.0111)	0.1450	0.0148 (0.0112)	0.1840
子代性别			0.1487 ** (0.0580)	0.0110	0.1422 ** (0.0583)	0.0150
子代户口			0.1060 * (0.0551)	0.0550	0.0965 * (0.0558)	0.0850
子代教育水平—中			0.0251 (0.0878)	0.7750	0.0228 (0.0878)	0.7950
子代教育水平—高			0.2762 *** (0.0947)	0.0040	0.2703 *** (0.0949)	0.0050
子代职业为专业技术 人员			− 0.1734 (0.1383)	0.2110	− 0.1847 (0.1387)	0.1840
子代职业为办事员和有 关人员			− 0.1758 (0.1096)	0.1090	− 0.1777 (0.1096)	0.1050
子代职业为商业、服务 人员			− 0.1586 (0.1168)	0.1750	− 0.1592 (0.1168)	0.1730
子代职业为农林牧渔水 利生产人员			− 0.1395 (0.1029)	0.1760	− 0.1431 (0.1029)	0.1650
子代职业为生产设备操 作人员及有关人员			− 0.9476 *** (0.1449)	0.0000	− 0.9487 *** (0.1449)	0.0000
子代婚姻状况			− 0.0868 (0.0633)	0.1710	− 0.0895 (0.0633)	0.1580
子代健康					− 0.0376 (0.0347)	0.2800
常数项	− 4.5450 (4.2821)	0.2890	− 2.5088 (4.1034)	0.5410	− 2.0445 (4.1250)	0.6200

注：* 、** 、*** 分别表示在 10% 、5% 和 1% 的水平下显著。

（二）联立方程回归结果

为检测健康人力资本直接传递机制，通过联立方程，采用 2SLS 估计方法，得到结果如表 5 - 7 所示。从健康传递方程来看，父代的健康正向影响子代的健康水平，父亲的健康程度每增加 1% ，子代的健康程度会增加 0.6021%，这说明父代的健康通过遗传的方式正向影响子代的健康，但是父代的收入并不显著影响子代的健康，否定了收入传递的路径。这一点从收入传递方程也能看出，其测算出的代际传递弹性为 0.0594，与基础模型表 5-3 拓展模型 3 得到的 0.0579 几乎没有差距，说明基础模型并没有低估代际弹性。为进一步检验该结论的稳定性，对联立方程进行豪斯曼检验，得到的 P 值为 0.8，接受原假设，表明子代健康存在外生性，从而否定了收入传递的路径。说明接受本次调研的人群普遍缺少对子代的健康投资意识，父辈的收入即使得到提高但是并不会提高子代健康方面的投资。

表 5-7 联立方程 2SLS 回归结果

自变量	健康传递		收入传递	
	系数值	P 值	系数值	P 值
子代健康			0.0407 (0.0257)	0.1140
父代收入（对数）	-0.0033 (0.0078)	0.6750	0.0594*** (0.0099)	0.0000
父代年龄	-0.2756*** (0.0720)	0.0000	0.4470*** (0.0922)	0.0000
父代年龄平方	0.0027*** (0.0007)	0.0000	-0.0041*** (0.0009)	0.0000
子代年龄	-0.0122* (0.0066)	0.0640	0.0392*** (0.0084)	0.0000
子代年龄平方	0.0001* (0.0000)	0.0680	-0.0002*** (0.0000)	0.0000
对照组：子代职业为国家机关、党群组织、企业、事业单位负责人				
子代职业为专业技术人员	-0.0950 (0.0628)	0.1300	-0.0856 (0.0796)	0.2820
子代职业为办事员和有关人员	-0.0772 (0.0549)	0.1600	-0.1302* (0.0695)	0.0610
子代职业为商业、服务人员	-0.0907 (0.0579)	0.1180	-0.0706 (0.0733)	0.3350
子代职业为农林牧渔水利生产人员	-0.0582 (0.0510)	0.2540	-0.1064* (0.0645)	0.0990

自变量	健康传递		收入传递	
	系数值	P 值	系数值	P 值
子代职业为生产设备操作人员及有关人员	-0.0690 (0.0640)	0.2810	-0.2167*** (0.0811)	0.0080
子代婚姻状况	-0.0015 (0.0288)	0.9590	0.0470 (0.0367)	0.1990
子代性别	-0.0407 (0.0259)	0.1170	0.0619* (0.0331)	0.0610
子代户口	-0.0778*** (0.0238)	0.0010	0.1933*** (0.0306)	0.0000
对照组：子代教育水平—低				
子代教育水平—中	0.0053 (0.0371)	0.8870	-0.0352 (0.0472)	0.4560
子代教育水平—高	-0.0345 (0.0397)	0.3850	0.0274 (0.0506)	0.5880
父代健康	0.6021*** (0.0122)	0.0000		
常数项	7.7329 (1.8884)	0.0000	-3.2819 (2.4199)	0.1750
Prob > F	0.0000		0.0000	
Adj R-squared	0.6545		0.1494	

注：*、**、*** 分别表示在 10%、5% 和 1% 的水平下显著。

为分析不同样本下是否存在差异，将全样本分为城镇户籍和农村户籍观察，得到的结果如表 5-8 所示。在农村子样本下，父辈的健康水平对于子代健康有着正向影响，父辈健康程度每提高 1%，子代的健康程度将提高 0.6301%，这一比例比表 5-7 健康传递模型的全样本高出 0.028%。另外，从农村样本下得到的收入方程看，子代的健康影响子代的收入，系数值为 0.0862，要高于表 5-4 中农村基础模型中的 0.0553。此外，联立方程下的代际收入弹性为 0.0398，高于表 5-4 中农村基础模型测算的0.0383，但是差距也很小，为进一步证实基础模型是否低估代际收入弹性，对其进行豪斯曼检验，得到 P 值为 0.1128，接受原假设。也就是说基础模型与联立方程模型并不存在系统性误差，基础模型能够很好地解释，并没有降低代际弹性，因此农村子样本下的收入传递路径同样被否定。

表5-8　　分样本下联立方程 2SLS 回归结果

自变量	农村/健康传递 系数值	P值	农村/收入传递 系数值	P值	城镇/健康传递 系数值	P值	城镇/收入传递 系数值	P值
子代健康			0.0862*** (0.0317)	0.0060			-0.0416 (0.0392)	0.2890
父代收入（对数）	0.0054 (0.0094)	0.5680	0.0398*** (0.0117)	0.0010	-0.0107 (0.0144)	0.4570	0.0983*** (0.0164)	0.0000
父代年龄	-0.1828 (0.1114)	0.1010	-0.0294 (0.1383)	0.8310	-0.2380** (0.1176)	0.0440	0.3198** (0.1341)	0.0170
父代年龄平方	0.0019* (0.0011)	0.0840	0.0005 (0.0013)	0.7180	0.0023** (0.0011)	0.0440	-0.0029 (0.0013)	0.0220
子代年龄	-0.1175*** (0.0391)	0.0030	0.3162*** (0.0489)	0.0000	0.0063 (0.0107)	0.5550	0.0614*** (0.0121)	0.0000
子代年龄平方	0.0019*** (0.0007)	0.0070	-0.0052*** (0.0009)	0.0000	0.0000 (0.0000)	0.6230	-0.0002*** (0.0001)	0.0000
对照组：子代职业为国家机关、党群组织、企业、事业单位负责人								
子代职业为专业技术人员	-0.2264*** (0.0866)	0.0090	-0.2726 (0.1067)	0.0110	0.0390 (0.0956)	0.6840	0.2918*** (0.1087)	0.0070

自变量	农村/健康传递		农村/收入传递		城镇/健康传递		城镇/收入传递	
	系数值	P值	系数值	P值	系数值	P值	系数值	P值
子代职业为办事员和有关人员	-0.1056 (0.0724)	0.1450	-0.2580*** (0.0891)	0.0040	-0.0700 (0.0882)	0.4280	0.2050** (0.0995)	0.0390
子代职业为商业、服务人员	-0.1051 (0.0785)	0.1810	-0.1811* (0.0968)	0.0610	-0.0735 (0.0897)	0.4130	0.1909* (0.1012)	0.0590
子代职业为农林牧渔水利生产人员	-0.0792 (0.0663)	0.2330	-0.2235*** (0.0817)	0.0060	-0.0189 (0.0835)	0.8210	0.2163** (0.0945)	0.0220
子代职业为生产设备操作人员及有关人员	-0.1279 (0.0831)	0.1240	-0.3655*** (0.1023)	0.0000	-0.0067 (0.1056)	0.9490	0.2419** (0.1198)	0.0430
子代婚姻状况	-0.0480 (0.0383)	0.2100	0.0700 (0.0475)	0.1410	0.0575 (0.0460)	0.2120	0.0214 (0.0522)	0.6830
子代性别	-0.0118 (0.0349)	0.7360	0.0770* (0.0434)	0.0760	-0.0831** (0.0397)	0.0370	0.0370 (0.0456)	0.4170
对照组：子代教育水平—低								
子代教育水平—中	0.0000 (0.0485)	1.0000	-0.0147 (0.0602)	0.8070	0.0434 (0.0603)	0.4720	-0.0433 (0.0686)	0.5280

自变量	农村/健康传递		农村/收入传递		城镇/健康传递		城镇/收入传递	
	系数值	P值	系数值	P值	系数值	P值	系数值	P值
子代教育水平—高	-0.0066 (0.0535)	0.9020	0.0209 (0.0663)	0.7520	-0.0454 (0.0624)	0.4670	0.0158 (0.0710)	0.8240
父代健康	0.6301*** (0.0161)	0.0000	5.6464* (3.3104)	0.0880	0.5537*** (0.0191)	0.0000	-0.4435 (3.5369)	0.9000
常数项	6.6189 (2.6611)	0.0130			6.5020 (3.1003)	0.0360		
Prob > F	0.0000		0.0000		0.0000		0.0000	
Adjusted R-squared	0.6652		0.1224		0.6414		0.1901	

注: *、**、*** 分别表示在10%、5%和1%的水平下显著。

城镇子样本下，健康传递方程显示，子代的健康受到父代健康水平的显著影响，且每当父辈的健康水平提高 1%，子代的健康水平会提高0.5537%，这一比例要低于农村样本，也就是说，农村户籍的子代健康水平受到父辈的影响更大。但是与农村子样本不同的是城镇子样本下，子代的健康依然不显著影响子代的收入，城镇子样本下的代际收入弹性为0.0983，远远高于农村的 0.0398，但是纵向比较表 5 - 4 基础模型的0.0981，差距不大。通过豪斯曼检验得到 P 值为 0.854，进一步否定了健康人力资本的收入路径。

为考察在父亲和母亲的子样本下上述结论是否存在差异，将全样本再次分为父亲和母亲两类子样本进行回归，但由于在基础模型中，母亲子样本中，子女的收入不会受到母亲收入的影响，故联立方程模型只对父亲子样本做回归分析。得出结果如表 5 - 9 所示。从健康传递方程来看，子代的健康受到父亲健康水平的显著影响，且每当父亲的健康水平上升 1%，其子女的健康水平会提高 0.7081%，这一比例明显高于表 5 - 7 全样本的0.6021；但是子代的健康水平受到父亲收入的影响不显著。从收入传递方程来看，子代的健康显著影响子代的收入，健康水平越低，收入越高，这个结论与全样本下结论相同。在联立方程模型下，代际收入弹性为0.2736，几乎等同于父亲子样本下 OLS 模型测算的 0.2725，说明健康人力资本的代际传递使得代际收入弹性降低了 4.5%。为检验该结论是否成立，对其进行豪斯曼检验，结果显示 P 值为 0.6983，接受原假设，说明联立方程模型结果与基础模型回归结果并无系统性误差，也就是否定了健康人力资本的收入传递路径，这与之前的两个分样本结论一致。

表 5 - 9　　　　　　父亲子样本下联立方程模型 2SLS 回归结果

自变量	收入传递		健康传递	
	系数	P 值	系数	P 值
子代健康	0.0621 ** (0.0263)	0.0180		
父代年龄	0.0658 (0.1191)	0.5800	- 0.0650 (0.0742)	0.3810
父代年龄平方	- 0.0004 (0.0011)	0.7410	0.0006 (0.0007)	0.4130
子代年龄	0.2833 *** (0.0438)	0.0000	- 0.0585 ** (0.0272)	0.0320

自变量	收入传递		健康传递	
	系数	P 值	系数	P 值
子代年龄平方	−0.0044 *** (0.0008)	0.0000	0.0011 ** (0.0005)	0.0190
父代收入（对数）	0.2736 *** (0.0223)	0.0000	−0.0113 (0.0139)	0.4150
子代性别	0.0500 (0.0371)	0.1780	0.0202 (0.0232)	0.3840
子代户口	0.1275 *** (0.0341)	0.0000	0.0097 (0.0212)	0.6470
子代婚姻状况	0.0833 ** (0.0422)	0.0480	0.0188 (0.0263)	0.4740
对照组：子代教育水平—低				
子代教育水平—中	−0.0954 * (0.0517)	0.0650	0.0064 (0.0322)	0.8420
子代教育水平—高	−0.1093 ** (0.0556)	0.0490	−0.0358 (0.0347)	0.3020
对照组：子代职业为国家机关、党群组织、企业、事业单位负责人子代职业专业技术人员	0.0200 (0.0917)	0.8270	−0.2609 *** (0.0582)	0.0000
子代职业为办事员和有关人员	−0.0438 (0.0829)	0.5970	−0.2343 *** (0.0529)	0.0000
子代职业为商业、服务人员	0.0022 (0.0869)	0.9800	−0.2412 *** (0.0554)	0.0000
子代职业为农林牧渔水利生产人员	−0.0343 (0.0771)	0.6560	−0.2317 *** (0.0495)	0.0000
子代职业为生产设备操作人员及有关人员	0.0597 (0.0923)	0.5180	−0.2493 *** (0.0588)	0.0000
父代健康水平			0.7081 *** (0.0116)	0.0000

自变量	收入传递		健康传递	
	系数	P 值	系数	P 值
常数项	0.6889 (2.8673)	0.8100	2.9023 (1.7854)	0.1040
Prob > F	0.0000		0.0000	
Adj R-squared	0.2625		0.8195	

注：＊、＊＊、＊＊＊分别表示在 10%、5% 和 1% 的水平下显著。

为了解在父亲子样本下，城乡之间是否存在差距，将父亲子样本分为城镇和农村分样本计算结果如表 5-10 所示。从收入方程比较，父亲子样本下，城镇的代际收入弹性为 0.312，高于农村的 0.2419，说明在父亲子样本下，城镇的代际弹性也高于农村，即农村的代际流动性高于城镇，这与全样本下得到的结论一致。从健康传递方程来看，农村户籍子女的健康水平受到父亲健康水平的影响要高于城镇，当父亲的健康水平都提高 1% 时，农村子女的健康水平会提高 0.7263%，而城镇子女的健康水平会提高 0.6788%。与表 5-7 的全样本相比，父亲的影响程度比更高。这里的豪斯曼检验得出的 P 值为 0.7734 和 0.8780，同样否定了健康人力资本的收入传递路径。

综上所述，无论是全样本下，还是城镇农村分样本，或者父亲母亲子样本，都得出同一个结论，即健康人力资本的代际传递路径并没有通过收入路径，而是直接由遗传的方式影响子代健康和收入。也就是说，子代的健康水平与父亲的收入没有显著关系，是由于遗传因素，当父亲的健康水平越高通过基因等遗传给其子女，使得子女获得更高的健康水平，而且这一遗传程度在农村样本和父亲样本下更高。不同样本下，子代的健康对于子代收入的影响显著程度不同。在全样本下，子代的健康程度对子代收入水平的影响并不显著，而在农村子样本下和父亲子样本下子代的健康会负向影响子代收入。

表5-10

父亲子样本下分户籍联立方程2SLS回归结果

自变量	农村/收入传递		农村/健康传递		城镇/收入传递		城镇/健康传递	
	系数值	P值	系数值	P值	系数值	P值	系数值	P值
子代健康	0.0976*** (0.0328)	0.0030			-0.0128 (0.0399)	0.7480		
父代年龄	-0.0123 (0.1527)	0.9360	-0.0574 (0.0956)	0.5480	-0.1004 (0.1779)	0.5720	-0.1733 (0.1260)	0.1700
父代年龄平方	0.0004 (0.0015)	0.8080	0.0006 (0.0009)	0.5340	0.0011 (0.0017)	0.5320	0.0015 (0.0012)	0.2300
子代年龄	0.2659*** (0.0538)	0.0000	-0.0509 (0.0337)	0.1310	0.3308 (0.0706)	0.0000	-0.0299 (0.0499)	0.5500
子代年龄平方	-0.0043*** (0.0009)	0.0000	0.0009 (0.0006)	0.1190	-0.0049 (0.0012)	0.0000	0.0008 (0.0009)	0.3230
父代收入（对数）	0.2419*** (0.0270)	0.0000	0.0052 (0.0169)	0.7600	0.3120*** (0.0379)	0.0000	-0.0222 (0.0267)	0.4070
子代性别	0.0675 (0.0488)	0.1670	0.0275 (0.0306)	0.3700	0.0110 (0.0526)	0.8340	-0.0112 (0.0371)	0.7630

自变量	农村/收入传递		农村/健康传递		城镇/收入传递		城镇/健康传递	
	系数值	P值	系数值	P值	系数值	P值	系数值	P值
子代婚姻状况	0.0612 (0.0545)	0.2610	0.0212 (0.0341)	0.5340	0.0862 (0.0623)	0.1660	0.0427 (0.0440)	0.3320
对照组：子代教育水平—低								
子代教育水平—中	-0.0692 (0.0887)	0.3140	-0.0068 (0.0430)	0.8740	-0.1151 (0.0719)	0.1100	0.0438 (0.0508)	0.3890
子代教育水平—高	-0.0963 (0.0747)	0.1970	-0.0478 (0.0468)	0.3070	-0.0862 (0.0771)	0.2630	0.0062 (0.0545)	0.9100
对照组：子代职业为国家机关、党群组织、企业、事业单位负责人								
子代职业为专业技术人员	-0.1248 (0.1237)	0.3130	-0.2966*** (0.0788)	0.0000	0.2626 (0.1268)	0.0380	-0.2505*** (0.0919)	0.0070
子代职业为办事员和有关人员	-0.1297 (0.1098)	0.2370	-0.2468*** (0.0703)	0.0000	0.1134 (0.1176)	0.3350	-0.2563*** (0.0855)	0.0030
子代职业为商业、服务人员	-0.0718 (0.1165)	0.5380	-0.2909*** (0.0747)	0.0000	0.1336 (0.1216)	0.2720	-0.2024** (0.0880)	0.0220

续表

自变量	农村/收入传递		农村/健康传递		城镇/收入传递		城镇/健康传递	
	系数值	P 值	系数值	P 值	系数值	P 值	系数值	P 值
子代职业为农林牧渔水利生产人员	-0.1366 (0.1024)	0.1820	-0.2372*** (0.0659)	0.0000	0.1829 (0.1101)	0.0970	-0.2295*** (0.0805)	0.0050
子代职业为生产设备操作人员及有关人员	-0.0494 (0.1250)	0.6930	-0.2699*** (0.0800)	0.0010	0.2172* (0.1257)	0.0840	-0.2534*** (0.0910)	0.0060
父代健康水平			0.7263*** (0.0149)	0.0000			0.6788*** (0.0192)	0.0000
常数项	3.5466 (3.6987)	0.3380	2.3019 (2.3138)	0.3200	4.3405 4.2492	0.3070	5.7334 (3.0065)	0.0570
Prob > F	0.0000		0.0000		0.0000		0.0000	
Adjusted R-squared	0.2001		0.8244		0.3182		0.8222	

注：*、**、*** 分别表示在 10%、5% 和 1% 的水平下显著。

（三）有序 Probit 模型回归结果

表 5-11 显示的是子代健康的影响因素 Ordered Probit 模型回归结果。模型 1 展示了除收入和父代健康变量外的其他变量对子代的健康水平的影响，模型 2 在模型 1 的基础上增加了父代收入变量，模型 3 在模型 2 的基础上增加了父代的健康变量，并处理为分组变量，从而考察这两个变量对于子代健康水平的影响。从表 5-11 来看，子代的健康水平受到父代收入的正向影响，父代的收入水平越高，子代的健康水平越高，但是从系数值来看，影响程度很小，统计意义上显著但是经济意义上并不显著，所以这说明，父代的收入中对于子代的健康投资比例很小，可能是因为此收入中有很大一部分投资到孩子的教育上，因此没有多余的收入再投资到健康上。当父亲的健康水平越高其子女的健康水平越高，从系数值来看，当父辈的健康水平处于很好的状态时，对子女的健康水平正向影响更大。另外其他控制变量也值得关注，如父代年龄越大，子代的健康状况越差，城镇户口的父代、子女健康水平要比农村户口的高，父代的教育水平也对子代的健康有着很大的影响，父代的教育程度越高，其子女的健康水平就更高，而从系数值上看，受过高等教育的父母培养出的孩子健康水平更高。这可能是因为教育良好的父母更注重对子女健康水平的关注，增加健康教育，养成健康的生活习惯所致。职业类型在模型 3 中对于子代的健康水平影响程度并不显著，但是在模型 1 和模型 2 中对子代的健康水平都呈现显著的影响。而且可以发现，只有当父代工作类型为国家机关、党群组织人员和专业技术人员时，才会对子代健康水平产生正向的影响。

表 5-11   全样本下子代健康的影响因素的 Ordered Probit 模型回归结果

自变量	（1）		（2）		（3）	
	系数值	P 值	系数值	P 值	系数值	P 值
父代年龄	0.0499 *** （0.0067）	0.0000	0.0484 *** （0.0067）	0.0000	0.0371 *** （0.0069）	0.0000
父代性别	-0.1475 ** （0.0622）	0.0180	-0.0868 （0.0643）	0.1770	-0.0019 （0.0664）	0.9780
父代户口	-0.3579 *** （0.0566）	0.0000	-0.3353 *** （0.0570）	0.0000	-0.2820 *** （0.0588）	0.0000
对照组：父代教育水平—低						

自变量	(1)		(2)		(3)	
	系数值	P 值	系数值	P 值	系数值	P 值
父代教育水平—中	−0.7664 *** (0.0769)	0.0000	−0.7586 *** (0.0770)	0.0000	−0.8451 *** (0.0795)	0.0000
父代教育水平—高	−1.4855 *** (0.0748)	0.0000	−1.4911 *** (0.0749)	0.0000	−1.6430 *** (0.0789)	0.0000
对照组：父代职业为生产设备操作人员及有关人员						
父代职业为国家机关、党群组织、企业、事业单位负责人	−0.3362 *** (0.1262)	0.0080	−0.3433 *** (0.1263)	0.0070	−0.0993 (0.1318)	0.4510
父代职业为专业技术人员	−0.1283 (0.1297)	0.3230	−0.1447 (0.1299)	0.2650	−0.0118 (0.1341)	0.9300
父代职业为办事员和有关人员	−0.3591 *** (0.1368)	0.0090	−0.3666 *** (0.1369)	0.0070	−0.2059 (0.1419)	0.1470
父代职业为商业、服务人员	−0.0165 (0.0957)	0.8630	−0.0349 (0.0959)	0.7160	−0.0100 (0.0994)	0.9200
父代职业为农林牧渔水利生产人员	−0.0199 (0.0910)	0.8260	−0.0603 (0.0917)	0.5110	0.0182 (0.0950)	0.8480
父代收入（对数）			−0.0630 *** (0.0173)	0.0000	−0.0526 *** (0.0178)	0.0030
父代健康水平为很好					−1.4843 *** (0.1031)	0.0000
父代健康水平为好					−0.9613 *** (0.0907)	0.0000
父代健康水平为一般					−0.2745 *** (0.0844)	0.0010
Prob > F	0.0000		0.0000		0.0000	
Adjusted R-squared	0.1459		0.1496		0.2288	

注：*、**、*** 分别表示在10%、5%和1%的水平下显著。

为进一步考察不同样本之间的差异，将全样本分为父亲子样本和母亲子样本来回归，得到的结果如表 5-12 和表 5-13 所示。父亲的健康水平显著影响子代的健康，且当父亲的状态为很好时，其对子代的影响程度最大，可以解释为该状态下，父亲的健康状况增加 1%，子代的健康水平将提高 1.49%，与全样本的 1.48% 接近。与表 5-13 相比，同样的健康状态，母亲的健康程度提高 1%，其子女的健康水平会得到 2.8% 的提升，远远高于父亲。也就是说，母亲的健康程度对子女的健康水平影响更大。父亲的教育水平对于子女的健康水平产生显著的正向影响，但是母亲教育水平对子女的健康影响并不显著，相反的是母亲的职业类型会对子女产生影响，即母亲的职业等级越靠近国家机构党群组织人员，其子代的健康水平越高。其他结论都与全样本一致。

表 5-12 父亲子样本下子代健康的影响因素的
Ordered Probit 模型回归结果

自变量	(1)		(2)		(3)	
	系数值	P 值	系数值	P 值	系数值	P 值
父代年龄	0.1028 *** (0.0094)	0.0000	0.1010 *** (0.0094)	0.0000	0.0912 *** (0.0099)	0.0000
父代户口	-0.3339 *** (0.0739)	0.0000	-0.3124 *** (0.0748)	0.0000	-0.2247 *** (0.0775)	0.0040
对照组：父代教育水平—低						
父代教育水平—中	-1.4395 *** (0.0991)	0.0000	-1.4247 *** (0.0995)	0.0000	-1.5370 *** (0.1030)	0.0000
父代教育水平—高	-3.2413 *** (0.1422)	0.0000	-3.2352 *** (0.1423)	0.0000	-3.6394 *** (0.1586)	0.0000
父代职业为国家机关、党群组织、企业、事业单位负责人	-0.1602 (0.1612)	0.3200	-0.1662 (0.1612)	0.3030	0.2103 (0.1727)	0.2230
父代职业为专业技术人员	-0.0823 (0.1647)	0.6170	-0.0970 (0.1650)	0.5570	0.1167 (0.1730)	0.5000
父代职业为办事员和有关人员	-0.2346 (0.1799)	0.1920	-0.2462 (0.1801)	0.1710	-0.0440 (0.1881)	0.8150

自变量	(1)		(2)		(3)	
	系数值	P 值	系数值	P 值	系数值	P 值
父代职业为商业、服务人员	0.0719 (0.1339)	0.5910	0.0511 (0.1344)	0.7040	0.1490 (0.1407)	0.2890
父代职业为农林牧渔水利生产人员	0.0727 (0.1230)	0.5540	0.0496 (0.1236)	0.6880	0.2270 * (0.1302)	0.0810
父代收入（对数）			−0.0863 ** (0.0465)	0.0630	−0.0657 (0.0484)	0.1750
对照组：父代健康水平很差						
父代健康水平为很好					−1.4938 *** (0.1374)	0.0000
父代健康水平为好					−1.0015 *** (0.1275)	0.0000
父代健康水平为一般					−0.2755 * (0.1164)	0.0180
Prob > F	0.0000		0.0000		0.0000	
Pseudo R²	0.3576		0.3590		0.4253	

注：＊、＊＊、＊＊＊分别表示在10%、5%和1%的水平下显著。

表 5-13   母亲子样本下子代健康影响因素 Ordered Probit 模型回归结果

自变量	(1)		(2)		(3)	
	系数	P 值	系数	P 值	系数	P 值
母亲年龄	−0.0162 (0.0116)	0.1650	0.0149 (0.0117)	0.2020	0.0111 (0.0130)	0.3900
母亲户口	−0.3314 *** (0.1166)	0.0040	−0.3185 *** (0.1169)	0.0060	−0.4357 *** (0.1299)	0.0010
母亲教育水平—中	−0.0247 (0.0616)	0.6880	−0.0187 (0.0614)	0.7610	−0.1075 (0.1220)	0.3780
母亲教育水平—高	0.0566 (0.1496)	0.7050	0.0686 (0.1498)	0.6470	−0.0980 (0.1723)	0.5700

续表

自变量	(1)		(2)		(3)	
	系数	P值	系数	P值	系数	P值
母亲职业为国家机关、党群组织、企业、事业单位负责人	-0.7952*** (0.2551)	0.0020	-0.7970*** (0.2556)	0.0020	-0.8215*** (0.2812)	0.0030
母亲职业为专业技术人员	-0.2627 (0.2599)	0.3120	-0.2810 (0.2604)	0.2810	-0.1692 (0.2823)	0.5490
母亲职业为办事员和有关人员	-0.6372*** (0.2417)	0.0080	-0.6401*** (0.2418)	0.0080	-0.4680*** (0.2747)	0.0880
母亲职业为商业、服务人员	-0.0793 (0.1528)	0.6040	-0.1018 (0.1533)	0.5060	-0.2173 (0.1677)	0.1950
母亲职业为农林牧渔水利生产人员	-0.0363 (0.1545)	0.8140	-0.1042 (0.1573)	0.5080	-0.2673 (0.1709)	0.1180
母亲收入（对数）			-0.0456** (0.0192)	0.0180	-0.0331 (0.0206)	0.1080
母亲健康水平为很好					-2.8157*** (0.2462)	0.0000
母亲健康水平为好					-1.4337*** (0.1598)	0.0000
母亲健康水平为一般					-0.2166 (0.1410)	0.1250

注：*、**、*** 分别表示在10%、5%和1%的水平下显著。

表5-14是全样本下Ordered Probit模型的边际效应结果，反映的是自变量每变动1单位，因变量取相应值的大小，其中（1）、（2）、（3）、（4）、（5）分别表示赋值为1、2、3、4、5的因变量。由于本章考察的主要变量为收入和健康两个变量，从表5-14可以看出，当父代收入增加1单位，子女获得"很好"的健康水平的概率将增加1.44%，而对其他水平影响不大。从父代的健康水平来看，不论父代的健康水平处于哪一个分组，对子女获得"很好"的健康水平的影响程度最大，当父代的健康水平为很好、较好、一般时，对应的边际效应分别为0.4052、0.2624、0.0749，说明父代的健康水平在对应的组内向上提高一个等级，子女的健康水平相

应的会提高 40.52% 、26.24% 和 7.49% 。

表 5 – 14　　全样本下子代健康影响因素 Ordered Probit 模型边际效应结果

变量	(1) dy/dx	(2) dy/dx	(3) dy/dx	(4) dy/dx	(5) dy/dx
父代年龄	– 0.0101 ***	0.0021	0.0062 ***	0.0018 ***	0.0001
父代户口	0.0770 ***	– 0.0161	– 0.0470 ***	– 0.0134 ***	– 0.0005
父代教育水平—中	0.2307 ***	– 0.0481	– 0.1407 ***	– 0.0403 ***	– 0.0016
父代教育水平—高	0.4485 ***	– 0.0936	– 0.2736	– 0.0784	– 0.0030
父代职业为国家机关、党群组织、企业、事业单位负责人	0.0271	– 0.0057	– 0.0165	– 0.0047	– 0.0002
父代职业为专业技术人员	0.0032	– 0.0007	– 0.0020	– 0.0006	0.0000
父代职业为办事员和有关人员	0.0562	– 0.0117	– 0.0343	– 0.0098	– 0.0004
父代职业为商业、服务人员	0.0027	– 0.0006	– 0.0017	– 0.0005	0.0000
父代职业为农林牧渔水利生产人员	– 0.0050 *	0.0010	0.0030 *	0.0009	0.0000
父代收入（对数）	0.0144	– 0.0030	– 0.0088	– 0.0025	– 0.0001
父代健康水平为很好	0.4052 ***	– 0.0845	– 0.2471 ***	– 0.0708 ***	– 0.0027
父代健康水平为好	0.2624 ***	– 0.0547	– 0.1601 ***	– 0.0458 ***	– 0.0018
父代健康水平为一般	0.0749 ***	– 0.0156	– 0.0457 ***	– 0.0131 ***	– 0.0005

注：（1） * 、** 、*** 分别表示在 10% 、5% 和 1% 的水平下显著。（2）本表报告的结果是边际效应，限于篇幅而没有报告标准差。

与全样本相比，父亲子样本下的边际效应结果有所不同，如表 5 – 15 所示。当父代收入增加 1 单位，子女获得"很好"的健康水平的概率将增加 1.14% ，与全样本测得的结果一样，这主要是因为全样本中母亲的收入并不显著影响子代的健康，从而使得全样本和子样本得到相同的结论。从父代的健康水平来看，不论父代的健康水平处于哪一个分组，对子女获得"很好"的健康水平的影响程度最大，当父代的健康水平为很好、较好、一般时，对应的边际效应分别为 0.2594 、0.1739 、0.0478 ，说明父亲的健康水平在对应的组内向上提高一个等级，子女的健康水平相应的会提高25.94%、17.39%和4.78%。这主要是父亲的健康水平对子代的健康有更大的影响所导致的。

表5-15　　父亲子样本下子代健康影响因素 Ordered Probit 模型边际效应结果

变量	(1) dy/dx	(2) dy/dx	(3) dy/dx	(4) dy/dx	(5) dy/dx
父代年龄	-0.0158***	0.0006***	0.0114***	0.0036***	0.0002
父代户口	0.0390***	-0.0015***	-0.0281***	-0.0090***	-0.0005
父代教育水平—中	0.2669***	-0.0103***	-0.1918***	-0.0615***	-0.0033
父代教育水平—高	0.6320***	-0.0244***	-0.4543***	-0.1455***	-0.0078
父代职业为国家机关、党群组织、企业、事业单位负责人	-0.0365***	0.0014***	0.0263***	0.0084***	0.0005
父代职业为专业技术人员	-0.0203***	0.0008***	0.0146***	0.0047***	0.0003
父代职业为办事员和有关人员	0.0076***	-0.0003***	-0.0055***	-0.0018***	-0.0001
父代职业为商业、服务人员	-0.0259***	0.0010***	0.0186***	0.0060***	0.0003
父代职业为农林牧渔水利生产人员	-0.0394*	0.0015	0.0283*	0.0091*	0.0005
父代收入（对数）	0.0114***	-0.0004***	-0.0082***	-0.0026	-0.0001
父代健康水平为很好	0.2594***	-0.0100***	-0.1864***	-0.0597	-0.0032
父代健康水平为好	0.1739***	-0.0067***	-0.1250***	-0.0400***	-0.0022
父代健康水平为一般	0.0478***	-0.0018***	-0.0344***	-0.0110**	-0.0006

注：（1）*、**、***分别表示在10%、5%和1%的水平下显著。（2）本表报告的结果是边际效应，限于篇幅而没有报告标准差。

（四）不同亲子关系下代际弹性比较

为检验不同亲子关系下上述结论是否成立，将分为父对子，父对女，母对子，母对女4个样本来检测模型的稳健性。得到的结果如表5-16所示。发现父亲对儿子的代际收入弹性的影响程度大于父亲对女儿的影响程度，在 OLS 模型估计下，父亲每提高1%，其儿子的收入将提高0.347%，而女儿只提高 0.195%，同样在 2SLS 模型估计下，父亲的收入每提高 1%，其儿子的收入将增加 0.3471%，女儿只增加 0.1975%，远低于儿子。另外，两个模型估计出的代际收入弹性几乎相同，2SLS 模型估计结果只比 OLS 高一点，可忽略不计。这证实了前面的结论，即两个模型不存在系统性误差，以及否定子代健康变量的内生性，认为健康人力资本的传递路径不包括收入路径。另外，还可以发现儿子的健康水平将显著影响其收入水平，健康程度越低，获得的收入也越高，但当子代性别是女儿的时候，健康水平并不显著影响女儿的收入。对女儿来说，自身的教育程度越高，收入越高，但是对儿子来说，自身的教育程度不会显著影响收入水平。在关注的变量中，对儿子收入水平影响最大的是父亲的收入，但是对女儿来说影响程度最大的是职业类型，职业类型的等级越高，收入越多。由于母亲的收入变量和健康变量都不会对子代产生显著影响，故略过不做分析。

表 5 - 16　　　　不同亲子关系下得到的收入代际弹性比较

自变量	父对子 OLS 回归	父对子 2SLS 回归	父对女 OLS 回归	父对女 2SLS 回归
	系数值	系数值	系数值	系数值
父代年龄	0.0862 (0.1683)	0.0866 (0.1662)	0.0184 (0.1663)	0.0161 (0.1633)
父代年龄平方	- 0.0006 (0.0016)	- 0.0006 (0.0016)	0.0002 (0.0016)	0.0002 (0.0016)
子代年龄	0.2611 *** (0.0570)	0.2614 *** (0.0564)	0.3688 *** (0.0735)	0.3694 *** (0.0722)
子代年龄平方	- 0.0039 *** (0.0010)	- 0.0039 *** (0.0010)	- 0.0062 *** (0.0013)	- 0.0063 *** (0.0013)
父代收入	0.3470 *** (0.0337)	0.3471 *** (0.0332)	0.1950 *** (0.0287)	0.1975 *** (0.0283)
子代户口	0.0860 * (0.0485)	0.0863 * (0.0479)	0.1559 *** (0.0472)	0.1569 *** (0.0464)
对照组：子代教育水平—低				
子代教育水平—中	- 0.0264 (0.0720)	- 0.0266 (0.0711)	- 0.1968 *** (0.0734)	- 0.2011 *** (0.0723)

自变量	父对子 OLS 回归	父对子 2SLS 回归	父对女 OLS 回归	父对女 2SLS 回归
	系数值	系数值	系数值	系数值
子代教育水平—高	−0.0589 (0.0812)	−0.0591 (0.0801)	−0.1896** (0.0751)	−0.1896*** (0.0737)
对照组：子代职业为国家机关、党群组织、企业、事业单位负责人				
子代职业为专业技术人员	−0.1873 (0.1294)	−0.1887 (0.1284)	0.3723*** (0.1287)	0.3600*** (0.1272)
子代职业为办事员和有关人员	−0.2259** (0.1116)	−0.2273** (0.1110)	0.3387*** (0.1224)	0.3222*** (0.1217·)
子代职业为商业、服务人员	−0.1392 (0.1200)	−0.1406 (0.1192)	0.3164** (0.1243)	0.2995** (0.1236)
子代职业为农林牧渔水利生产人员	−0.1786* (0.1012)	−0.1801* (0.1010)	0.2763** (0.1161)	0.2581** (0.1160)
子代职业为生产设备操作人员及有关人员	−0.1256 (0.1227)	−0.1270 (0.1219)	0.3940*** (0.1381)	0.3756*** (0.1373)
子代婚姻状况	0.0845 (0.0592)	0.0847 (0.0584)	0.0704 (0.0594)	0.0676 (0.0584)
子代健康	0.0790** (0.0326)	0.0807** (0.0363)	0.0133 (0.0332)	0.0294 (0.0375)
常数项	−0.1425 (4.0786)	−0.1594 4.0291	1.3970 (3.9312)	1.4312 3.8615
Prob > F	0.000	0.0000	0.0000	0.0000
Adjusted R-squared	0.290	0.2906	0.2724	0.2720

注：*、**、***分别表示在10%、5%和1%的水平下显著。

第四节　本章小结

代际流动性反映一个社会收入分配的公平性。本章从健康人力资本的角度出发，运用实证分析的方法，从微观角度考察我国的代际流动性，得出我国的代际收入流动性特点。通过分析不同的子样本发现，我国农村的代际流动性要高于城镇代际流动性；父亲收入对子代的收入有着很大的影响，尤其对于儿子的影响程度要大于女儿，但是母亲对于子代的收入却不会产生显著性影响。同时，探讨了健康人力资本代际传递的路径，认为遗传因素在健康的代际传递中起到主要作用，且在农村子样本和父亲子样本中，健康水平在代际收入流动中起到了重要的作用，而父代对子代的健康投资作用却不显著。

第一，健康的代际传递效应在父亲子样本和农村子样本下显著影响收入流动性。全样本下，子代的健康水平并不显著影响子代的收入，只有在父亲子样本和农村子样本下，子代的健康水平才会显著影响子代的收入。父亲子样本下，在加入健康水平这一变量之后，代际弹性从刚开始的0.2865降低为0.2725，说明健康人力资本的代际传递会增加代际收入的流动性，但是影响程度较小，只有4.9%。另外，这两个样本都显示，子代的健康状况越差，其收入水平越高。这与一些学者研究结果一致，齐良书、李子奈（2011）发现，我国的高收入人群其健康状况受到更大的损失，究其原因主要是高收入人群普遍不健康的生活方式导致。这正解释了健康人力资本只在农村子样本而不是城镇子样本下显著影响子代收入的原因，因为农村户籍的子代群体职业等级平均水平低，群体中会有更多人，尤其是农民工长期从事过重的体力劳动，以损害健康为代价获得高收入。

健康人力资本在父代与子代之间具有显著的传递效应，这在所有的样本下都能得到同样的结论，即父代的健康水平越高，其子代的健康水平越高。在控制其他变量的情况下，全样本的回归结果显示，父代的健康水平在"很好"水平时，对子代的健康水平影响程度最大，在同等健康水平下，母亲对子女健康水平的影响要大于父亲。不同的亲子关系会产生不同的代际流动性。父亲的收入对儿子的收入影响程度大于女儿，但母亲的收入对子女的收入都不产生显著影响。

第二，我国农村的代际收入流动性高于城镇。我国农村地区的代际流动性要高于城镇代际流动性。很多学者认为，城镇的子女有更好的就业环境和优越的家庭背景，能够获得比父辈更高的收入。而农村的子女资源匮乏，所以代际收入流动性要低于城镇代际流动性。但是最近农民工大量流入城市，农村劳动力的流动性增加，这些人获得比父辈更多的就业机会，获得更多收入使得代际收入流动性增强。这一结论正是农村劳动力向城镇转移的结果。

第三，父母的健康水平正向影响子女的健康水平。由各个样本下

Ordered Probit 模型的回归结果可知，父母的健康水平正向影响子女的健康水平，父代的健康水平越高，子代的健康水平越高，且当父母的健康水平处于最高等级时，对子女健康水平的影响程度越大。相比较其他所有观察变量，父代健康程度变量对子代健康影响程度最大。另外，母亲和父亲对子代健康水平的影响程度不同，母亲的健康水平对子女健康程度的影响大于父亲健康水平的影响。

第六章 教育人力资本代际传递 对收入流动性的影响

本章应用 OLS 模型和分位数回归方法，测算和分析父代和子代的代际收入弹性系数，以及教育人力资本的传导路径。实证结果表明，第一，父亲与子代之间的代际收入弹性系数高于母亲与子代之间的代际收入弹性系数。第二，父代的教育对子代的教育和收入都呈现显著影响。第三，父代处于中等收入阶层时的代际流动性更强。为促进社会公平，我国应当加大教育经费方面的投入、缩小教育人力资本投资的城乡差距、扩宽教育投资融资渠道、健全和完善劳动力市场，以及积极建立学前教育机构等。

第一节 引 言

改革开放以来，中国社会快速发展，人民生活水平日渐提高。但伴随而来的收入不公平现象日渐显露。2000 年以来，我国的基尼系数一直处于世界公认的 0.4 警戒水平之上，在 2009 年，更是达到了 0.49（何石军等，2013）。现有研究大多从城乡间收入差距、地区间收入差距和行业间收入差距等方面对收入差距的成因加以分解，但缺乏对父辈和子辈不同代人之间代际流动性的深入研究（何勤英等，2017；朱健等，2018）。所谓代际收入流动反映的是子辈收入受父辈收入影响的程度，通常用弹性系数大小表示两代人收入之间的流动性。代际收入弹性越高，反映代际之间收入的相关度越高，收入在代际之间未表现出明显的流动性，收入不平等现象越严重（陈杰等，2016；李任玉等，2017）。随着我国经济的不断发展，教育的重要作用逐渐凸显出来，对收入代际传递的影响也越来越明显（史志乐和张琦，2018）。因此，研究代际收入流动性与教育人力资本代际传递过程对促进社会公平、减少收入差距具有重要作用。

国外对代际收入流动性的研究相较于我国要早很多。贝克尔等

（1979）首次建立代际收入流动的经济学研究框架，并最早用代际收入弹性来测度代际收入流动性。随后，各学者对各国的地代际收入弹性开展了研究。但由于早期研究的结果与现实世界存在的差距，由于收入的波动性较大，导致利用短期收入所评估的代际收入弹性会有向下的偏误（索伦，1992）。为解决上述问题，各学者开始用其他变量进行代际收入弹性的研究。高收入群体与其父母之间有着更多的交集，父母所拥有的社会资本可以帮助子女未来可以相对容易地进入高收入行业工作；相反，低收入群体的父母并不拥有足够的社会资本，而社会资本在代际之间的流动，最终导致其子女未来会进入低收入行业工作（丹等，2007；艾娜和尼科莱，2018）。

相对我国来说，国外学者对教育人力资本与代际收入流动关系的研究开展得较早。贝克尔等（1979）证实教育在代际收入流动过程中发挥重要作用。索伦（2013）在原有研究基础上，进一步将子代人力资本和生命周期总收入，以及父代人力资本水平等因素纳入模型分析中，实证结果表明父代通过影响子代的人力资本积累，进而对其收入产生显著影响。通过研究充分证明人力资本是促进收入代际流动的重要突破口，但在分析过程中并未考虑到政府对教育的投资。艾博特等（2013）将政府教育相关政策纳入分析框架，构建较为完整的代际传递模型，通过实证分析发现，贷款约束的放松并未对家庭内部的代际转移产生显著的影响，但在分析过程中应充分考虑教育对代际收入的影响。

与国外相比，我国对代际收入流动性的研究起步较晚。方鸣（2014）通过建立面板数据模型研究了代际收入流动性与收入不平等之间的关系。结果表明，收入不平等程度的上升阻碍了代际收入的流动而代际收入弹性的提高也会导致收入不平等状况的恶化。曹皎皎（2017）探讨了我国城乡居民之间的代际收入流动性发现，在我国农村地区，代际之间收入相关性表现得更为明显，收入流动性较小；相对于城镇居民，农村居民的收入水平很大程度上受其父代收入的影响。一些学者探讨了代际收入流动性的所有制差异，结果表明，国有部门与非国有部门代际收入弹性存在明显差异，家庭背景和人力资本对代际收入向上流动有重要的影响（牟欣欣，2017；徐晓红和曹宁，2018）。

我国对代际收入流动性的传递机制研究仍处于起步阶段，已有的文献多是选取某些因素研究其作用。杨娟等（2015）探讨了教育人力资本对收入不公平的影响，研究结果表明，家庭的教育抉择差异成为代际间和代际内收入差距的主要原因。整体上，人力资本对我国代际之间的收入传递起到重要作用。此外，社会资本的影响也很显著（龙翠红等，2014；马文武等，2018）。杨亚平等（2016）研究了中国代际收入传递的因果机制。结果表明，父亲收入在中国代际收入传递过程中具有较大的作用，富裕家庭的父母可以通过投资来弥补后代人力资本的不足。

已有的研究多数是对代际收入弹性以及代际收入的传递机制，对于相关机制的因果作用并未做充分说明，我们很难从中获得关于如何改善中国代际收入流动性的较为有效的政策建议。而且，对父代收入及其人力资本在中国代际收入传递过程中的作用进行研究的文献较少，导致我们无法了解中国代际收入流动性背后更深的关于机会公平的内涵。因此，本章主要研究的是教育人力资本代际传递对收入流动性的影响。并拟检验以下三个假设：

假设1：父代收入与子代收入之间存在正相关关系。

假设2：教育人力资本在代际收入传递中存在重要作用。

假设3：父亲与子代的代际收入弹性高于母亲对子代的代际收入弹性。

第二节　数据来源及描述性统计分析

本章使用的数据来源于安徽财经大学中国城乡发展公共政策研究所组织的社会调查。该次调查共包含5个省及1个直辖市。主要覆盖山东省、河北省、河南省、安徽省、甘肃省，以及天津市。在2017年选取大量经过专业培训的调研员，展开实地调研。通过随机抽样法，选择年龄为45~60岁的居民及其子女进行问卷填写，同时针对个别样本进行全面的访谈调查。实地调查共发放问卷2200份，最终回收的问卷数量为2137份，有效率达到97%。本章较为关注的变量涉及父代的教育、收入，以及子代的教育、收入，在筛选子代没有工作和收入的问卷后使用其中的2095份问卷。

表6-1给出了变量的划分。为进一步分析父代教育收入对子代教育收入的影响，本章将父代变量划分成了父亲相关变量和母亲相关变量。部分变量说明如下：生活地区和生活地方这两个变量只是父亲的相关变量，主要是因为我国存在父亲、母亲分隔两地的情况，在样本筛选时，将调查对象是父亲的样本保留出来。健康状况分为很好、好、良好、一般和不好五个等级，分别用1表示很好、2表示很好、3表示良好、4表示一般，以及5表示不好。教育水平按照等级划分为五类，分别是小学及以下、初

中、高中、中专和大专及以上，且用虚拟变量对教育水平的各个阶段赋值。职业类型被划分为六大类，并用虚拟变量以此对每一种职业类型进行赋值。其他具体变量定义见表6-1。

表6-1 　　　　　　　　　　描述性统计表

变量	定义	均值	标准差	最小值	最大值
子女					
年收入	子代最近一年收入	52937.48	45640.1800	1000	750000
年收入对数	子代最近一年收入对数	10.6609	0.6681	6.9078	13.5278
性别	男为1；否为0	0.5731	0.4949	0	1
年龄	子代年龄	27.1036	4.1179	18	45
户口类型	城镇为1；农业为0	0.3222	0.4676	0	1
健康水平	很好为1；好为2；良好为3；一般为4；不好为5	1.7950	0.8590	1	5
教育水平					
小学及以下水平	小学及以下水平为1；否为0	0.0219	0.1463	0	1
初中水平	初中水平为1；否为0	0.1623	0.3689	0	1
高中水平	高中水平为1；否为0	0.1427	0.3500	0	1
中专水平	中专水平为1；否为0	0.2198	0.4143	0	1
大专及以上水平	大专及以上水平为1；否为0	0.4534	0.4807	0	1
职业类型					
单位负责人	是为1；否为0	0.1176	0.3224	0	1
专业技术人员	是为1；否为0	0.2399	0.4273	0	1
办事人员	是为1；否为0	0.1488	0.3561	0	1
商业服务人员	是为1；否为0	0.3206	0.4670	0	1
农业人员	是为1；否为0	0.0854	0.2796	0	1
工人	是为1；否为0	0.0877	0.2830	0	1
婚姻状况	在婚为1；未婚为0	0.5270	0.5060	0	1
父亲					
年收入	父亲最近一年收入	52722.69	62834.9000	3000	1000000
年收入对数	父亲最近一年收入对数	10.5710	0.7698	8.0064	13.8155
年龄	父亲年龄	51.5984	4.2871	45	60
户口类型	城镇为1；农业为0	0.3326	0.4714	0	1

变量	定义	均值	标准差	最小值	最大值
教育水平					
小学及以下水平	小学及以下水平为1；否为0	0.2808	0.4496	0	1
初中水平	初中水平为1；否为0	0.3659	0.4820	0	1
高中水平	高中水平为1；否为0	0.1864	0.3897	0	1
中专水平	中专水平为1；否为0	0.1093	0.3122	0	1
大专及以上水平	大专及以上水平为1；否为0	0.0575	0.2330	0	1
职业类型					
单位负责人	是为1；否为0	0.1254	0.3314	0	1
专业技术人员	是为1；否为0	0.0967	0.2957	0	1
办事人员	是为1；否为0	0.0771	0.2669	0	1
商业服务人员	是为1；否为0	0.1887	0.3915	0	1
农业人员	是为1；否为0	0.3705	0.4832	0	1
工人	是为1；否为0	0.1415	0.3488	0	1
健康水平	很好为1；好为2；良好为3；一般为4；不好为5	2.4710	1.1410	1	5
生活地区	山地为1；丘陵为2；平原为3	2.7040	0.6320	1	3
生活地方	农村为1；乡镇为2；城乡结合部为3；城市为4	1.9000	1.2110	1	4
母亲					
年收入	母亲最近一年收入	29508.20	26776.5900	1000	400000
年收入对数	母亲最近一年收入对数	10.0036	0.7793	6.9078	12.8992
年龄	母亲年龄	50.1013	4.4238	45	60
教育水平					
小学及以下水平	小学及以下水平为1；否为0	0.5132	0.5001	0	1
初中水平	初中水平为1；否为0	0.2865	0.4524	0	1
高中水平	高中水平为1；否为0	0.1093	0.3122	0	1
中专水平	中专水平为1；否为0	0.0587	0.2352	0	1
大专及以上水平	大专及以上水平为1；否为0	0.0322	0.1767	0	1
职业类型					
单位负责人	是为1；否为0	0.0311	0.1736	0	1
专业技术人员	是为1；否为0	0.0736	0.2613	0	1

变量	定义	均值	标准差	最小值	最大值
办事人员	是为1；否为0	0.0817	0.2741	0	1
商业服务人员	是为1；否为0	0.2578	0.4377	0	1
农业人员	是为1；否为0	0.4695	0.4994	0	1
工人	是为1；否为0	0.0863	0.2810	0	1
健康水平	很好为1；好为2；良好为3；一般为4；不好为5	2.1780	1.1210	1	5

如表6-1所示，从收入水平来看，子代收入和父代收入均值明显高于母亲。子代的收入均值为52937.48，父亲的收入均值为52722.69，而母亲的收入均值为29508.20，这说明女性在家庭中承担着较弱的经济功能，其在劳动力市场中可能面临一定程度的性别歧视。从教育水平来看，代际之间存在更大的差距。子代教育达到大专及以上水平的占样本的45.34%，而父亲教育达到大专及以上水平的仅仅只有5.75%，母亲则更少，只有3.22%。此外，母亲的教育水平在小学及以下水平的达到样本的51.32%，可见母亲的教育水平严重低下。从职业方面来看，部分子代都从事单位负责、商业服务等工作，这些工作都要求较高的教育水平。而父代主要从事的是对教育没有较高要求的农工，从侧面反映了子代教育水平相对高于父代教育水平。从健康状况来看，子代的健康状况在很好和好之间，而父代的健康状况是好与良好之间。

第三节　理论框架与计量模型

一、理论框架

本章所采用的理论框架如图6-1所示。父母的教育水平可能通过两种主要的方式对子代收入产生影响：一方面，教育水平较高的父母可以通过学习辅导或者智商的遗传等方面直接传递给子代，其中父母的教育观念也会直接影响子代的收入。这一直接途径影响了子代的人力资本积累，进而影响子代的工作与收入水平。另一方面，父代的教育人力资本会影响父代的收入水平，作为孩子教育投资的主体，父母的收入水平在很大程度上决定孩子能否顺利完成义务教育阶段的学习，并继续接受更高水平的教育，而子代的教育人力资本积累也必定会对其收入产生一定的影响。

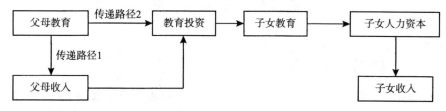

图6-1　人力资本代际传导机制

二、计量模型

（一）OLS回归分析

在代际收入流动的经验分析中，通常采用的是对数线性回归模型，其一般形式为：

$$\mathrm{Ln}Y_1 = \alpha + \beta \mathrm{Ln}Y_0 + \gamma X_i + \varepsilon \tag{6-1}$$

式（6-1）中，被解释变量 Y_1 表示子代收入，主要解释变量 Y_0 为父母的收入。本章中为更精确地反映变量间的关系，同时结合本章的研究目的，对所有收入变量取对数。收入变量对数化之后参数 β 就变成弹性系数，即代际收入弹性（IGE）。

为进一步研究代际收入弹性的传导机制，分析子代教育的影响因素，其一般形式为：

$$Edu_1 = \alpha + \beta \mathrm{Ln}Y_0 + \gamma Edu_0 + \delta X_i + \varepsilon \tag{6-2}$$

式（6-2）中，Edu_1、Edu_0 分别表示子代和父代的教育水平，X_i 是关于子代的主要控制变量（包括年龄、性别、户籍类型、婚姻状况等一些个人特征变量）。β 为偏回归系数，表示父代收入对子代教育水平的影响程度。

（二）分位数回归

分位数回归估计的是一组自变量 X 与因变量 Y 的分位数之间线性关系的建模方法，偏向于条件分位数的变化。普通最小二乘法（OLS）分析的是各变量对因变量条件均值的影响，但在数据出现尖峰（异常值）、长尾分布或者显著异方差等情况时，OLS结果不稳定。而分位数回归更加精准地刻画自变量对因变量不同条件分位点的影响，估计结果相对更加稳健。此外，分位数回归和普通最小二乘法的估计量也不同，分位数回归的估计量是残差绝对值之和最小，OLS追求的是残差平方和最小。

第四节 实证结果

一、子代收入决定回归结果

表 6 - 2 给出了子代收入决定的 OLS 回归结果，将父代和子代的相关变量都作为自变量。从父亲相关变量来看，父亲的年龄对子代的收入有影响，父亲的年龄越高，子代的收入越高，在 5% 的水平下显著。相对于职业类型为工人的父亲来说，父亲的职业是办事人员对子代的收入有显著影响，在 5% 的水平下显著。父亲的生活地区对子代的收入也有显著影响，父亲的生活地方越靠近城市，子代就越可能获得较高的教育，子代的收入也就越高。此外，父亲的收入对子代的收入的影响更显著，父亲的收入越高，子代获得高水平教育的可能性越大，子代的收入也越高。

表 6 - 2 　　　　　　　　　　子代收入决定方程 OLS 回归结果

变量	系数值	标准差	T 值	P 值
父亲年龄	0.0229 **	0.0094	2.43	0.015
父亲户口类型	0.0807	0.0917	0.88	0.379
父亲教育水平（对照组：小学及以下水平）				
初中水平	− 0.0328	0.0523	− 0.63	0.530
高中水平	− 0.0712	0.0680	− 1.05	0.295
中专水平	− 0.1888 **	0.0877	− 2.15	0.032
大专及以上水平	− 0.1411	0.1225	− 1.15	0.250
父亲收入对数	0.2020 ***	0.0334	6.05	0.000
父亲职位（对照组：工人）				
单位负责人	0.0794	0.0911	0.87	0.384
专业技术人员	0.0963	0.0867	1.11	0.267
办事人员	0.1899 **	0.0898	2.12	0.035
商业服务人员	0.0681	0.0748	0.91	0.363
农业人员	− 0.0520	0.0711	− 0.73	0.465

变量	系数值	标准差	T值	P值
父亲健康水平	0.0220	0.0282	0.78	0.435
父亲生活地区	-0.0697 **	0.0351	-1.99	0.047
父亲生活地方	0.0471 **	0.0212	2.22	0.027
母亲年龄	0.0002	0.0093	0.02	0.984
母亲户口类型	-0.2003 **	0.0926	-2.16	0.031
母亲教育水平（对照组：小学及以下水平）				
初中水平	-0.1770 ***	0.0505	-3.51	0.000
高中水平	-0.2044 **	0.0813	-2.52	0.012
中专水平	-0.2071 **	0.1144	-1.81	0.071
大专及以上水平	-0.0620	0.1413	-0.44	0.661
母亲收入对数	0.1276 ***	0.0348	3.66	0.000
母亲职位（对照组：工人）				
单位负责人	-0.0079	0.1379	-0.06	0.954
专业技术人员	-0.1165	0.1132	-1.03	0.304
办事人员	0.0066	0.0994	0.07	0.947
商业服务人员	-0.0132	0.0831	-0.16	0.874
农业人员	-0.0930	0.0821	-1.13	0.257
母亲健康水平	0.0011	0.0281	0.04	0.968
子女性别	579161	386999	1.50	0.135
子女年龄	0.0223 ***	0.0084	2.66	0.008
子女户口类型	0.0625	0.0597	1.05	0.296
子女教育水平（对照组：小学及以上水平）				
初中水平	0.0248	0.1455	0.17	0.865
高中水平	0.0348	0.1472	0.24	0.813
中专水平	0.1182	0.1463	0.81	0.420
大专及以上水平	0.3711 ***	0.1481	2.51	0.002
子女职位（对照组：工人）				
单位负责人	-0.1719 *	0.0946	-1.82	0.070
专业技术人员	-0.0714	0.0805	-0.89	0.376

变量	系数值	标准差	T 值	P 值
办事人员	−0. 2025 **	0. 0856	−2. 37	0. 018
商业服务人员	−0. 1022	0. 0729	−1. 40	0. 161
农业人员	−0. 3295 ***	0. 0920	−3. 58	0. 000
子女婚姻状况	0. 0701	0. 0444	−1. 58	0. 114
子女健康水平	−0. 0238	0. 0306	−0. 78	0. 437
常数项	5. 7466	0. 4990	11. 52	0. 000
Adj R-squared	0. 3970			

注：* 、** 、*** 分别表示在 10% 、5% 和 1% 的水平下显著。

从母亲的相关自变量来看，母亲的户口对子代的收入有影响，母亲的户口类型是城镇户口时，子代的收入更高，在 5% 的水平下显著。由于其他相关自变量的影响，母亲的教育水平越高，其子代的收入反而越低。相比之下，母亲的收入却显著促进子代的收入水平，母亲的收入越高，子代获得高水平教育的可能性越大，子代的收入越高。但是从实证结果也可以看出，父亲对子代收入的促进作用明显大于母亲，父亲对子代收入的代际弹性为 20.20% ，母亲对子代收入的代际弹性为 12.67% 。从子代的相关自变量来看，相对于教育水平是小学及以下的子代来说，子代的教育水平越高，子代的收入越高，子代的教育水平在大专及以上时，对子代的收入影响越大。子代的年龄越高，子代获得教育的年限可能越高，子代的收入也越高。相对于子代从事务工工作来说，子代的职位越轻松、越好，子代的收入越高。

表 6 - 3 和表 6 - 4 分析父亲教育水平和收入对子代收入的影响。其中，表 6 - 3 主要是父亲相关自变量对子代收入的总体影响。从表 6 - 3 中可知，去掉母亲相关自变量后，父亲年龄对子代收入有着更显著的影响，在 1% 的水平下显著。父亲的收入对子代收入仍具有显著影响，代际收入弹性为 26.01% 。父亲的生活地方越靠近城市，子代的收入越高。此外，父亲的职业对子代收入也有较为显著的影响。从子代方面而言，子代的年龄对子代的收入仍具有较为显著的影响，在 1% 的水平下显著。相对于教育水平在小学及以下的子代来说，子代的教育水平越高，子代的收入越高，并且子代教育水平在大专及以上时，在 1% 的水平下显著。

表 6 – 3　　　　父亲教育和收入影响子代收入的 OLS 扩展模型

变量	系数值	标准差	T 值	P 值
父亲年龄	0.0220 ***	0.0070	3.14	0.002
父亲户口类型	– 0.0889	0.0623	– 1.43	0.154
父亲教育水平（对照组：小学及以下水平）				
初中水平	– 0.0470	0.0504	– 0.93	0.351
高中水平	– 0.1210 *	0.0629	– 1.92	0.055
中专水平	– 0.2687 ***	0.0786	– 3.42	0.001
大专及以上水平	– 0.1591	0.1028	– 1.55	0.122
父亲收入对数	0.2601 ***	0.0272	9.56	0.000
父亲职位（对照组：工人）				
单位负责人	0.0574	0.0842	0.68	0.496
专业技术人员	0.0700	0.0820	0.85	0.394
办事人员	0.1949 **	0.0869	2.24	0.025
商业服务人员	0.0892	0.0691	1.29	0.197
农业人员	– 0.1074 *	0.0633	– 1.70	0.090
父亲健康水平	0.0240	0.0225	1.07	0.286
父亲生活地区	– 0.0658 *	0.0347	– 1.89	0.059
父亲生活地方	0.0507 **	0.0208	2.43	0.015
子女性别	0.0613	0.0391	1.57	0.118
子女年龄	0.0258 ***	0.0080	3.23	0.001
子女户口类型	0.0246	0.0585	0.42	0.674
子女教育水平（对照组：小学及以上水平）				
初中水平	0.0117	0.1449	0.08	0.936
高中水平	0.0079	0.1474	0.05	0.957
中专水平	0.1317	0.1462	0.90	0.368
大专及以上水平	0.3797 ***	0.1475	2.57	0.000
子女职位（对照组：工人）				
单位负责人	– 0.1748 *	0.0945	– 1.85	0.065
专业技术人员	– 0.1129	0.0806	– 1.40	0.162
办事人员	– 0.2195 **	0.0858	– 2.56	0.011

变量	系数值	标准差	T 值	P 值
商业服务人员	−0.1193	0.0732	−1.63	0.104
农业人员	−0.3392 ***	0.0927	−3.66	0.000
子女婚姻状况	−0.0563	0.0446	−1.26	0.207
子女健康水平	−0.0201	0.0298	−0.67	0.501
常数项	6.2621	0.4702	13.32	0.000
Adj R-squared	0.3697			

注：* 、** 、*** 分别表示在 10% 、5% 和 1% 的水平下显著。

表 6 - 4　　　　父亲教育和收入影响子代收入的 OLS 基础模型

变量	Model（1）		Model（2）		Model（3）	
	系数值	P 值	系数值	P 值	系数值	P 值
父亲教育水平（对照组：小学及以下水平）						
初中水平			0.1043 *（0.0564）	0.065	0.0146（0.0532）	0.784
高中水平			0.1345 **（0.0672）	0.046	0.0056（0.0637）	0.931
中专水平			0.2431 ***（0.0802）	0.002	0.0228（0.0773）	0.768
大专及以上水平			0.3605 ***（0.1029）	0.000	0.0847（0.0990）	0.393
父亲收入对数	0.3329 ***（0.0272）	0.000			0.3268 ***（0.0288）	0.000
常数项	7.1416 ***（0.2885）	0.000	10.5504 ***（0.0424）	0.000	7.1921 ***（0.2981）	0.000
Pseudo R^2	0.1472	0.0203	0.1479			
Prob > F	0.0000	0.0014	0.0000			

注：（1）* 、** 、*** 分别表示在 10% 、5% 和 1% 的水平下显著；（2）括号内为标准差。

　　在自变量过多的情况下，父亲教育对子代收入的影响并不显著。为探究父亲教育对子代收入的影响，进行了父亲教育和收入对子代收入决定的 OLS 基础模型分析，分别讨论了父亲教育、收入对子代收入的影响，

表6-4即为基础模型。从表6-4可知，Model（1）去掉父亲教育解释变量之后，父亲对子代收入的代际弹性为33.29%，在1%的水平上显著。与 Model（3）相比，添加父亲教育解释变量后，父亲对子代的代际收入弹性降低了0.61%。Model（2）去掉父亲收入解释变量，相对于教育水平在小学及以下的父亲来说，父亲的教育水平越高，子代的收入越多。当父亲的教育水平达到大专及以上时，对子代收入的影响更为显著，在1%的水平下显著。与 Model（3）相比，添加父亲教育解释变量后，父代教育水平对子代收入的影响降低了，可能是由于父亲教育和收入之间存在相关关系。

表6-5和表6-6分析了母亲教育和收入对子代收入的影响。其中，表6-5主要是母亲相关自变量对子代收入的总体影响。从表中可知，去掉父亲相关自变量后，母亲年龄和户口类型对子代收入有着更显著的影响，均在5%的水平下显著。母亲的收入对子代收入仍具有显著影响，在1%的水平下显著，母亲收入越高，子代的收入也越高。由于其他相关自变量的影响，母亲的教育对子代的收入存在相反的影响结果，表6-6将会对此进行进一步说明。此外，母亲的职业对子代收入也存在显著影响。从子代方面来看，子代的年龄对子代的收入仍具有较为显著的影响，在1%的水平下显著。相对于教育水平在小学及以下的子代来说，子代的教育水平越高，子代的收入越高，并且子代教育水平在大学及以上时，在1%的水平下显著。

表6-5　　　　母亲教育和收入影响子代收入的OLS扩展模型

变量	系数值	标准差	T值	P值
母亲年龄	0.0159**	0.0070	2.26	0.024
母亲户口类型	-0.1286**	0.0623	-2.07	0.039
母亲教育水平（对照组：小学及以下水平）				
初中水平	-0.1861***	0.0486	-3.83	0.000
高中水平	-0.2724***	0.0756	-3.60	0.000
中专水平	-0.2709***	0.1028	-2.64	0.009
大专及以上水平	-0.1913	0.1227	-1.56	0.119
母亲收入对数	0.2701***	0.0285	9.47	0.000

变量	系数值	标准差	T 值	P 值
母亲职位（对照组：工人）				
单位负责人	− 0.0129	0.1328	− 0.10	0.923
专业技术人员	− 0.0327	0.1077	− 0.30	0.761
办事人员	0.0937	0.0969	0.97	0.334
商业服务人员	− 0.0032	0.0773	− 0.04	0.967
农业人员	− 0.1375 *	0.0749	− 1.84	0.067
母亲健康水平	0.0194	0.0227	0.86	0.392
子女性别	0.0383	0.0393	0.97	0.330
子女年龄	0.0298 ***	0.0082	3.64	0.000
子女户口类型	0.1298 **	0.0573	2.27	0.024
子女教育水平（对照组：小学及以上水平）				
初中水平	0.0453	0.1475	0.31	0.759
高中水平	0.0565	0.1480	0.38	0.703
中专水平	0.1286	0.1464	0.88	0.380
大专及以上水平	0.3974 ***	0.1476	2.69	0.000
子女职位（对照组：工人）				
单位负责人	− 0.1850 *	0.0961	− 1.93	0.055
专业技术人员	− 0.0765	0.0831	− 0.92	0.357
办事人员	− 0.2056 **	0.0873	− 2.36	0.019
商业服务人员	− 0.0986	0.0748	− 1.32	0.188
农业人员	− 0.4255 ***	0.0941	− 4.52	0.000
子女婚姻状况	− 0.0526	0.0451	− 1.17	0.243
子女健康水平	− 0.0088	0.0291	− 0.30	0.761
常数项	6.4169 ***	0.4308	14.90	0.000
Adj R-squared	0.3418			

注：* 、** 、*** 分别表示在10%、5%和1%的水平下显著。

表 6 - 6 母亲教育和收入影响子代收入的 OLS 基础模型

变量	Model（4）		Model（5）		Model（6）	
	系数值	P 值	系数值	P 值	系数值	P 值
母亲教育水平（对照组：小学及以下水平）						
初中水平			−0.0199 (0.0527)	0.705	−0.1549 *** (0.0511)	0.003
高中水平			0.0937 (0.0753)	0.213	−0.1350 * (0.0740)	0.068
中专水平			0.1967 ** (0.0985)	0.046	−0.1301 (0.0975)	0.183
大专及以上水平			0.2260 * (0.1298)	0.082	−0.0937 (0.1257)	0.456
母亲收入对数	0.2911 *** (0.027385)	0.000			0.3233 *** (0.0303)	0.000
常数项	7.7491 *** (0.2748)	0.000	10.6375 *** (0.0316)	0.000	7.4964 *** (0.2954)	0.000
Pseudo R²	0.1153		0.0699		0.1257	
Prob > F	0.0000		0.0100		0.0000	

注：（1）*、**、*** 分别表示在10%、5%和1%的水平下显著；（2）括号内为标准差。

为解决表 6 - 5 中母亲教育对子代收入存在反向的影响，进行了母亲教育和收入对子代收入决定的 OLS 基础模型分析，分别讨论了母亲教育、收入对子代收入的影响，表 6 - 6 即为基础模型。从表 6 - 6 可知，Model（4）检验母亲收入对子代收入的影响，母亲对子代收入的代际弹性为29.11%，低于父亲对子代收入的代际弹性33.29%，这表明相对于父亲，母亲对子代收入的影响效应较小，母子间的收入流动性更大，从而验证了本章的假设 3。Model（5）检验母亲教育对子代收入的影响，相对于教育水平在小学及以下来说，母亲的教育水平越高，子代的收入越多。当母亲的教育水平达到中专水平时，对子代收入的影响更为显著，在5%的水平下显著。Model（6）检验了母亲教育和收入解释变量共同对子代收入的影响，其中母亲收入对子代收入的影响更显著，而母亲教育水平对子代收入影响程度低。

从表6-4和表6-6可以知道，父代的教育和收入对子代的收入有着显著影响，并且都存在着正向的相关性。从以上表6-6中可以得出以下几点结论：首先，父代的教育水平越高，子代的收入越高；其次，父代的收入越高，子代的收入也越高；再次，父亲对子代收入的代际弹性高于母亲对子代收入的代际弹性；最后，当父代教育和收入两个自变量都存在时，父代的收入对子代的影响更显著，父代的教育对子代的收入影响不显著，可能是由于父代的教育对父代的收入有一定的影响。下面也会探究父代收入的影响因素。

二、子代代际收入流动性分位数回归结果

上述所做的回归是从平均的角度对子代收入的影响状况进行了分析，难以反映在子代不同收入水平时，各因素的影响效应。表6-7和表6-8运用分位数回归法，测算在子代不同收入水平上，父代收入对其影响。在不同的收入分位点上，父代与子代的代际收入弹性相对大小关系与OLS法回归的结果相一致。从收入分布的两端来看，低端的代际收入弹性要显著地高于顶端的代际收入弹性，表明低收入阶层代际收入流动性相对不足，且面临着更加严重的阶层固化问题。具体来看，表6-7给出了父亲与子代代际收入流动性的分位数回归结果，整体上父亲收入明显提升了子代收入水平，但在不同收入分位点上，其影响效应存在较大的差别，表现出先增减的趋势，代际收入弹性系数在30%分位点达到最高为43.90%。综合来看，对于低于平均收入水平的子代而言，父亲收入对其影响表现得更为明显。

表6-8给出了母亲与子代代际收入流动性的分位数回归结果。可以看出，与父亲对子代的影响规律不同，母亲与子代的代际收入弹性系数随着分位点的增大不断减小。在各个收入的分位点上，母亲与子代之间的代际收入弹性系数和父亲对子代的代际收入弹性系数相差不多。但是系数表现出明显的递减趋势，表明随着子代收入水平的提高，母亲收入对其收入的影响逐渐减小。当收入的不断提高，母亲与子女的代际收入流动性不断减少，而父亲与子女的代际收入流动性先增加后减少。再次验证父亲对子代收入的影响更大，父子间的代际收入流动性较小。

表6-7

父亲与子代代际收入流动性的分位数回归结果

变量	q10	q20	q30	q40	q50	q60	q70	q80	q90
父亲收入对数	0.4199*** (0.0742)	0.4065*** (0.0415)	0.4390*** (0.0431)	0.4385*** (0.0416)	0.4150*** (0.0411)	0.3883*** (0.0494)	0.3526*** (0.0486)	0.2884*** (0.0538)	0.1449** (0.0719)
父亲年龄	0.0230 (0.0190)	0.0225** (0.0107)	0.0283*** (0.0100)	0.0282*** (0.0099)	0.0333*** (0.0073)	0.0351*** (0.0071)	0.0314*** (0.0052)	0.02356** (0.0091)	0.0138 (0.0163)
父亲健康	-0.0187 (0.0413)	0.0645** (0.0259)	0.0272 (0.0230)	0.0321 (0.0208)	0.0371*** (0.0109)	0.0144 (0.0136)	0.0290* (0.0172)	0.0315 (0.0219)	0.0340 (0.0463)
子代年龄	-0.0231 (0.0185)	0.0227* (0.0124)	0.0157 (0.0101)	0.0192* (0.0104)	0.0127* (0.0074)	0.0128* (0.0074)	0.0172*** (0.0064)	0.0248** (0.0126)	0.0348* (0.0203)
子代健康	-0.0341 (0.0394)	-0.0643 (0.0364)	-0.0061 (0.0425)	-0.0012 (0.0346)	-0.0270 (0.0188)	-0.0067 (0.0273)	-0.0112 (0.0342)	-0.0213 (0.0474)	-0.0594 (0.0347)
常数项	3.8013 (0.8804)	4.1720 (0.5300)	3.8769 (0.5172)	3.8796 (0.5325)	4.1787 (0.5309)	4.4992 (0.5260)	5.0152 (0.5230)	6.0707 (0.6938)	8.1937 (1.1810)
样本量	866	866	866	866	866	866	866	866	866
Pseudo R^2	0.1164	0.1819	0.1846	0.1798	0.1781	0.1504	0.1353	0.1353	0.0792

注：(1) *、**、***分别表示在10%、5%和1%的水平下显著；(2) 括号内为标准误差。

表6-8

母亲与子代代际收入流动性的分位数回归结果

变量	q10	q20	q30	q40	q50	q60	q70	q80	q90
母亲收入对数	0.4617*** (0.0672)	0.4516*** (0.0259)	0.4333*** (0.0198)	0.4198*** (0.0282)	0.3910*** (0.0317)	0.3302*** (0.0269)	0.2862*** (0.0440)	0.2413*** (0.0401)	0.1885*** (0.0386)
母亲年龄	0.0085 (0.0187)	0.0170* (0.0093)	0.0142* (0.0077)	0.0204*** (0.0068)	0.0274*** (0.0053)	0.0223*** (0.0042)	0.0286*** (0.0108)	0.0243*** (0.0074)	0.0267** (0.0267)
母亲健康	0.0159 (0.0385)	0.0367 (0.0298)	0.0590** (0.0252)	0.0548** (0.0247)	0.0532** (0.0241)	0.0621** (0.0257)	0.0108* (0.0331)	0.0485* (0.0279)	0.0004 (0.0328)
子代年龄	0.0470* (0.0174)	0.0319*** (0.0081)	0.0296*** (0.0078)	0.0243*** (0.0080)	0.0194*** (0.0062)	0.0232*** (0.0053)	0.0173 (0.0121)	0.0279*** (0.0093)	0.0263*** (0.0091)
子代健康	-0.0356 (0.0615)	-0.0278 (0.0378)	-0.0331 (0.0361)	-0.0354 (0.0271)	-0.0385 (0.0246)	-0.0469 (0.0343)	-0.0158 (0.0355)	-0.0169 (0.0271)	-0.0315 (0.0287)
常数项	3.7459 (1.0102)	4.0419 (0.4304)	4.4944 (0.2923)	4.5886 (0.3147)	4.7733 (0.4403)	5.6632 (0.3251)	6.0332 (6.0332)	6.5905 (0.5202)	7.4462 (0.5569)
样本量	867	867	867	867	867	867	867	867	867
Pseudo R^2	0.1141	0.188	0.1903	0.1736	0.16	0.1283	0.1142	0.1148	0.0909

注:(1)*、**、***分别表示在10%、5%和1%的水平下显著;(2)括号内为标准差。

三、父代收入决定回归结果

为验证理论框架中的传递路径1，进行了父代收入决定回归。表6-9是父亲收入的决定方程回归结果。Model（7）缺少了父亲的教育水平变量，与Model（9）相比可知，相对于教育水平在小学及以下来说，父亲的教育水平越高，父亲的收入也越高。且在教育水平高于高中时，父亲的教育水平对父亲收入的影响更为显著，在1%的水平下显著。Model（8）缺少了父亲的健康状况变量，与Model（9）相比可知，父亲的健康状况越好，父亲的收入越高。此外，根据Model（9）可知，父亲的收入还受到父亲的职业、户口类型等变量的影响。这表明拥有城镇户籍，以及管理级别工作对父亲收入起着积极的促进作用。

表6-9   父亲收入决定方程回归结果

变量	Model（7）		Model（8）		Model（9）	
	系数值	P值	系数值	P值	系数值	P值
父亲教育水平（对照组：小学及以下水平）						
初中水平			0.1561 ** (0.0620)	0.012	0.1518 ** (0.0619)	0.014
高中水平			0.2417 *** (0.0761)	0.002	0.2303 *** (0.0761)	0.003
中专水平			0.4695 *** (0.0956)	0.000	0.4561 *** (0.0956)	0.000
大专及以上水平			0.6118 *** (0.1251)	0.000	0.5900 *** (0.1252)	0.000
父亲年龄	-0.0080 (0.0059)	0.175	-0.0072 (0.0059)	0.221	-0.0058 (0.0059)	0.329
父亲户口	-0.1085 * (0.0557)	0.052	-0.1400 * (0.0552)	0.011	-0.1496 *** (0.0553)	0.007
父亲职业类型（对照组：工人）						
单位负责人	0.0837 (0.1002)	0.404	-0.0958 (0.1047)	0.360	-0.1115 (0.1046)	0.287

变量	Model (7)		Model (8)		Model (9)	
	系数值	P 值	系数值	P 值	系数值	P 值
专业技术人员	0.0413 (0.1032)	0.689	-0.0356 (0.1028)	0.729	-0.0445 (0.1026)	0.664
办事人员	0.0671 (0.1106)	0.544	-0.0148 (0.1104)	0.893	-0.0271 (0.1103)	0.806
商业服务人员	0.0546 (0.0874)	0.532	0.0145 (0.0869)	0.868	0.0206 (0.0868)	0.812
农业人员	-0.4521*** (0.0781)	0.000	-0.4418*** (0.0770)	0.000	-0.4468*** (0.0769)	0.000
父亲健康状况	-0.0635*** (0.0225)	0.005			-0.0533** (0.0222)	0.017
父亲生活地区	-0.1037** (0.0428)	0.016	-0.0575 (0.0414)	0.165	-0.0820* (0.0425)	0.054
父亲生活地方	0.1046 (0.0257)	0.000	0.0798*** (0.0257)	0.002	0.0820*** (0.0257)	0.001
常数项	11.5100*** (0.3581)	0.000	11.1262*** (0.3586)	0.000	11.2694*** (0.3627)	0.000
Pseudo R^2	0.1640		0.1893		0.1947	
Prob > F	0.0000		0.0000		0.0000	

注：(1) *、**、*** 分别表示在10%、5%和1%的水平下显著；(2) 括号内为标准差。

表 6-10 是母亲收入的决定方程回归结果。Model（10）缺少了母亲的教育水平变量，与 Model（12）相比可知，相对于教育水平在小学及以下来说，母亲的教育水平越高，母亲的收入也越高。与父亲不同的是，母亲的教育水平在初中以上时，对收入的影响在1%的水平上显著。Model（11）缺少了母亲的职业类型，与 Model（12）相比可知，相对于职业为工人来说，母亲的职业为专业技术人员、办事人员的收入会更高。此外，根据 Model（12）可知，母亲的收入还受到母亲的年龄等变量的影响。母亲的年龄越低，获得高收入的可能性就越高。这在一定程度上也表明了妇女在劳动力市场上可能会受到部分歧视。

表 6 –10 母亲收入决定方程回归结果

变量	Model（10）		Model（11）		Model（12）	
	系数值	P 值	系数值	P 值	系数值	P 值
母亲年龄	– 0. 0147 *** (0. 0056)	0. 008	– 0. 0192 *** (0. 0056)	0. 001	– 0. 0148 *** (0. 0054)	0. 007
母亲户口	0. 0721 (0. 0523)	0. 168	0. 0921 * (0. 0520)	0. 077	– 0. 0277 (0. 0526)	0. 599
母亲教育水平（对照组：小学及以下水平）						
初中水平	0. 3842 *** (0. 0578)	0. 000			0. 2935 *** (0. 0572)	0. 000
高中水平	0. 6738 *** (0. 0870)	0. 000			0. 5009 *** (0. 0885)	0. 000
中专水平	0. 9638 *** (0. 1096)	0. 000			0. 7182 *** (0. 1203)	0. 000
大专及以上水平	0. 9446 *** (0. 1428)	0. 000			0. 7323 *** (0. 1443)	0. 000
母亲职业类型（对照组：工人）						
单位负责人			0. 2564 (0. 1591)	0. 108	0. 0170 (0. 1583)	0. 915
专业技术人员			0. 2271 * (0. 1236)	0. 066	– 0. 0440 (0. 1286)	0. 733
办事人员			0. 2421 ** (0. 1182)	0. 041	0. 0708 (0. 1165)	0. 544
商业服务人员			– 0. 1618 * (0. 0950)	0. 089	– 0. 1719 * (0. 0920)	0. 062
农业人员			– 0. 5541 *** (0. 0897)	0. 000	– 0. 4880 *** (0. 0872)	0. 000
母亲健康状况	0. 0330 (0. 0222)	0. 138	0. 0068 (0. 0220)	0. 757	0. 0246 (0. 0216)	0. 255
常数项	10. 2907 *** (0. 2804)	0. 000	11. 0824 *** (0. 3008)	0. 000	10. 7859 *** (0. 2954)	0. 000

变量	Model（10）		Model（11）		Model（12）	
	系数值	P 值	系数值	P 值	系数值	P 值
Pseudo R^2	0.1950		0.1948		0.2518	
Prob > F	0.0000		0.0000		0.0000	

注：（1）＊、＊＊、＊＊＊分别表示在10%、5%和1%的水平下显著；（2）括号内为标准差。

由表6-9和表6-10的回归结果可知，教育对父代的收入都有着显著的正向作用，并且这种显著性水平也没有随着加入更多的变量而发生变化，说明教育的影响是稳健的。此外，与父亲相比，母亲表现出更高的教育投资回报率。由表6-1的描述性统计分析可知，父亲的整体受教育水平明显高于母亲，结合边际效应递减规律，可知教育水平的提升对母亲来说效用更大，能为其带来更高的回报率。同时也表明了将社会资源适当地向女性倾斜可以提高整个社会的福利水平。根据上述可知，父代与子代之间的收入代际传递存在两种路径。回归结果也表明教育人力资本传递路径2是存在的。

四、子代教育决定回归结果

为进一步探讨教育在代际间是如何传递，进行了子代教育的回归分析。表6-11给出了子代教育决定方程的回归结果。研究父亲、母亲和子代相关自变量对子代教育的影响。从父亲角度看，相对于教育水平在小学及以下来说，父亲的教育水平越高，子代的教育水平越高，两者之间的影响在1%的水平下呈正向关系。还有一种可能是由于父亲受教育程度高是其自身能力强的结果，而这种能力会通过生物因素遗传给子代。父亲生活的地方对子代的教育也存在着显著影响，父亲生活的地方越靠近城市，子代获得更好的教育的可能性就越高，子代最终达到的教育水平也越高，这在一定程度上表明，我国城乡教育资源分配不合理，城镇和农村子代之间教育水平存在差距。此外，父亲的职业对子代教育也存在显著影响，职业所积累的社会资本能够增加其子女获得更好教育的机会。

表6-11　　　　　　　　子代教育决定方程 OLS 回归结果

变量	系数值	标准差	T 值	P 值
父亲年龄	0.0179	0.0197	0.91	0.363
父亲户口类型	-0.1601	0.1923	-0.83	0.405

变量	系数值	标准差	T 值	P 值
父亲教育水平（对照组：小学及以下水平）				
初中水平	0.6094 ***	0.1068	5.70	0.000
高中水平	0.8180 ***	0.1383	5.92	0.000
中专水平	0.9501 ***	0.1798	5.28	0.000
大专及以上水平	1.1066 ***	0.2535	4.37	0.000
父亲收入	0.0380	0.0694	0.55	0.584
父亲职位（对照组：工人）				
单位负责人	0.9053 ***	0.1875	4.83	0.000
专业技术人员	0.6008 ***	0.1791	3.35	0.001
办事人员	0.4177 **	0.1885	2.22	0.027
商业服务人员	0.5669 ***	0.1549	3.66	0.000
农业人员	0.2692 *	0.1487	1.81	0.071
父亲健康水平	0.0446	0.0592	0.75	0.451
父亲生活地区	−0.0499	0.0715	−0.70	0.486
父亲生活地方	0.1467 ***	0.0433	3.39	0.001
母亲年龄	0.0266	0.0195	1.37	0.172
母亲户口类型	−0.2002	0.1941	−1.03	0.303
母亲教育水平（对照组：小学及以下水平）				
初中水平	0.0806	0.1050	0.77	0.443
高中水平	0.3837 **	0.1697	2.26	0.024
中专水平	0.2043	0.2376	0.86	0.390
大专及以上水平	0.2504	0.2956	0.85	0.397
母亲收入	0.1143	0.0725	1.58	0.115
母亲职位（对照组：工人）				
单位负责人	−0.6099 **	0.2848	−2.14	0.032
专业技术人员	−0.2599	0.2343	−1.11	0.267
办事人员	−0.1036	0.2071	−0.50	0.617
商业服务人员	−0.1838	0.1722	−1.07	0.286
农业人员	−0.1783	0.1697	−1.05	0.294

变量	系数值	标准差	T 值	P 值
母亲健康水平	0.0235	0.0586	0.40	0.688
子女性别	0.0877	0.0799	1.10	0.273
子女年龄	-0.0778 ***	0.0160	-4.86	0.000
子女户口类型	0.0971 **	0.1250	0.78	0.037
子女健康水平	-0.1316 **	0.6362	-2.07	0.039
常数项	2.6933	0.9495	2.84	0.005
Adj R-squared	0.3157			

注：＊、＊＊、＊＊＊分别表示在 10%、5% 和 1% 的水平下显著。

相对于父亲教育对子代教育的显著影响，母亲的教育水平对子代教育的影响不太显著。相对于工人来说，母亲为单位负责人时对子代教育有显著影响，说明母亲的职位处于管理级别时，才对子代教育呈现显著影响，表明女性在劳动力市场会遭到一定的歧视。母亲教育解释变量对子代教育的影响程度低于父亲教育解释变量对子代教育的影响，表明母亲对子代教育问题重视程度低。从子代的相关自变量来看，拥有城镇户口的子代比拥有农业户口的子代有着更高的平均教育水平，进而表明中国社会仍存在着严重的城乡差异问题，城乡教育资源分配严重不均。

表 6-12 和表 6-13 分析父亲教育和收入对子代教育的影响。其中，表 6-12 主要是父亲相关自变量对子代教育的总体影响。从表中可知，去掉母亲相关自变量后，父亲收入、教育水平、职业以及生活地区对子代教育仍具有显著影响，表明这几个解释变量是稳健的，增加其他解释变量，对其影响程度低。但控制父亲和子代相关解释变量时，父亲的年龄和户口类型对子代教育的影响显著，表明这两个解释变量不是稳健的，不是影响子代教育的关键变量。从子代方面来看，子代的年龄和健康状况对子代的教育仍具有较为显著的影响。

表 6-12　　　父亲教育和收入影响子代教育的 OLS 扩展模型

变量	系数值	标准差	T 值	P 值
父亲年龄	0.0343 **	0.0144	2.39	0.017
父亲户口类型	-0.2683 **	0.1272	-2.11	0.035

变量	系数值	标准差	T 值	P 值
父亲教育水平（对照组：小学及以下水平）				
初中水平	0.6529 ***	0.1012	6.45	0.000
高中水平	0.9738 ***	0.1246	7.81	0.000
中专水平	1.1001 ***	0.1572	7.00	0.000
大专及以上水平	1.2750 ***	0.2062	6.18	0.000
父亲收入对数	0.1042 *	0.0559	1.86	0.063
父亲职位（对照组：工人）				
单位负责人	0.7301 ***	0.1706	4.28	0.000
专业技术人员	0.5202 ***	0.1671	3.11	0.002
办事人员	0.3868 **	0.1800	2.15	0.032
商业服务人员	0.4933 ***	0.1407	3.51	0.000
农业人员	0.2205 *	0.1295	1.70	0.089
父亲健康水平	0.0605	0.0463	1.31	0.192
父亲生活地区	− 0.0820	0.0701	− 1.17	0.242
父亲生活地方	0.1741 ***	0.0420	4.15	0.000
子女性别	0.0845	0.0798	1.06	0.290
子女年龄	− 0.0717 ***	0.0150	− 4.77	0.000
子女户口类型	0.0865	0.1210	0.72	0.475
子女健康水平	− 0.1356 **	0.0613	− 2.21	0.027
常数项	3.3148 ***	0.8617	3.85	0.000
Adj R-squared	0.3014			

注：*、**、*** 分别表示在10%、5%和1%的水平下显著。

表6−13 父亲教育和收入影响子代教育的 OLS 基础模型

变量	Model（13）		Model（14）		Model（15）	
	系数值	P 值	系数值	P 值	系数值	P 值
父亲教育水平（对照组：小学及以下水平）						
初中水平			0.8924 *** (0.1007)	0.000	0.1990 *** (0.0546)	0.000

变量	Model（13）		Model（14）		Model（15）	
	系数值	P 值	系数值	P 值	系数值	P 值
高中水平			1.3484 *** (0.1199)	0.000	0.8378 *** (0.1011)	0.000
中专水平			1.6168 *** (0.1431)	0.000	1.2699 *** (0.1210)	0.000
大专及以上水平			2.0484 *** (0.1837)	0.000	1.4826 *** (0.1468)	0.000
父亲收入对数	0.4306 *** (0.0572)	0.000			1.8804 *** (0.1882)	0.000
常数项	0.4720 *** (0.6062)	0.000	4.1516 *** (0.0758)	0.000	2.1065 *** (0.5664)	0.000
Pseudo R^2	0.0614		0.2215		0.2333	
Prob > F	0.0000		0.0000		0.0000	

注：（1）* 、** 、*** 分别表示在 10% 、5% 和 1% 的水平下显著；（2）括号内为标准差。

为进一步分析父亲教育和收入对子代教育的影响，进行了教育和收入解释变量基础模型回归。表 6 - 13 为父亲教育和收入影响子代教育的 OLS 基础模型。其中，Model（13）探讨的是父亲收入对子代教育的影响，由表 6 - 14 可知，父亲的收入越高，子代的教育水平越高。与 Model（15）相比，添加父亲的教育水平，父亲收入解释变量的回归系数依然非常显著，表明回归结果是稳健的。表 6 - 14 中的 Model（14）探讨的是父亲的教育水平对子代教育的影响，父亲的教育水平越高，子代的教育水平也越高，与 Model（15）相比，添加父亲的收入之后，父亲教育解释变量的回归系数依然非常显著，表明回归结果是稳健的。

表 6 - 14 和表 6 - 15 分析母亲教育和收入对子代教育的影响。其中，表 6 - 14 主要是母亲相关解释变量对子代教育的总体影响。从表中可知，去掉父亲相关自变量后，母亲的收入对子代教育具有较为显著的影响，在 1% 的水平下显著。母亲的教育水平对子代的教育有着更为显著的影响，母亲教育水平越高，子代的教育越高。从子代方面来看，子代的年龄对子代的教育具有较为显著的影响，在 1% 的水平下显著。子代的健康水平对子代的教育也有着显著影响，子代健康状况越好，子代的教育水平就越高。

表 6-14　　　　母亲教育和收入影响子代教育的 OLS 扩展模型

变量	系数值	标准差	T 值	P 值
母亲年龄	0.0320	0.0149	2.14	0.033
母亲户口类型	− 0.1523	0.1320	− 1.15	0.249
母亲教育水平（对照组：小学及以下水平）				
初中水平	0.3753 ***	0.1032	3.64	0.000
高中水平	0.7904 ***	0.1593	4.96	0.000
中专水平	0.6703 ***	0.2172	3.09	0.002
大专及以上水平	0.8861 ***	0.2587	3.43	0.001
母亲收入对数	0.2759 ***	0.0604	4.57	0.000
母亲职位（对照组：工人）				
单位负责人	− 0.0316	0.2807	− 0.11	0.910
专业技术人员	0.2570	0.2282	1.13	0.260
办事人员	0.2943	0.2063	1.43	0.154
商业服务人员	0.1879	0.1635	1.15	0.251
农业人员	− 0.0948	0.1586	− 0.60	0.550
母亲健康水平	0.0387	0.0484	0.80	0.424
子女性别	0.0992	0.0834	1.19	0.235
子女年龄	− 0.0635 ***	0.0158	− 4.01	0.000
子女户口类型	0.1834	0.1229	1.49	0.136
子女健康水平	− 0.1277 **	0.0621	− 2.06	0.040
常数项	2.0953 **	0.8402	2.49	0.013
Adj R-squared	0.2125			

注：*、**、*** 分别表示在 10%、5% 和 1% 的水平下显著。

表 6-15　　　　母亲教育和收入影响子代教育的 OLS 基础模型

变量	Model（16）		Model（17）		Model（18）	
	系数值	P 值	系数值	P 值	系数值	P 值
母亲教育水平（对照组：小学及以下水平）						
初中水平			0.6299 *** (0.0981)	0.000	0.4840 *** (0.0993)	0.000

变量	Model（16）		Model（17）		Model（18）	
	系数值	P 值	系数值	P 值	系数值	P 值
高中水平			1. 2381 *** （0. 1401）	0. 000	0. 9907 *** （0. 1436）	0. 000
中专水平			1. 3386 *** （0. 1833）	0. 000	0. 9851 *** （0. 1893）	0. 000
大专及以上水平			1. 4528 *** （0. 2416）	0. 000	1. 1070 *** （0. 2439）	0. 000
母亲收入对数	0. 5642 *** （0. 0551）	0. 000			0. 3497 *** （0. 0587）	0. 000
常数项	− 0. 6197 （0. 5527）	0. 262	4. 5830 *** （0. 0587）	0. 000	1. 1853 *** （0. 5734）	0. 000
Pseudo R^2	0. 1080		0. 1452		0. 1257	
Prob > F	0. 0000		0. 0100		0. 0000	

注：（1） * 、 ** 、 *** 分别表示在 10% 、 5% 和 1% 的水平下显著；（2） 括号内为标准差。

为进一步分析母亲教育和收入对子代教育的影响，进行了教育和收入自变量的基础回归。表 6 – 15 为母亲教育和收入影响子代教育的 OLS 基础模型。其中，Model（16） 探讨的是母亲收入对子代教育的影响，由表 6 – 15 可知，母亲的收入越高，子代的教育水平越高。与 Model（18） 相比，添加母亲的教育水平，母亲收入解释变量的回归系数依然非常显著，表明回归结果是稳健的。表 6 – 15 中的 Model（17） 探讨的是母亲的教育水平对子代教育的影响，母亲的教育水平越高，子代的教育水平也越高。与 Model（18） 相比，添加母亲的收入之后，父亲教育解释变量的回归系数依然非常显著，表明回归结果是稳健的。

五、子代教育 Ordered Probit 回归结果

为进一步探讨父代教育对子代教育的影响，进行了子代教育决定方程的有序 Probit 回归，表 6 – 16 为回归结果。由表 6 – 16 可知，与上述内容所做的 OLS 模型回归结果相似，父亲的教育水平、职业和生活地区都对子代教育有着显著影响。相比之下，母亲的相关变量对子代教育不太显著，主要是因为母亲对子代教育问题的重视较低。同时，子代的年龄和健康状况也对子代教育存在显著影响。而父亲的收入和母亲的收入由于受到其他

自变量的影响对子代的教育影响并不显著，为进一步探讨父代教育和收入对子代教育的影响，下面进行了基础模型探讨。

表 6-16　　　　　　　子代教育决定方程有序 Probit 回归结果

变量	系数值	标准差	Z 值	P 值
父亲年龄	0.0180	0.0184	0.97	0.330
父亲户口类型	-0.1963	0.1814	-1.08	0.279
父亲教育水平（对照组：小学及以下水平）				
初中水平	0.5568 ***	0.1011	5.51	0.000
高中水平	0.7449 ***	0.1310	5.69	0.000
中专水平	0.8921 ***	0.1711	5.21	0.000
大专及以上水平	1.0850 ***	0.2437	4.45	0.000
父亲收入	0.0523	0.0652	0.80	0.422
父亲职位（对照组：工人）				
单位负责人	0.8570 ***	0.1787	4.80	0.000
专业技术人员	0.5733 ***	0.1690	3.39	0.001
办事人员	0.3849 **	0.1773	2.17	0.030
商业服务人员	0.5724 ***	0.1460	3.92	0.000
农业人员	0.2590 *	0.1394	1.86	0.063
父亲健康水平	0.0366	0.0555	0.66	0.510
父亲生活地区	-0.0299	0.0672	-0.45	0.656
父亲生活地方	0.1729 ***	0.0412	4.19	0.000
母亲年龄	0.0214	0.0182	1.17	0.241
母亲户口类型	-0.1667	0.1829	-0.91	0.362
母亲教育水平（对照组：小学及以下水平）				
初中水平	0.0650	0.0984	0.66	0.509
高中水平	0.3749 **	0.1606	2.34	0.020
中专水平	0.1523	0.2254	0.68	0.499
大专及以上水平	0.2284	0.2811	0.81	0.417
母亲收入	0.0841	0.0682	1.23	0.217

变量	系数值	标准差	Z 值	P 值
母亲职位（对照组：工人）				
单位负责人	− 0. 5537 **	0. 2674	− 2. 07	0. 038
专业技术人员	− 0. 1589	0. 2210	− 0. 72	0. 472
办事人员	− 0. 0979	0. 1945	− 0. 50	0. 615
商业服务人员	− 0. 1728	0. 1615	− 1. 07	0. 285
农业人员	− 0. 1434	0. 1587	− 0. 90	0. 366
母亲健康水平	0. 0417	0. 0552	0. 76	0. 450
子女性别	0. 0804	0. 7503	1. 07	0. 284
子女年龄	− 0. 0643 ***	0. 0151	− 4. 25	0. 000
子女户口类型	0. 0767	0. 1168	0. 66	0. 511
子女健康水平	− 0. 1322 **	0. 0598	− 2. 21	0. 027
Prob > chi2	0. 0000			
Adj R-squared	0. 1147			

注：*、**、*** 分别表示在10%、5%和1%的水平下显著。

表6 – 17 探讨了父代教育和收入对子代教育的影响。Model（19）证明除去教育和收入，其他父亲相关变量对子代教育的影响。由表6 – 16可知，父亲的户口和父亲的职业对子代教育具有显著影响。Model（20）添加收入变量后，父亲收入与子代教育呈现正相关关系，父亲收入越高，子代教育越高，因为收入水平高的父亲对子女的教育人力资本投资也多，从而有助于子女获得更多教育，积累更高的人力资本。Model（21）添加了教育变量，父亲的教育水平越高，子代的教育水平也越高，一方面，父母的高教育水平可能带来高收入，这为子代获取更高水平的教育提供了财力支持；另一方面，高教育水平的父母对教育的重视程度更高，更愿意对孩子的教育进行投资。同时，也证明教育人力资本代际传递路径2的可行性。

表6 – 17　　父代教育和收入对子代教育影响的有序 Probit 模型

变量	父亲			母亲		
	Model（19）	Model（20）	Model（21）	Model（22）	Model（23）	Model（24）
父代年龄	− 0. 0120 （0. 0085）	− 0. 0114 （0. 0085）	− 0. 0063 （0. 0086）	− 0. 0147 * （0. 0083）	− 0. 0090 （0. 0083）	− 0. 0056 （0. 0084）
父代户口	0. 1378 * （0. 0757）	0. 1462 * （0. 0759）	− 0. 0047 − 0. 0782316	0. 1803 ** （0. 1803）	0. 1560 ** （0. 0778）	0. 0202 （0. 0814）

变量	父亲			母亲		
	Model（19）	Model（20）	Model（21）	Model（22）	Model（23）	Model（24）
父代教育水平（对照组：小学及以下水平）						
初中水平			0.6182 *** （0.0942）			0.3185 *** （0.0898）
高中水平			0.9615 *** （0.1163）			0.71378 *** （0.1408）
中专水平			1.0739 *** （1.0739）			0.6212 *** （0.1920）
大专及以上水平			1.3328 *** （0.1963）			0.8157 *** （0.2296）
父代收入对数		0.2399 *** （0.0503）	0.1562 *** （0.0515）		0.3231 *** （0.0515）	0.2529 *** （0.0532）
父代职业类型（对照组：工人）						
单位负责人	1.1006 *** （0.1482）	1.0886 *** （0.1484）	0.7520 *** （0.1575）	0.3427 （0.2361）	0.2723 （0.2368）	0.0660 （0.2435）
专业技术人员	0.8057 *** （0.1523）	0.7928 *** （0.1525）	0.6280 *** （0.1548）	0.6346 *** （0.1851）	0.5762 *** （0.1856）	0.3591 * （0.1993）
办事人员	0.5939 *** （0.1618）	0.5750 *** （0.1620）	0.3947 ** （0.1649）	0.4982 *** （0.1761）	0.4304 ** （0.1766）	0.2647 （0.1799）
商业服务人员	0.6174 *** （0.1267）	0.6132 *** （0.1269）	0.5441 *** （0.1283）	0.1471 （0.1407）	0.2026 （0.1412）	0.1915 （0.1418）
农业人员	0.0511 （0.1113）	0.1767 （0.1145）	0.2042 * （0.1153）	− 0.2676 ** （0.1326）	− 0.0939 （0.1356）	− 0.0588 （0.1362）
父代健康状况	− 0.0225 （0.0322）	− 0.0105 （0.0323）	0.0010 （0.0325）	− 0.0273 （0.0327）	− 0.0302 （0.0328）	− 0.0040 （0.0333）
Prob > chi2	0.0000	0.0000	0.0000	0.0000	0.0000	0.0000
Adj R-squared	0.0505	0.0586	0.0922	0.0366	0.0506	0.0626

注：（1）*、**、*** 分别表示在10%、5%和1%的水平下显著；（2）括号内为标准差。

与父亲相同，母亲的收入水平和受教育程度对于子代的教育水平也有着显著的影响。从 Model（22）可以看出，除了户籍类型和职业，母亲的年龄也成为影响子代教育的重要因素。在 Model（23）中加入了收入变量，母亲收入与子代教育呈现正相关关系。母亲收入越高，子代教育越高，这是因为母亲收入高对子代的教育人力资本投资就越高，子代教育水平就越高。在 Model（24）中添加了教育变量，和父亲相同，母亲的教育和子代的教育也存在正相关关系，母亲教育水平越高，子代教育水平也越高。同时，也验证了母亲教育人力资本代际传递路径 2 的可行性。

第五节　本　章　小　结

本章利用安徽财经大学中国城乡发展公共政策研究所组织的社会调查数据，运用最小二乘法（OLS）、分位数回归法（Quantile Regression）对我国代际间的收入流动性和教育流动性进行了详细的分析。其基本结论如下：

第一，父代收入以及教育对子代收入之间呈现正相关关系。从父代收入来看，父代收入高时，子代的收入相对来说较高。父亲对子代的代际收入弹性为 0.3329，意味着父亲的收入每提高 1 元，子代的收入将提高 0.3329 元。而母子间的收入相关性相对较小，测算出来的代际收入弹性为 0.2911。父亲对子代的代际收入弹性要高于母亲对子代的代际收入弹性，意味着父亲对子代的代际流动性要小于母亲对子代的代际流动性。从父母教育来看，代际间存在明显的教育代际传递性，父母为高教育水平的家庭，更易增加孩子的教育投资。

第二，父代的收入、教育以及职业对子代的教育有显著影响。从父代收入方面来看，父代收入越高，对子代的人力资本投资就越高，子代最终获得教育水平就越高；从父代教育来看，父代的教育水平越高，父代的收入就越高，对子代的人力资本投资就越高。从父代职业来看，相对于工人来说，父代为单位负责人、专业技术人员、商业服务人员时，子代的教育水平越高，父代可以利用其社会关系为子女获得更多的优质教育资源提供便利。此外，父亲的居住地越靠近城市，子代的教育水平越高，表明我国城乡之间存在教育质量的差距，城镇教育质量高于农村教育质量。

第三，父代处于中等收入阶层时的代际流动性更强。为全面反映不同收入群体的代际收入流动性，采用了分位数回归分析，分析父代收入与子代收入在不同分位上的代际收入弹性系数，并对比分析子代教育水平在其中的作用。结果显示，父代处于中等收入阶层的代际流动性更强。其中，对于父亲收入与子代收入的代际收入弹性系数，父亲收入对于子代收入的影响程度随着收入的增长先增多后减少，并且父亲与子代的代际收入弹性系数在30%分位点时达到最高为43.90%。对于母亲收入与子代收入的代际收入弹性系数，母子间的代际收入弹性表现出明显的递减趋势，代际收入弹性系数在10%分位点时达到最高为46.17%。

第七章 健康与教育对代际收入 流动性的影响研究

本章使用的数据来源于安徽财经大学中国城乡发展公共政策研究所的实地调研数据。基于该数据研究了教育与健康在代际收入流动中的影响作用及其传导效应。结果发现，第一，相较于女儿，父代与儿子之间的代际收入弹性更高。第二，教育与健康在代际收入流动中都起到了重要的作用，但相比于健康，教育在代际收入流动中的贡献率更高。第三，父代的收入、教育水平，以及职业对子代教育都有着显著的影响，而子代的健康水平主要取决于父代的健康水平，父代的收入影响较小。因此，本章认为政府应当增加公共教育经费，加大公共医疗卫生支出，同时将更多的资源向农村地区配置。

第一节 引 言

改革开放以来，中国的经济发展进入快车道，人民生活发生翻天覆地的变化。但同时收入差距也在不断地扩大，社会阶层固化问题更是引起了广泛的关注。长期以来，我国的基尼系数一直处于0.4的水平之上，而国际上通常把0.4作为贫富差距的警戒线，大于这一数值将容易造成社会不稳定。基尼系数对于我们衡量和理解收入差距有着重要的作用，只有进一步研究发现收入差距扩大背后的原因才能有效缩小收入差距，促进社会公平。基尼系数可以有效体现社会收入不公平现象，然而它不能准确刻画收入流动性问题。部分研究已经提出社会收入差距与代际之间的收入流动有着密切的关系（索伦，1992）。代际收入流动性是指子代在收入分布中的地位相对于父代的变动程度，流动性水平的降低将会对社会公平产生威胁（格雷格等，2019；布卢姆，2017）。

我国学者逐渐开始关注收入的代际传递问题，已有文献通过对代际收入弹性的估算表明我国代际收入流动性较低。代际收入流动性低导致贫困人群长期贫困，以及跨代贫困；富裕人群长期富裕，以及跨代富裕。准确把握代际收入的传递机制，能够帮助政府采取有效的收入分配措施，破除收入阶层固化的社会现象，促进社会公平。目前，社会中存在的"贫困陷阱"问题是代际流动性不足的后果之一，处于低收入阶层的子代很难向上层流动，无论是在教育、医疗还是就业方面，他们都面临着较大的制约。已有学者指出家庭作为教育人力资本投资的重要主体，可以通过增加子代教育投资来增强其在劳动力市场的竞争力（李勇辉和李小琴，2016；吕新军和代春霞，2019）。邹薇（2005）和向延平（2018）提出通过增加人力资本投资可以帮助解决"贫困陷阱"问题。宋旭光和何宗樾（2018）提出加大贫困地区义务教育阶段财政支出是阻断"贫困陷阱"的有效途径。因此，研究代际收入流动性及人力资本在其传递中的作用对于缩小我国贫富差距以及促进社会公平具有重要的意义。

关于人力资本的早期研究，我国学者较多地集中于人力资本与收入关系的研究。绝大部分集中于研究人力资本与收入差距的关系。郭剑雄（2005）利用人力资本及生育率作为变量，分析我国城乡收入差距的原因，结果得出农村低人力资本存量和多子化成为影响农民收入的重要原因。我国各地区人民的人力资本水平存在较大差异，特别是经济发达地区与经济落后地区差距非常大，这也是导致各地经济差异的原因。提高农村人力资本水平可以降低当地生育率并且有助于提高人均收入水平。杨晓军（2013）使用我国 31 个省份的面板数据研究农户人力资本投资与城乡收入差距的关系。实证结果表明，短期来看增加农户教育人力资本投资会提高城乡收入差距，长期而言可以缩小收入差距。对于中部以及东部经济发达地区，增加农户人力资本投资可以缩小城乡收入差距，西部地区结果则相反。

艾哈迈德和可汗（2019）提出社会代际收入流动性低会导致人们收入差距不断扩大。代际收入流动性低导致的阶层固化现象更不利于本国经济发展。例如陷入"中等收入陷阱"的国家经济发展停滞的重要原因在于社会收入流动性较低。李力行、周广肃（2015）认为目前流行的"官二代""富二代"词语更是代际收入传递的真实反映。尤其对于中国所处的"关系"型社会，代际收入传递对子代收入尤为重要。借助中国家庭收入调查（CHIPS）等数据，实证结果发现代际收入传递状况为父亲对子女收入产生显著的正向促进作用，代际收入弹性高，社会代际收入流动性低。代际收入弹性较高的原因之一在于教育与职业等人力资本代际传递效应较强。

张车伟（2006）借助明瑟工资方程对教育人力资本回报率分别进行OLS与分位数回归。考虑到我国劳动力市场分割可能导致的估计结果偏误，他将方程进行分组回归。回归结果发现，在考虑劳动力市场分割的因素下教育人力资本的回报率显著降低，并且对于低教育水平群体而言影响最大。这种结果可能是因为低学历劳动者教育回报率是通过选择不同的就业途径得以实现。为了把不同教育程度的影响区分开，他使用交叉项的方法重新回归，结果发现教育水平达到高中阶段教育的回报率最高，大专及以上教育程度没有带来更多的收益。利用分位数回归发现高收入水平的人群伴随着更高的教育回报率。因此，为缩小我国收入差距，避免"马太效应"的恶性循环，我国应该把更多的教育资源向贫困群体倾斜，并将人均受教育年限提高到高中教育水平。祝建华（2016）指出，我国现在许多贫困家庭持续性贫困，以及贫困代际传递现象比较严重。父母教育水平对子代收入及子代职业类型代际传递性较高。为了帮助贫困家庭摘掉"贫困"帽子，可以增加对父代教育投资力度，提高父代人力资本水平，缓解贫困代际传递。

李超、商玉萍、李芳芝（2018）利用中国家庭收入调查数据库（CHIP）分析我国居民收入差距对代际收入流动的影响。为了准确测度代际收入流动性，实证分析中采取双样本两阶段最小二乘法、分位数回归的方法。结果显示，收入差距的扩大可以降低高收入人群的代际收入流动性，但在贫困及中等收入水平的人群中，代际收入流动性却明显提高。收入差距对代际收入流动性的影响还表现出性别差异。收入差距扩大所带来的代际收入流动性提高，在城镇居民父亲与儿子之间表现得更为明显；农村地区父子之间代际收入流动性的抑制作用小于父女之间的代际收入流动性。

部分学者分析人力资本与经济增长的关系。需要强化对劳动者的人力资本投资，增加劳动者人力资本存量，促进高质量就业，增加有效劳动供给，助推我国经济增长（孙早和侯玉琳，2019；孔微巍等，2019）。姚先国、张海峰（2008）使用《中国人口统计年鉴》数据，并利用动态面板数据方法指出教育人力资本对地区经济增长产生显著的正向影响。相比于资本投资，教育人力资本对增长的作用要小于资本投资，然而两者对经济增长的作用相辅相成、缺一不可。教育对经济增长的正向影响也可以理解为教育的回报率。由于人力资本不易测量，仅以教育作为人力资本衡量对经济增长的影响会出现较大的偏误，低估人力资本的真实效应。

我国学者关于教育人力资本代际传递效应有如下研究。张苏、曾庆宝（2011）指出教育人力资本的代际传递不仅影响子代的教育水平也会影响子代的健康人力资本。父代受教育水平会影响其对子代教育人力资本的投资额、投资效率，以及学习行为习惯的养成等。同时认为母亲对子代健康人力资本的代际传递效应高于父亲。母亲接受更高教育，会更加注重自身身体健康，尤其在孕期懂得营养摄入食品，对于新生儿健康至关重要；具有更高教育水平的母亲易匹配到优良的配偶，经济充足的条件为家庭医疗食品问题提供保障。教育人力资本代际传递效应会影响子代就业能力，产生职业传递效应影响子代收入，对于社会经济发展以及社会收入公平具有重大影响。

衡量代际收入弹性的实证模型与指标选取也在不断地改进之中。周波、苏佳（2012）根据中国健康与营养调查（CHNS）1997年与2000年跟踪调查数据研究政府教育支出与代际收入流动性的关系。在传统估计代际收入弹性线性模型的基础上，控制变量加入父代与子代年龄以及年龄的平方项，父亲收入取1997年与2000年单年收入的平均值作为永久性收入，以此降低使用单年收入导致代际收入弹性向下的偏误。考虑到政府教育支出对子代收入的影响会削弱父亲对子代收入的影响，最终使用半参数可变系数线性模型估计代际收入弹性。研究结果得出政府增强教育投资主体作用，可以改善教育投资不公平现象，从而促进收入在代际间的流动。因此，政府增加教育支出可以帮助人们享受到公平的人力资本投资，缩小因初始财富不同导致的人力资本差异。

教育人力资本与代际收入流动性的关系受到学者越来越多的关注。陈漫雪、吕康银、王文静（2016）指出，我国现在出现的各种"二代"现象与代际收入传递密切相关。实证分析中采用中国健康与养老追踪调查数据，结果发现以教育为代表的人力资本对代际收入传递产生显著影响。父代之间的收入差距会影响对子代人力资本的投资，同时也会影响子代人力资本的回报率。富裕家庭与贫困家庭的代际收入弹性都要高于中等收入水平的家庭，即最高收入与最低收入家庭的父代收入代际传递效应更强。这种结果会导致富裕家庭持续富裕，贫困家庭持续贫困的"马太效应"。徐俊武、黄珊（2016）认为我国现行的公共教育与市场教育对代际收入流动性影响不同。将父代与子代收入做回归分析以估计代际收入弹性的经典方法存在一定偏误。本章使用代际交叠模型，并加入人力资本的不确定性研究不同教育体制下的代际收入流动性。模型动态分析以区分代际收入流动性的短期与长期值。研究结果得出代际收入流动性与不平等程度之间的关系较为复杂，长期来看，公共教育体制相比于市场教育体制不平等程度较低。

杨红岭（2019）提出教育作为人力资本的重要组成部分关乎个人未来的发展，教育公平关乎社会稳定与经济可持续发展，它的公平性质不会自发产生，还需要依靠政府加大公共教育支出予以调节。宋旭光、何宗樾（2018）实证分析利用中国家庭追踪调查（CFPS）数据，将政府的财政教育支出引入代际收入弹性估计模型中，结果表明政府财政教育支出可以降低代际收入弹性，提高代际收入流动性。增加义务教育阶段的财政支出，更有利于降低家庭因初始财富不同对子代教育投资的差异，提高代际收入流动性，阻断贫困的代际传递。对于贫困家庭而言，教育投资受到家庭收入预算约束的影响，人力资本投资难以达到最优水平。政府给予贫困家庭的教育支持可以有效弥补家庭教育投资的不足，使教育投资达到最优水平，提高教育投资效率。

鉴于学者较为集中于研究教育人力资本，李亚慧、刘华（2009）对我国学者关于健康人力资本的文献进行梳理，指出健康投资对教育人力资本投资回报率产生直接影响，同时也是其他人力资本投资回报率得以实现的基础。国外早在20世纪就指出健康的重要性，费舍尔（1909）在向美国国会呈现的工作报告中就曾指出健康是一种隐性的财富。由于身体健康出现问题会带来工作时间的缩减，降低工资收入，伴随而来的还有医疗费用支出。虽然我国研究健康人力资本发展起步较晚，但是重要性不容忽视。两位学者指出未来研究应该致力于构建更加全面的健康人力资本衡量指标体系，研究方法更为科学规范。

健康人力资本与收入的关系。邓力源、唐代盛、余驰晨（2018）指出农户非农就业收入占据收入来源的绝大部分比例。近年来学者关于农户非农就业收入研究主要关注教育、职业对其影响效应，而忽视健康状况在农户收入中的作用。利用中国家庭追踪调查（CFPS）数据研究健康人力资本对农户非农收入的影响。实证分析变量的选取方面，将健康指标的选取即包括健康的生理以及心理层面两个方面的因素。防止健康的内生性问题导致的估计结果的偏误，将滞后一期的健康指标用来表示居民的健康状况。实证模型选择问题方面，使用Heckman样本选择模型替代经典的最小二乘法以解决自选择问题。实证结果得出，健康人力资本对于农户非农就业选择，以及农户非农收入的获取都具有显著的正向影响。

教育以及迁移人力资本与代际收入流动性的关系。李勇辉、李小琴（2016）利用中国家庭追踪调查（CFPS）大样本微观数据，实证结果表明，人力资本投资与劳动力迁移都有助于提高代际收入流动性。接受教育水平越高的人群更易做出迁移决策。增加人力资本投资不仅自身可以提高代际收入流动性，还有助于劳动力迁移增加就业选择，进而再次提升代际收入流动性水平。邹薇、马占利（2018）指出在我国脱贫攻坚的关键时机，了解代际收入传递机制，可以帮助遏制贫困的代际传递。利用中国健康与营养调查（CHNS）数据库，使用分位数回归，以及转换矩阵法分析不同收入阶层的代际收入弹性。实证结果显示，处于低收入阶层的人群代际收入弹性更大，说明我国现在存在明显的贫困代际传递现象。通过 Logit 模型分析代际收入流动的影响因素，结果得出人力资本是影响代际收入流动的主要因素。人力资本中教育程度的提高，以及迁移都能促进收入的向上流动。

把握代际收入传递机制是改善代际收入流动性的基础。杨亚平、施正政（2016）认为改善我国代际收入流动性低的现实状况，需要对代际收入的传递机制有清醒的意识。根据中国家庭追踪调查（CFPS）2010 年数据研究我国代际收入传递机制的因果。计量模型选择问题上为了降低使用父代单年收入造成代际收入弹性向下的偏误，使用工具变量法减小这种误差。研究结果得出，我国代际收入弹性的估计值为 0.6，表明我国代际收入流动性低。代际收入弹性主要由父代收入所决定，父代收入决定了对子代投资额度。提高代际收入流动性首先要保障父代对子代投资的均等化。邹薇、郑浩（2014）认为教育是摆脱贫困面貌的有效途径，然而贫困家庭难以为子代提供充足的教育投资，子代收入很难向上层流动。利用中国健康与营养调查（CHNS）数据，实证分析结果得出，教育人力资本投资的机会成本，以及收益的风险性阻碍贫困家庭对子代进行人力资本投资。即使教育投资不存在风险，风险溢价问题也会削弱贫困家庭对子代教育投资的意愿。相比于富裕家庭，贫困家庭更容易放弃对子代的教育人力资本投资，导致家庭陷入贫困陷阱。

薛宝贵、何炼成（2016）指出，降低代际收入传递的前提是要准确把握代际收入传递机制。父代财富资本、社会资本、人力资本是代际收入传递的三大影响机制，削减三者之间的相互作用，并加大人力资本投资可以提高代际收入流动性。此后，二人于 2017 年指出，这三种机制也是影响城乡收入差距的三大因素。薛宝贵、何炼成（2018）再次提出我国居民收入呈现阶层固化的现象，处于高收入阶层的人群其子代更易处于富裕阶层，而低收入阶层的人群其子代更易处于贫困阶层。具备更充分的时间教导孩子学习；具备更多的资金对子代进行人力资本投资。社会资本方面，父代拥有的社会资本包括社会人脉资源、政治资源、职业信息等帮助子代就业。财富资本方面，我国遗产税尚未增收的情况下，父代财富向子代传递成本几乎为零，例如财富可以通过房产的形式遗传给子代。摩恩

（2018）研究发现，阶层收入差距代际传递也受到财富资本、社会资本、人力资本三大因素的影响，人力资本传递方面，高收入阶层首先本身具备较高的人力资本，能对子女产生较好的引领带头作用。关于代际收入传递机制的研究，袁磊（2016）也指出，父代拥有的财富、人力资本，以及家庭环境都是代际收入流动的传导途径。三种传导途径分别决定了子代的初始财富，以及子代未来的工资性收入。其中父代人力资本投资对子代收入影响最大。

国外学者关于代际收入流动性的研究起步较早。贝克尔和托姆斯（1979）首先提出了一个关于代际流动性的理论模型。在此基础上，大批学者相继利用实证数据分析了代际之间的流动性水平，提出代际收入弹性可以较好地反映代际流动性。早期的研究直接使用父辈和子辈单一年份的收入进行回归求得代际收入弹性，代际收入弹性越大，表示代际收入流动性水平越低。如贝赫曼和陶布曼（1985）测算出美国的代际收入弹性大约在 0.2 左右，存在着一定程度的代际收入流动性。由于单一年份的收入存在较大的暂时波动，会使得代际收入弹性估计值向下偏误（索伦，1992）。对此，索伦（1992）认为一个简单有效的方法是对个体的收入用年龄及其平方进行调整，或者运用工具变量对暂时性收入偏差和测量误差进行更正。在较近的研究中，迈尔和洛佩（2005）利用了美国动态收入面板数据估计了 1949~1956 年出生的男性代际收入弹性的变化趋势，发现 1953~1965 年出生的男性代际流动性最差，而 1960~1963 年出生的男性代际流动性最高。布兰德（2007）发现代际收入的各影响因素可以较好地解释英国代际收入流动性，其中受教育水平的解释能力最强。

随着我国贫富差距的扩大，国内学者也开始关注中国代际收入的流动性问题。如王海港（2005）利用中国居民入户调查中 1988 年和 1995 年的数据建立了子代收入与父代收入的回归方程，得到城镇居民在 1988 年和 1995 年的代际收入弹性分别为 0.384 和 0.424，表现出了阶层固化的趋势。韩军辉、龙志和（2011）利用中国健康与营养调查 1989~2006 年农村的面板数据分析了代际收入弹性，通过倾向得分加权和控制函数两步法考虑了工作选择偏误和同住偏误，得到代际收入弹性为 0.294。在借鉴国外的最新进展后，何石军、黄桂田（2013）运用中国健康与营养调查数据对我国代际收入流动性进行了较为深入地研究，通过收入均值法得出对我国 2000 年代际收入弹性为 0.66，2004 年弹性系数值为 0.49，2006 年弹性系数值为 0.35，2009 年弹性系数值为 0.46。杨亚平和施正政（2016）运用中国家庭追踪调查 2010 年数据，并借助工具变量法得出我国代际收入弹性系数值约为 0.6。鉴于我国学者对代际收入弹性测度值存在较大差异，邹薇（2018）利用分位数回归分析法，以及转换矩阵法重新度量代际收入弹性。

在对代际收入弹性做了大量研究之后，对代际流动性的研究开始重点关注父辈是通过何种机制将收入优势转移给子辈的。汪燕敏、金静（2013）利用中国健康与营养调查的数据，计算了教育在代际收入流动中的贡献率，结果发现，教育是父辈对子辈进行人力资本投资的重要方式，对代际收入流动有着显著的影响。陈漫雪、吕康银和王文静（2016）利用2013 年中国健康与养老追踪调查数据指出，父代收入通过增加子代人力资本投资影响子代收入，并指出代际收入流动存在"马太效应"。接着，吕之望、李翔（2017）利用中国健康与营养调查的数据，采用了标准的分解方法，研究了代际收入流动的传递机制，结果发现，教育水平和职业类型都是重要的传递渠道。李永辉（2016）、邹薇（2018）研究得出通过教育与迁移两种途径，能够极大影响代际收入流动性。教育可以提高代际收入流动性，同时受教育水平较高的群体更易发生迁移，而迁移也能够提高代际收入流动性。

已有文献对代际收入流动及其传递机制做了大量研究，也为本章的进一步研究奠定了良好的基础。但以往研究存在以下两个问题：第一，健康与教育一样都是人力资本的重要组成部分，已有的研究对此涉及较少。第二，在代际收入传递机制的研究中，大多以定性分析为主，未能从定量上准确把握各因素的贡献程度。因此，本章将努力在以下方面做出贡献：第一，将综合考察教育与健康人力资本在代际收入流动中的作用。第二，采用布兰登分解法计算教育与健康在代际收入流动中的贡献率，发现教育与健康在传递机制中所起作用的差异。第三，进一步分析父代对子代在教育与健康方面影响路径的差异，通过具体的定量分析提出有针对性的建议。同时，本章拟检验以下假设：

假设 1：父母收入能够提升子代教育水平。

假设 2：教育与健康是代际收入流动的重要媒介。

第二节　数据来源与描述性统计

本章使用的微观数据来源于安徽财经大学中国城乡发展公共政策研究所组织的社会调查。问卷调查在安徽省、甘肃省、山东省等 6 个省市开展，这 6 个省份分别属于中部、东部及西部地区，具有很好的代表性。调查对象为 45～60 岁人群，调查方法为随机调查。共发放问卷 2200 份，删除无效问卷后，总计回收有效问卷 2137 份。本章的被解释变量涉及问卷中的收入问题，因此，对有关收入变量筛选，剔除没有工作的个体，最终使用 2095 份符合条件的数据进行实证分析。部分变量说明如下：健康状况分为非常差、较差、一般、较好和非常好五个等级，分别用 1、2、3、4、5 表示。职业类型被划分为六大类并依次对各类职业进行赋值。其他具体变量定义见表 7-1。

表 7-1　　　　　　　　　　变量定义与描述性统计

变量	变量定义	均值	标准差	最小值	最大值
子代					
收入	子代最近一年收入（元）	56159.17	38084.61	1000	750000
教育水平	子代平均受教育年限	13.5528	3.5345	6	23
受教育程度					
小学及以下水平	小学及以下水平为 1；否为 0	0.0564	0.2307	0	1
初中水平	初中水平为 1；否为 0	0.1347	0.3415	0	1
高中水平	高中水平为 1；否为 0	0.3129	0.4638	0	1
大学水平	大学水平（大专及本科）为 1；否为 0	0.4061	0.4912	0	1
硕士及以上水平	硕士及以上水平为 1；否为 0	0.0898	0.2860	0	1
性别	子代（男性为 1；女性为 0）	0.5718	0.4899	0	1
年龄	子代年龄	27.0369	4.4070	18	45
健康水平	自评很好为 1；好为 2；良好为 3；一般为 4；不好为 5	4.3241	0.8357	1	5
出生体重	子代出生体重	6.6902	0.8573	4	10
身体质量指数					
过轻	BMI 低于 18.5 为 1，否为 0	0.1099	0.3128	0	1
正常	BMI 介于 18.5 和 23.9 之间为 1，否为 0	0.6636	0.4726	0	1
过重	BMI 高于 23.9 为 1，否为 0	0.2265	0.4187	0	1
职业					
农民	农民为 1；否为 0	0.0645	0.2456	0	1
工人	工人为 1；否为 0	0.0693	0.2540	0	1

变量	变量定义	均值	标准差	最小值	最大值
商业服务人员	商业服务人员为1；否为0	0.2920	0.4548	0	1
办事人员	办事人员为1；否为0	0.1476	0.3549	0	1
专业技术人员	专业技术人员为1；否为0	0.2486	0.4324	0	1
高级管理者	高级管理者为1；否为0	0.1780	0.3826	0	1
父亲					
收入	父亲最近一年收入（元）	55527.31	57880.76	0	1000000
教育水平	父亲平均受教育年限	9.7517	3.8051	0	23
受教育程度					
小学及以下水平	小学及以下为1，否为0	0.2775	0.4479	0	1
初中水平	初中水平为1，否为0	0.3157	0.4649	0	1
高中水平	高中水平为1，否为0	0.2679	0.4430	0	1
大学水平	大学水平（大专及本科）为1；否为0	0.1289	0.3352	0	1
硕士及以上水平	硕士及以上水平为1，否为0	0.0100	0.0997	0	1
年龄	父亲年龄	51.4907	4.4846	45	60
健康水平	父亲健康水平	3.7979	1.1523	1	5
身体质量指数					
过轻	BMI低于18.5为1，否为0	0.0433	0.2037	0	1
正常	BMI介于18.5和23.9之间为1，否为0	0.5710	0.4951	0	1
过重	BMI高于23.9为1，否为0	0.3857	0.4869	0	1
户籍	城镇为1；农村为0	0.3817	0.4859	0	1
职业					
农民	农民为1；否为0	0.2755	0.4466	0	1
工人	工人为1；否为0	0.1108	0.3138	0	1
商业服务人员	商业服务人员为1；否为0	0.2434	0.4292	0	1
办事人员	办事人员为1；否为0	0.0738	0.2615	0	1
专业技术人员	专业技术人员为1；否为0	0.1427	0.3504	0	1
高级管理者	高级管理者为1；否为0	0.1538	0.3609	0	1
母亲					
收入	母亲最近一年收入（元）	38112.80	38597.72	0	800000
教育水平	母亲平均受教育年限	8.5817	4.3621	0	23

变量	变量定义	均值	标准差	最小值	最大值
受教育程度					
小学及以下水平	小学及以下为1，否为0	0.4140	0.4927	0	1
初中水平	初中水平为1，否为0	0.2861	0.4520	0	1
高中水平	高中水平为1，否为0	0.1719	0.3774	0	1
大学水平	大学水平（大专及本科）为1；否为0	0.1227	0.3282	0	1
硕士及以上水平	硕士及以上水平为1，否为0	0.0053	0.0723	0	1
年龄	母亲年龄	50.14	4.49	45	60
健康水平	母亲健康水平	3.7382	1.1620	1	5
身体质量指数					
过轻	BMI低于18.5为1，否为0	0.0548	0.2277	0	1
正常	BMI介于18.5和23.9之间为1，否为0	0.6832	0.4654	0	1
过重	BMI高于23.9为1，否为0	0.2620	0.4398	0	1
户籍	城镇为1；农村为0	0.3965	0.4893	0	1
职业					
农民	农民为1；否为0	0.3296	0.4702	0	1
工人	工人为1；否为0	0.0864	0.2810	0	1
商业服务人员	商业服务人员为1；否为0	0.2961	0.4566	0	1
办事人员	办事人员为1；否为0	0.0792	0.2701	0	1
专业技术人员	专业技术人员为1；否为0	0.0998	0.2998	0	1
高级管理者	高级管理者为1；否为0	0.1089	0.3116	0	1

子代个体特征、收入特征与就业特征。子代个体特征变量选取包括性别、年龄和户籍。从性别来看，男性样本占比57%，女性样本占比43%，男性占据子代大部分比例。年龄变量中子代年龄平均值为27岁，正处于工作的黄金阶段。子代收入特征。子代收入采用的是最近一年的收入，表7-1可以看出，子代年收入均值达到56000多元，最低收入仅有1000元，与最高收入750000元相比收入差距甚为悬殊。子代从事的职业类型来看，从事商业服务人员及专业技术人员的样本比例最多，职业为农民的人员比例仅为6.45%，这表明子代偏向于在外务工谋取收入。

子代人力资本特征。教育水平方面，子代平均受教育年限达到13.55年，处于我国高中教育水平阶段。受教育年限的最小值为6年，教育程度只达到小学水平，远低于受教育年限均值，表明部分人群受教育程度仍旧较低。受教育程度细分为小学及以下水平、初中水平、高中水平、大学水平，以及硕士及以上水平。其中，教育程度为初中水平的样本占比达31.29%，仅次于教育程度为大学水平的样本占比的40.61%。受教育程度从总体来看，高中水平以上的样本占比约为八成，说明我国总体教育水平高于九年义务教育要求的标准。关于健康指标的选取，选用子代健康状况、出生体重及身体质量指数三项指标。子代健康水平均值为4.3，表明子代的身体健康状况处于较好的状态。借鉴学者的观点，出生体重可以作为衡量身体健康的标准。身体质量指数（BMI）= 体重（kg）/身高（m）^{2}，被用来衡量个人体重是否符合标准，18.5~23.9 为 BMI 的正常范围。子代体重处于 BMI 正常范围内的比例达到66.36%，表明大部分子代体重正常。

父代个体特征、收入特征与就业特征。父亲年龄均值为51岁，母亲年龄均值为50岁，两者年龄接近。父亲与母亲拥有城镇户籍的比例也十分接近。从收入水平来看，父亲年收入均值达到55000元，而母亲年收入均值仅为38000元，说明父亲担当家庭收入的主要经济来源，也折射出女性在劳动力市场中收入低于男性收入。从就业特征来看，父亲从事农民的职业比例均值达到27.55%，母亲从事农民职业的比例均值达到32.96%。这表明父代仍然有部分群体在家务农，以农民为职业获取家庭收入。父亲与母亲从事非农职业的比例占据八成，反映出随着我国经济的发展，非农收入占据家庭收入来源的主体地位。父代人力资本特征，从教育水平来看，父亲的平均受教育年限接近10年，处于我国高一的教育水平；母亲的平均受教育年限为8.58年，表明母亲基本上完成九年义务教育。受教育程度也可以看出，父亲教育程度为初中学历的样本数量最多，达到31.57%；母亲教育程度在小学及以下教育程度的人员最多，占据41.40%的比例。这说明在教育人力资本方面，母亲的教育水平明显低于父亲，相比于男性，女性在教育人力资本投资方面还存在不足，女性应该得到更多的教育投资。从健康水平来看，父亲与母亲的健康状况均值都为3.7，健康处于比较好的健康水平阶段。父亲的身体质量指数处于正常范围内的比例达到57.10%，母亲的身体质量指数处于正常范围内的比例达到68.32%。相比于父亲，母亲的体重更多的是处于正常范围之内的。

表7-1 给出了父代与子代各变量的统计性描述。从收入水平来看，子代的收入要略高于父亲的收入，但二者的收入都要高于母亲的收入水平大约18000元。这说明女性在劳动力市场中就业面临着严重的歧视问题，

导致其在家庭中承担着较弱的经济功能。从教育水平来看，子代的平均受教育年限比父亲高约3.64年，比母亲高约4.9年，表明随着社会经济的不断发展，社会整体更加重视教育的投资。父亲与母亲教育水平上的差异并不能代表整个社会教育的性别差异。这可能和我国传统的"门当户对"婚配观念有关，在择偶时，多数人会选择各方面和自己相近的人。因此，男性与女性在教育水平上的差异要大于父亲与母亲在教育水平上的差异。从健康状况看，子代的健康状况明显优于父代的健康状况，父亲与母亲的健康状况则没有表现出明显的差异。子代与父代健康状况的差异即受到了年龄的影响，也源于我国医疗卫生事业的发展。

转换矩阵法是反映代际收入关系的方法之一，利用该方法得到父代与子代收入关系的交叉表。从表7-2可知，通过简单的对比分析，父亲和母亲收入对代际收入的影响存在较大差异，父亲与子代的收入相关性表现得更为明显。父亲收入最低时，有43%的子代也进入最低收入组；而母亲组中，母亲收入最低时，仅有28%的子代进入最低收入组。在最高收入组中，父亲与母亲对子代收入的相关性的差异表现得更为明显，若父亲是最高收入组，子代有17%为最高收入组，有27%处于中低收入组；当母亲处于最高收入组，子代仅有10%处于中低收入组，而进入最高收入组的子代则高达26%。总体来看，父代处于最低收入组时，子代向上流动的比例较低，父代处于最高收入组时，子代依然能以较大的比例获得高收入，父代处于中等收入组的子代向上流动和向下流动的比例具有一定的对称性，但位于中等收入组的子代占有较大比例。这表明父代收入对于子代收入存在明显的代际传递现象，代际收入弹性可能会相对较高。

表7-2　　　　　　　　　父代—子代收入转换矩阵表　　　　　　　　单位：%

	分类	父亲收入					母亲收入				
		1	2	3	4	5	1	2	3	4	5
子代收入	1	43	14	6	7	7	28	10	5	3	5
	2	33	38	21	19	20	36	30	17	7	5
	3	13	38	48	38	17	24	43	45	47	17
	4	8	8	23	30	39	9	15	29	33	47
	5	3	2	3	6	17	3	2	4	10	26
	全部	100	100	100	100	100	100	100	100	100	100

注：表中的1、2、3、4、5依次表示收入<30000元、30000~50000元、50001~80000元、80001~150000元和>150000元。

第三节　理论模型与研究方法

一、理论模型

依据贝克尔和托姆斯理论框架，基于研究目的进行相应拓展，构建出本节实证分析的理论模型。该理论假设家庭 i 仅有一个父代和一个子代，子代的收入即为家庭的全部收入 Y_i^p。家长的收入只用于两个目的，增加消费以获得效用的提高，或者对子代进行投资从长期增加家庭总效用。在效用最大化的动机下，家庭会对有限的收入进行最优配置。子代人力资本 I_i 会直接影响其收入 Y_i^c，除了家庭收入之外，人力资本投资的回报率 r 以及一个含运气的广义禀赋 e_i^c 都会对子代收入产生影响。在效用最大化的目标下，测算父子代际间收入的相关性。

$$\max U_i = (1 - \alpha) \log C_i^p + \alpha \log Y_i^e \qquad (7-1)$$

$$\text{s. t. } Y_i^p = C_i^p + Y_i^e \qquad (7-2)$$

$$Y_i^e = I_i(1 + r) + e_i^c \qquad (7-3)$$

对此最优化模型求解后可得：

$$Y_i^c = \beta Y_i^p + \alpha e_i^c, \ \beta = \alpha(1 + r) \qquad (7-4)$$

式（7-4）中，β 即为代际收入弹性，反映两代人收入之间的相关性。为了便于数据处理，本节将收入相关变量进行对数化处理，此时的待估系数表示代际收入弹性。除此之外，模型中的收入为父代和子代的持久性收入，而本节所使用数据为父代和子代的单年收入。由于单年收入与持久收入往往存在较大的偏差，这将导致估计结果的向下偏误。索伦（1992）指出使用单年收入估计的代际收入弹性值相比于实际值偏小。为减少研究偏误程度，本节将个体的年龄及其平方项变量引入方程中。

二、研究方法

（一）分位数回归

基于 OLS 方法反映被解释变量的条件均值与解释变量之间的关系，只能给出父代收入对子代平均收入水平的影响程度，难以反映各收入分位点上的全貌。为了考察父代与子代在不同收入分布上的代际收入弹性，运用分位数回归法，利用解释变量和被解释变量的条件分位数进行建模，即估计一组回归变量 X 与被解释变量 Y 的分位数之间线性关系，试图揭示解

释变量对被解释变量本来分布的位置、刻度和形状的影响。相比于 OLS 回归，分位数回归结果更加稳健。而且分位数回归的假设条件相对不是那么严格，分位数回归假设条件分布 $y\,|\,x$ 的总体 q 分位数 $y_q(x)$ 是 x 的线性函数，即：

$$y_q(x_i) = x_i'\beta_q \qquad (7-5)$$

式（7-5）中，β_q 是各分位点回归系数值，其估计量 $\hat{\beta}_q$ 一般采用加权最小一乘法（WLAD）进行测算：

$$\min_{\beta_q} \sum_{i:y_i \geqslant x_i'\beta_q}^{n} q\,|\,y_i - x_i'\beta_q\,| + \sum_{i:y_i < x_i'\beta_q}^{n} (1-q)\,|\,y_i - x_i'\beta_q\,| \qquad (7-6)$$

式（7-6）采用线性规划中的单纯形法，表明实际值大于预测值，用 q 表示该残差的权重；若实际值小于预测值，残差权重为 $1-q$，进而求残差绝对值的加权和，使这个加权和最小的系数即为参数的估计值。可以证明，各分位点回归系数 $\hat{\beta}_q$ 是服从渐进正态分布的 β_q 的一致估计量。

（二）Blanden 分解法

为了考察子代教育与子代健康在代际收入流动中的贡献率，本节利用 Blanden 分解法对代际收入传递机制进行分析。分别代表子代与父代收入对数。

首先，需要通过式（7-7）求出代际收入弹性的估计值 β_1。

$$\ln y_1 = \beta_0 + \beta_1 \ln y_0 + \mu \qquad (7-7)$$

其次，实证检验附带收入对中间因素的影响效应。

最后，测算各中间因素在子代收入中的作用：

$$IN_k = \varphi_k + \lambda_k \ln y_0 + \mu_k \qquad (7-8)$$

$$\ln y_1 = \omega + \sum_{k=1}^{2} \theta_k IN_k + \nu \qquad (7-9)$$

式（7-8）中，IN_k 表示中间因素，其中 k 表示子代的人力资本水平。则式（7-8）和式（7-9）分别表示子代中间因素和收入的决定方程，父代收入用于对中间因素的影响效应大小用 λ_k 表示，θ_k 展示了中间因素对子代收入的影响效应，故而推出代际收入弹性的估计值由式（7-10）表示：

$$\beta_1 = \sum_{k=1}^{2} \lambda_k \theta_k + \frac{Cov(\nu, y_0)}{var(y_0)} \qquad (7-10)$$

因此，通过公式的变换，可以得出中间变量在代际收入传递过程中的贡献为：

$$\tau_k = \frac{\lambda_k \theta_k}{\beta_1} \qquad (7-11)$$

第四节　实证结果

一、代际收入流动性回归结果

表7-3是OLS方法估计的实证分析结果。可以看出，所有代际收入弹性系数的回归结果均在1%的统计性水平上显著。整体上，在子代收入的影响因素中，与父亲相关因素的影响效应较母亲表现得更为明显。这表明父亲在家庭经济中承担更重要的角色，其收入水平的高低对子代的收入水平更具影响力。从子代的不同性别来看，无论父亲还是母亲对儿子的收入影响程度都要显著高于对女儿的收入影响程度。表明父代对于男性子代表现得更加重视，会将更多的资源投于男性子代。这些与王海港（2005）运用中国社会科学院"城乡居民收入分配课题组"调查数据所分析的结果相似。但与胡洪曙和亓寿伟（2014）运用中国健康与营养调查数据的实证分析结果相比，本章所得出的代际收入弹性明显减小。这可能是由于本章中采用单年收入数据导致暂时性收入冲击的存在，从而造成代际收入弹性估计结果的向下偏误。

回归结果显示子代年龄对子代收入有着显著的正向影响，并且子代年龄对女性收入的影响程度高于对男性收入的影响程度。这是因为随着年龄的增长子代在工作中积累越来越多的工作经验，从而提高自身收入水平。子代年龄对子代收入的影响产生性别差异的原因可能在于除年龄之外，其他因素也影响男性收入，这也表明影响男性收入的因素更为广泛。同时可以看出父代年龄对子代收入也有影响，并且从子代性别来看父代年龄对儿子收入有着显著的正向影响，对女儿收入影响不显著。这可能是因为父代随着年龄的增长，积累更多的财富资本以及社会资源，这些资本会投资到儿子身上，增加儿子收入。然而父代随着年龄的增长待女儿成年之后出于婚嫁的原因，收入不再受父代年龄的影响。

表7-3　　　　　　　　　　代际收入流动性的OLS回归结果

变量	父亲			母亲		
	全部	儿子	女儿	全部	儿子	女儿
父代收入对数	0.1671 *** (0.0259)	0.1812 *** (0.0343)	0.1397 *** (0.0385)	0.0518 *** (0.0083)	0.0589 *** (0.0118)	0.0404 *** (0.0105)

变量	父亲			母亲		
	全部	儿子	女儿	全部	儿子	女儿
子代年龄	0.1330 ** (0.0563)	0.1018 * (0.0523)	0.2807 *** (0.0490)	0.1417 *** (0.0518)	0.0883 ** (0.0376)	0.3148 *** (0.0457)
子代年龄平方	− 0.0018 * (0.0010)	− 0.0012 (0.0009)	− 0.0047 *** (0.0009)	− 0.0022 ** (0.0009)	− 0.0013 ** (0.0006)	− 0.0052 *** (0.0008)
父代年龄	0.1685 * (0.0916)	0.1910 * (0.1000)	0.0129 (0.1276)	0.1769 ** (0.0756)	0.2723 *** (0.0841)	− 0.0450 (0.9965)
父代年龄平方	− 0.0015 * (0.0009)	− 0.0017 * (0.0010)	0.0001 (0.0012)	− 0.0015 ** (0.0008)	− 0.0023 *** (0.0008)	0.0006 (0.0010)
常数项	2.0074 (1.9112)	1.7349 (2.2351)	4.2143 (2.9809)	2.9393 * (1.5594)	1.1186 (1.9655)	6.4416 *** (2.3009)
调整后 R^2 值	0.1931	0.1973	0.1971	0.1396	0.1487	0.1428

注：（1）回归方程中的被解释变量为子代收入对数。（2）*** 、** 、* 表示在1%、5%、10%的统计水平上显著。（3）系数下面括号内为稳健标准误。

二、不同收入阶层的代际收入流动性

均值回归是从子代收入的平均值分析父母相关因素对其影响效应，难以反映子代不同收入水平下的代际收入流动性状况。表7-4、表7-5、表7-6和表7-7利用分位数回归方法测算子代在不同收入阶层中代际收入的相关性。从整体上而言，各分位点上，代际收入弹性与 OLS 法回归的结果相一致。从收入分布的两端来看，低端的代际收入弹性要显著高于顶端的代际收入弹性，表明低收入阶层代际收入流动性相对不足，面临着更加严重的阶层固化问题。这也在实证上验证了表7-2中父代收入与子代收入在低收入组与高收入组的分布特点。具体来看，表7-4给出了父亲与儿子代际收入流动性的分位数回归结果，父亲与儿子的代际收入弹性系数在30%分位点达到最高值为0.4166，在低收入水平上，父亲收入对子代收入的影响程度相对较大，而在高收入水平上，代际收入流动性明显增大。

表7-4可以看出在不同的收入分位点上，子代年龄只在80%分位点对子代收入产生显著的正向关系（5%的水平上显著），其余分位点对子代收入影响不显著。这可能是因为对于高收入阶层的子代而言年龄是影响自身收入的关键因素，对于低收入阶层的男性而言影响自身收入的因素更为广泛。父亲年龄在10%分位点对儿子收入产生正向影响，其余收入分位点

表 7-4

父亲与儿子代际收入流动性的分位数回归结果

变量	q10	q20	q30	q40	q50	q60	q70	q80	q90
父亲收入对数	0.3540 *** (0.0340)	0.4003 *** (0.0362)	0.4166 *** (0.0383)	0.3962 *** (0.0336)	0.3685 *** (0.0468)	0.2847 *** (0.0452)	0.2417 *** (0.0432)	0.1375 *** (0.0511)	0.0981 *** (0.0254)
子代年龄	0.1137 (0.1281)	0.1859 (0.1257)	0.1707 (0.1126)	0.1411 (0.0950)	0.0942 (0.0872)	0.0931 (0.0697)	0.0838 (0.0691)	0.1796 ** (0.0834)	0.0443 (0.0563)
子代年龄平方	-0.0014 (0.0022)	-0.0026 (0.0022)	-0.0023 (0.0020)	-0.0020 (0.0016)	-0.0013 (0.0015)	-0.0012 (0.0012)	-0.0011 (0.0012)	-0.0026 * (0.0015)	-0.0001 (0.0010)
父亲年龄	0.3929 * (0.2008)	0.1696 (0.2352)	0.0673 (0.1296)	0.0408 (0.0981)	0.0186 (0.1164)	0.0862 (0.1166)	0.0845 (0.1636)	0.0320 (0.1518)	0.0885 (0.1207)
父亲年龄平方	-0.0036 * (0.0019)	-0.0014 (0.0023)	-0.0005 (0.0012)	-0.0002 (0.0009)	0.0001 (0.0011)	-0.0007 (0.0011)	-0.0007 (0.0016)	-0.0003 (0.0015)	-0.0008 (0.0012)
常数项	-6.3502 (3.9673)	-1.7631 (4.7036)	1.1532 (2.4816)	2.5952 (1.9619)	4.2425 * (2.4854)	3.7454 (2.5622)	4.6091 (3.7812)	6.0630 (3.7846)	6.8226 ** (2.9325)
调整后 R² 值	0.1560	0.1843	0.1729	0.1598	0.1450	0.1246	0.1017	0.0793	0.0507

注: (1) 回归方程中的被解释变量为子代收入对数。(2) ***、**、* 表示在 1%、5%、10% 的统计水平上显著。(3) 系数下面括号内为稳健标准误。

对儿子收入影响均不显著。这种结果可能因为儿子处于工作起步阶段收入较低，此时父亲随着年龄的增长能够提供儿子更多的社会资本，有助于其事业上升，从而提高自身收入。

表7-5是关于母亲与儿子收入相关性的分位数回归结果。可以看出，与父亲对儿子的影响规律相似，母亲与儿子的收入弹性系数随着分位点的提高呈现出先增大后减小的趋势。但在20%收入分位点，代际收入弹性系数达到最高值为0.2609，表明相对于父亲和子代之间的代际收入流动情况，母子间的代际收入相关问题更容易得到改善，进而提高代际收入流动性。并且在各个收入的分位点上，与父亲相比，母亲对子代收入的影响系数都相对较小。充分展现父亲在家庭中的"主心骨"作用，父亲在各方面的表现会对其孩子产生更大的影响。

子代年龄在80%及90%分位点时，对子代收入产生显著的正向关系（1%的水平上显著）。这与表7-4结果相一致，处于高收入阶层的子代，其年龄对自身收入产生显著影响。回归结果可以看出母亲年龄在子代收入处于10%~70%分位点之间时，对儿子收入都有着显著影响。相比于表7-4的回归结果可以看出，母亲年龄对儿子收入的影响程度要高于父亲年龄对儿子收入的影响程度。这种结果可能是因为相比于父亲，母亲对儿子收入影响的途径较为单一，而父亲对儿子收入影响的途径更为多样化。

与父母对儿子影响的分布不同，父母与女儿的代际收入弹性系数呈现出单调变化的特征。表7-6展示了父亲收入与女儿各分位点收入的回归结果。表7-7给出了母亲与女儿代际收入流动性的分位数回归结果。通过对比可以发现，父母与女儿的代际收入弹性系数变化趋势表现出了类似的特征，代际收入弹性系数随着收入分位点的提高总体呈现逐渐下降的趋势，但具体的转折点却是不同的。父亲与女儿的代际收入弹性系数在前四个分位点基本保持在同一水平，在50%分位点后出现了明显的下降，而母亲与女儿的代际收入弹性系数表现出递减的趋势。这表明在高收入水平的群体中，收入的代际相关性逐渐减弱，收入呈现较强的代际流动性。

通过表7-6与表7-7的分位数回归结果可以发现，子代年龄在不同的收入分位点上对子代收入都有着显著的正向影响。这表明女性的年龄是影响自身收入的关键因素，随着年龄的增长会积累更丰富的工作经验从而增加自身收入。父亲年龄在每个收入阶层对女儿收入的影响都不显著，而母亲年龄也只在70%分位点对女儿收入产生显著的负向关系，其余收入分位点对女儿收入影响都不显著。这种结果可能是因为随着母亲年龄的增大，女儿在达到高收入阶层时会倾向于把更多的时间留给母亲，伴随工作

表7-5

母亲与儿子代际收入流动性的分位数回归结果

变量	q10	q20	q30	q40	q50	q60	q70	q80	q90
母亲收入对数	0.2547*** (0.0635)	0.2609*** (0.0519)	0.1899*** (0.0531)	0.1305*** (0.0320)	0.1144*** (0.0244)	0.0583* (0.0227)	0.0445** (0.0168)	0.0313** (0.0113)	0.0142 (0.0094)
子代年龄	0.0526 (0.1116)	0.0476 (0.1025)	0.0402 (0.0760)	0.0311 (0.0453)	0.0398 (0.0449)	0.0702 (0.0445)	0.0976* (0.0536)	0.1389*** (0.0366)	0.1808*** (0.0486)
子代年龄平方	-0.0007 (0.0020)	-0.0003 (0.0018)	-0.0004 (0.0012)	-0.0004 (0.0007)	-0.0005 (0.0007)	-0.0011 (0.0008)	-0.0014 (0.0009)	-0.0020*** (0.0006)	-0.0028*** (0.0008)
母亲年龄	0.3478* (0.1847)	0.4219* (0.1654)	0.3719*** (0.1285)	0.3286*** (0.1126)	0.3921*** (0.0975)	0.4015*** (0.0783)	0.2587** (0.1076)	0.1173 (0.0893)	-0.1692 (0.1409)
母亲年龄平方	-0.0030* (0.0018)	-0.0039* (0.0016)	-0.0033*** (0.0012)	-0.0029*** (0.0011)	-0.0035*** (0.0010)	-0.0036** (0.0007)	-0.0023** (0.0011)	-0.0010 (0.0009)	0.0019 (0.0014)
常数项	-3.1176 (3.6902)	-4.5465 (3.2914)	-2.4249 (2.7468)	-0.3028 (2.5938)	-1.7286 (2.1507)	-1.6388 (1.9771)	2.0370 (2.7853)	5.4311** (2.3172)	12.2564*** (3.5335)
调整后 R² 值	0.1258	0.1336	0.1093	0.0960	0.0901	0.0763	0.0599	0.0556	0.0453

注：（1）回归方程中的被解释变量为子代收入对数。（2）***、**、* 表示在1%、5%、10% 的统计水平上显著。（3）系数下面括号内为稳健标准误。

表 7-6

父亲与子女代际收入流动性的分位数回归结果

变量	q10	q20	q30	q40	q50	q60	q70	q80	q90
父亲	0.3212*** (0.0541)	0.3125*** (0.0394)	0.3257*** (0.0430)	0.3149*** (0.0530)	0.2847*** (0.0522)	0.2633*** (0.0642)	0.1617** (0.0690)	0.1216* (0.0661)	0.0547 (0.0439)
子代年龄	0.2906*** (0.0738)	0.2291*** (0.0331)	0.2832*** (0.0538)	0.3163*** (0.0602)	0.2342*** (0.0702)	0.2178*** (0.0591)	0.1946*** (0.0501)	0.2217*** (0.0537)	0.3108*** (0.0566)
子代年龄平方	-0.0051*** (0.0014)	-0.0038*** (0.0006)	-0.0047*** (0.0010)	-0.0053*** (0.0011)	-0.0039*** (0.0013)	-0.0037*** (0.0011)	-0.0033*** (0.0010)	-0.0035*** (0.0011)	-0.0048*** (0.0011)
父亲年龄	0.1491 (0.2102)	-0.0224 (0.1214)	0.0469 (0.1234)	0.0994 (0.1202)	0.1234 (0.1172)	0.0184 (0.1554)	-0.0590 (0.1890)	-0.0928 (0.2479)	-0.2483 (0.2496)
父亲年龄平方	-0.0011 (0.0020)	0.0005 (0.0012)	-0.0002 (0.0012)	-0.0007 (0.0012)	-0.0009 (0.0011)	0.0001 (0.0015)	0.0007 (0.0018)	0.0011 (0.0024)	0.0024 (0.0024)
常数项	-2.0319 (5.0502)	3.6249 (3.0108)	1.0675 (2.6450)	-0.5967 (2.5633)	0.3683 (2.5046)	3.7413 (3.4642)	7.4302 (4.6471)	8.3580 (6.2336)	12.3571** (6.0460)
调整后 R² 值	0.1599	0.1886	0.1911	0.1617	0.1421	0.0923	0.0952	0.0828	0.0810

注：（1）回归方程中的被解释变量为子代收入对数。（2）***、**、* 表示在 1%、5%、10% 的统计水平上显著。（3）系数下面括号内为稳健标准误。

表7-7

母亲与女儿代际收入流动性的分位数回归结果

变量	q10	q20	q30	q40	q50	q60	q70	q80	q90
母亲	0.2321*** (0.0580)	0.1554** (0.0670)	0.0804* (0.0597)	0.0509* (0.0425)	0.0541** (0.0278)	0.0528*** (0.0132)	0.0391*** (0.0125)	0.0309** (0.0138)	0.0180 (0.0175)
子代年龄	0.2370** (0.0933)	0.2954*** (0.0396)	0.3699*** (0.0529)	0.4128*** (0.0770)	0.4188*** (0.0945)	0.2871*** (0.1104)	0.2940*** (0.0415)	0.2508*** (0.0543)	0.2690*** (0.1004)
子代年龄平方	-0.0040** (0.0018)	-0.0049*** (0.0008)	-0.0061*** (0.0010)	-0.0071*** (0.0014)	-0.0071*** (0.0016)	-0.0049*** (0.0018)	-0.0051*** (0.0007)	-0.0041*** (0.0010)	-0.0042** (0.0018)
母亲年龄	0.0626 (0.2178)	0.0313 (0.1367)	-0.0144 (0.1162)	-0.1755 (0.1502)	-0.2074 (0.1395)	-0.1544 (0.1314)	-0.1875* (0.1042)	-0.1132 (0.1106)	0.0102 (0.2017)
母亲年龄平方	-0.0004 (0.0022)	-0.0001 (0.0013)	0.0003 (0.0012)	0.0020 (0.0015)	0.0022 (0.0014)	0.0018 (0.0013)	0.0021** (0.0010)	0.0013 (0.0011)	-0.0001 (0.0019)
常数项	2.1732 (5.4808)	3.1834 (3.3376)	4.1839 (2.7338)	7.9329 (3.6389)	8.9912*** (3.3826)	9.5396*** (2.4383)	10.5998*** (2.3125)	9.4295*** (2.8996)	6.5102 (4.9122)
调整后 R^2 值	0.0852	0.1143	0.1077	0.0825	0.0768	0.0500	0.0752	0.0767	0.0707

注:(1)回归方程中的被解释变量为子代收入对数。(2)***、**、*表示在1%、5%、10%的统计水平上显著。(3)系数下面括号内为稳健标准误。

时间的减少，收入自然降低。父母年龄在其他收入分位点对女儿收入影响不显著，可能是因为父母通过其他渠道影响女儿收入。

三、教育与健康和代际收入的传递机制分析

（一）代际收入传递机制估计结果

通过上述的各种实证检验，发现代际间存在显著的收入传递效应，但从实证分析结果看，并没有厘清收入代际传递的具体路径。因此，必须深入探究收入是通过何种路径在代际之间传递，进而实现代际收入流动性研究的创新与突破。具体研究结果如表7-8所示，其中，Model（1）和Model（4）是"简单代际收入弹性"的估计结果，Model（2）、Model（3）、Model（5）以及 Model（6）是逐步回归结果。通过数据结果对比，发现将子代的教育水平引入分析框架中，父亲与子代的代际收入弹性发生明显的变化，由原来的0.1589变为0.1340，缩小了15.59%；将子代的健康状况引入方程中，代际收入弹性产生微小的变化，缩小了3.96%。同样，在引入子代教育变量的回归结果中，代际收入弹性减小为0.0365；而将子代健康状况考虑在内时，代际收入弹性发生微小变化，减小为0.0444。可以发现，无论父亲还是母亲在对子代的收入影响中，子代教育和子代健康都起到了重要的作用。与父亲相比，子代教育与子代健康对于母亲与子代的代际收入弹性具有更强的解释力。同时，与子代健康相比，子代教育在父母与子代的代际收入弹性中更具解释力。

表7-8 代际收入流动性的条件代际收入弹性回归结果

变量	父亲			母亲		
	Model（1）	Model（2）	Model（3）	Model（4）	Model（5）	Model（6）
父代收入对数	0.1589 *** (0.0258)	0.1340 *** (0.0242)	0.1526 *** (0.0258)	0.0486 *** (0.0082)	0.0365 *** (0.0079)	0.0444 *** (0.0082)
子代教育水平		0.0418 *** (0.0040)			0.0467 *** (0.0039)	
子代健康水平			0.0519 *** (0.0155)			0.0697 *** (0.0161)
常数项	9.0877 *** (0.2765)	8.7838 *** (0.2483)	8.9286 *** (0.2700)	10.2905 *** (0.0842)	9.7764 (0.0897)	10.0305 *** (0.0956)
调整后 R^2 值	0.0875	0.1433	0.0926	0.0283	0.0987	0.0370

注：（1）回归方程中的被解释变量为子代收入对数。（2）***、**、* 表示在1%、5%、10%的统计水平上显著。（3）系数下面括号内为稳健标准误。

（二）代际收入传递机制分解结果

通过表7-8的分析结果，可知子代教育与子代健康对代际收入弹性的影响较为明显。接下来，表7-9利用布兰登分解法给出了子代教育与子代健康在代际收入弹性中的具体贡献程度。可以看出，子代性别差异和人力资本差异在代际收入传递机制中表现各异。综合来看，在父母与儿子的收入传递过程中，子代健康和教育对母子之间的代际收入流动贡献更大。其中，子代教育水平对于父子之间收入的传递的贡献达到20.25%，远高于贡献率仅为4.10%的子代健康状况；而子代教育在母子的收入传递过程中的作用明显优于父子，贡献率达到27.48%，健康在母子代际收入传递中的贡献率仅为6.74%。与男性相比，子代人力资本对于女性代际收入传递贡献率都明显地缩小，但健康对其代际收入的贡献都比男性的大。对于女儿来言，在父亲收入对其影响的过程中，教育和健康的贡献率分别为11.09%和8.30%；女儿的教育水平在母亲收入对其影响过程中的贡献率为18.05%，高于子代健康在母女代际收入传递中的贡献率10.92%。

表7-9　　　　　　　　代际收入流动性的 Blanden 法分解结果

变量		父亲		母亲	
		儿子	女儿	儿子	女儿
子代教育水平	λ_1	0.7031	0.3452	0.3101	0.1624
	θ_1	0.0522	0.0449	0.0522	0.0449
	τ_1	0.2025	0.1109	0.2748	0.1805
子代健康水平	λ_2	0.1213	0.1269	0.0648	0.0460
	θ_2	0.0613	0.0959	0.0613	0.0959
	τ_2	0.0410	0.0830	0.0674	0.1092
累计贡献率		0.2435	0.1939	0.3422	0.2897

从整体上看，子代人力资本状况对代际收入传递的贡献很大，在父子间的综合贡献率为24.35%，在母子代际收入传递中的贡献作用表现更加显著，综合贡献率达到34.22%。在女性样本中，子代教育和子代健康在父女代际收入传递中的累计贡献率达到19.39%，在母女代际收入传递中的累计贡献率达到28.97%。与母亲相比，子代教育和子代健康在父亲与子代的代际收入传递中占有较小的比重，表明父亲收入可能通过其他渠道对子代收入产生了重要的影响，也意味着父亲收入对子代收入的影响机制更加多元化。父代对子代健康的投资系数与子代健康的回报率并没有表现出类似的

关系。其中，母亲对女儿健康的投资系数要低于女儿健康的回报率。同时，因为性别的差异，健康和教育对其影响呈现差异化现象。而教育投资回报率并未表现出明显的性别差异，但父代对儿子的教育投资系数要显著地高于父代对女儿的投资系数；针对健康人力资本而言，结果却与此相反。

四、教育与健康在代际之间的传递路径

由代际收入流动性的 Blanden 法分解结果可知，子代的健康和教育状况是代际收入传递的重要媒介。先前研究表明健康和教育会对收入产生重要影响，而子代教育和健康是代际收入流动的中介，那么代际之间是否会存在健康和教育水平的传递？若存在代际传递效应，传递路径如何？这都需要运用数据进行实证验证。表 7 - 10 初步分析了父母收入水平的影响因素，由回归结果可以发现，教育与健康状况的改善有利于父代收入的提升，并且这种显著性水平也没有随着加入更多的变量而发生变化，说明教育与健康的影响是稳健的。但将健康水平替换成身体质量指数后发现其对收入并不存在显著性的影响。从 Model (9) 与 Model (13) 来看，与小学及以下教育水平相比，父亲的受教育程度越高，获得收入也相应变得越高，其健康水平每提高 1 个单位会使得收入增长 12.81%；母亲教育水平也显著改善了其收入状况，相对于小学及以下教育水平，更高层次的学历水平对收入的促进作用表现得更为明显，其健康水平每提高 1 个单位会使得收入增长 23.29%。无论在教育方面还是在健康方面，与父亲相比母亲的回报率更高。这可能是在边际效应递减的作用下，母亲的低教育水平和较差的健康状况表现出了更高的回报率。同时，为了达到帕累托最优，实现资源的优化配置，应该在资源分配过程有目的地向女性倾斜，进而提高整个社会的福利水平。

从 Model (9) 与 Model (13) 来看，与农民相比，父亲从事的职业类型对收入有着显著的正向作用，其中职业为专业技术人员对父亲收入影响程度最高；母亲从事的职业类型对收入也有着显著的正向作用，其中从事高级管理者对母亲收入影响程度最高。从 Model (7) 与 Model (11) 来看，除教育对父代收入有着显著的正向影响外，父代户籍对收入也有着显著的正向影响。这表明拥有城镇户籍对父代收入起着积极促进作用，相比农村人口，城镇人口可以获取更多就业信息，有助于提高自身收入。Model (7) 与 Model (11) 也可以看出父代年龄对父代收入有着显著的负向关系。这表明父代随着年龄的增加将逐渐退出劳动力市场被年轻群体所取代，收入随着年龄增加会慢慢减少。父代年龄与父代户籍对父代收入的影响在 Model (8) 与 Model (12) 回归结果中表现出相同的趋势。

表 7 - 10　　父代收入决定方程回归结果

变量	父亲				母亲			
	Model (7)	Model (8)	Model (9)	Model (10)	Model (11)	Model (12)	Model (13)	Model (14)
父代受教育程度（对照组：小学及以下水平）								
初中水平	0.2285 *** (0.0731)		0.1926 *** (0.0647)	0.1918 *** (0.0649)	0.4787 *** (0.1183)		0.4550 *** (0.1176)	0.4520 *** (0.1188)
高中水平	0.4014 *** (0.0794)		0.2560 *** (0.0715)	0.2511 *** (0.0720)	0.7862 *** (0.1259)		0.5049 *** (0.1265)	0.5059 *** (0.1276)
大学水平	0.7700 *** (0.0866)		0.4985 *** (0.0774)	0.5353 *** (0.0727)	1.5682 *** (0.1091)		1.0187 *** (0.1023)	1.1261 *** (0.1083)
硕士及以上水平	1.5006 *** (0.1819)		1.2312 *** (0.1835)	1.2454 *** (0.1827)	2.2206 *** (0.2548)		1.6975 *** (0.2333)	1.8277 *** (0.2507)
父代年龄	-0.0177 *** (0.0058)	-0.0098 * (0.0059)	-0.0091 (0.0055)	-0.0132 ** (0.0055)	-0.0314 ** (0.0105)	-0.0288 *** (0.0107)	-0.0266 * (0.0103)	-0.0371 *** (0.0105)
父代户籍	0.1030 * (0.0581)	0.2530 *** (0.0504)	-0.0213 (0.0495)	0.0042 (0.0498)	0.2844 ** (0.1004)	0.6280 *** (0.0888)	0.1212 (0.0978)	0.1692 * (0.0989)
父代健康水平	0.2115 *** (0.0314)	0.2115 *** (0.0314)	0.1281 *** (0.0279)			0.3567 *** (0.0457)	0.2329 *** (0.0460)	
父代身体质量指数（对照组：过轻）								
正常				-0.0558 (0.0686)				-0.2074 (0.1273)

变量	父亲				母亲			
	Model (7)	Model (8)	Model (9)	Model (10)	Model (11)	Model (12)	Model (13)	Model (14)
过重				0.0562 (0.0699)				0.0230 (0.1428)
父代职业（对照组：农民）								
工人			0.4558*** (0.0921)	0.4603*** (0.0947)			0.4309** (0.1642)	0.4659*** (0.1646)
商业服务人员			0.4503*** (0.0692)	0.4559*** (0.0698)			0.0772 (0.1363)	0.0952 (0.1358)
办事人员			0.4083*** (0.0712)	0.4663*** (0.0703)			0.5932*** (0.1325)	0.6617*** (0.1319)
专业技术人员			0.5782*** (0.0557)	0.6453*** (0.0559)			0.5876*** (0.1348)	0.7636*** (0.1321)
高级管理者			0.5117*** (0.0721)	0.5956*** (0.0676)			0.7531*** (0.1054)	0.8920*** (0.1032)
常数项	11.1724*** (0.2961)	10.2007*** (0.3479)	10.0472*** (0.3169)	10.7153*** (0.2918)	10.8762*** (0.5211)	9.7443*** (0.5717)	9.7303*** (0.5515)	11.1826*** (0.5495)
调整后 R^2 值	0.0712	0.0692	0.1408	0.1276	0.0879	0.0782	0.1262	0.1146

注：（1）回归方程中的被解释变量为父代收入对数。（2）***、**、* 表示在1%、5%、10%的统计水平上显著。（3）系数下面括号内为稳健标准误。

表 7-11 给出了子代教育决定方程的回归结果。从 Model（15）可以看出，父亲的收入水平和受教育程度对于子代的教育水平有着重要的影响，并且三者都在 1% 的统计性水平上显著。在 Model（16）中加入父代的职业以及子代的性别、年龄和户籍等控制变量后，其他变量对子代教育的影响并未发生明显的变化，表明回归结果是具有稳健性。具体来看，父亲收入对子代教育水平产生显著影响，通常来讲父亲收入是家庭收入的主要来源，在家庭预算约束下，为达到家庭整体效用最大化，会对父亲的收入进行合理配置，这在一定程度上决定了子代的教育投资水平（贝克尔和托姆斯，1986）。父亲从事高层次的职业显著提高子代的教育水平，由此可见，父代社会资本的积累也有可能通过子代的教育状况改善实现代际传递。父亲的教育水平对子代教育水平的影响最重要，表明父亲的教育程度越高，对子女的教育问题会越重视。还有一种可能是由于存在内生性的问题，即父亲受教育程度高是其自身能力高的结果，而这种能力会通过生物因素遗传给子代。

与父亲相比，母亲的收入和受教育程度对于子代教育水平的影响更大，其中母亲收入对于子代教育水平的影响效应表现得弱一些。在加入其他相关变量之后，虽然母亲收入和教育程度对子代教育水平的影响效应有所减弱，但整体上还是对子代教育水平存在显著的促进作用。不过母亲收入系数的显著性有所下降，表明母亲对子代教育水平的影响主要在于对教育问题的重视程度。在 Model（19）中同时前两个模型的所有父代相关变量，发现父亲的收入水平、教育水平以及职业对子代的教育水平有着显著的影响，但影响系数较单独考虑父亲变量时有所下降。而母亲的收入对于子代的教育水平没有显著的影响，表明父母对于子代教育水平的影响程度以及影响路径都存在着差异。从子代控制变量来看，男性子代相比于女性子代有着更高的平均教育水平，表明当前的中国社会依然存在着重男轻女的思想。同时，拥有城镇户口的子代比拥有农业户口的子代有着更高的平均教育水平，表明中国社会的城乡差异问题严重，户籍制度以及城乡二元体制造成了教育资源分配的不均衡。

表 7-11　　　　　　　　　　子代教育决定方程回归结果

变量	父亲		母亲		父代
	Model（15）	Model（16）	Model（17）	Model（18）	Model（19）
父亲收入对数	0.3061 *** (0.0665)	0.2085 *** (0.0724)			0.1906 *** (0.0716)

变量	父亲		母亲		父代
	Model（15）	Model（16）	Model（17）	Model（18）	Model（19）
父代受教育程度（对照组：小学及以下水平）					
初中水平	1.5248 *** (0.1929)	1.2699 ** (0.1930)			1.0484 *** (0.1971)
高中水平	2.8502 *** (0.2024)	2.4506 *** (0.2172)			2.0061 *** (0.2329)
大学水平	3.3859 *** (0.2529)	2.5757 *** (0.2892)			2.2405 *** (0.3644)
硕士及以上水平	6.0133 *** (0.6349)	5.1669 *** (0.6813)			4.6436 *** (0.7037)
父亲职业（对照组：农民）					
工人		−0.0267 (0.2397)			−0.1966 (0.2694)
商业服务人员		0.4583 ** (0.2137)			0.5257 ** (0.2607)
办事人员		0.5840 * (0.3081)			0.4436 (0.3282)
专业技术人员		0.1651 (0.2749)			0.3063 (0.2937)
高级管理者		1.0043 *** (0.2622)			1.0579 *** (0.3040)
母亲收入对数			0.1104 *** (0.0383)	0.0874 * (0.0400)	0.0603 (0.0405)
母亲受教育程度（对照组：小学及以下水平）					
初中水平			1.6709 *** (0.1767)	1.2239 *** (0.1871)	0.6340 * (0.1868)
高中水平			2.5067 *** (0.2125)	1.8654 *** (0.2440)	0.8049 ** (0.2551)
大学水平			2.7398 *** (0.2489)	2.0541 *** (0.2931)	0.5524 (0.3599)
硕士及以上水平			5.2497 *** (1.1800)	4.6983 *** (1.1718)	1.6010 * (0.9824)

变量	父亲		母亲		父代
	Model (15)	Model (16)	Model (17)	Model (18)	Model (19)
母亲职业（对照组：农民）					
工人				0.6682 ** (0.2929)	0.5503 ** (0.3069)
商业服务人员				0.3053 (0.1942)	-0.1744 (0.2343)
办事人员				1.3876 *** (0.2872)	0.8678 *** (0.3129)
专业技术人员				-0.3272 (0.3324)	-0.7170 ** (0.3454)
高级管理者				0.5241 *** (0.2977)	-0.2185 (0.3327)
子代性别		0.2848 ** (0.1455)		0.3511 ** (0.1500)	0.2846 ** (0.1459)
子代年龄		-0.0429 ** (0.0172)		-0.0277 (0.0181)	-0.0318 * (0.0174)
子代户籍		0.6020 *** (0.1883)		0.7797 *** (0.1929)	0.4251 ** (0.1996)
常数项	8.5643 *** (0.6918)	10.2181 *** (0.9338)	11.1877 *** (0.3704)	11.5705 *** (0.6623)	9.4633 *** (0.9769)
调整后 R^2 值	0.1651	0.1912	0.1221	0.1518	0.2104

注：（1）回归方程中的被解释变量为子代的教育水平。（2）***、**、* 表示在1%、5%、10%的统计水平上显著。（3）系数下面括号内为稳健标准误。

表7-12给出了子代健康决定方程的回归结果。从 Model (20) 可以看出，父亲的收入和健康水平对子代的健康状况有着显著的影响，其中健康对子代收入的影响效应明显大于收入的影响。并且，在 Model (21) 中加入父亲的职业和子代的性别、年龄，以及户籍等控制变量后，父亲职业并未对子代健康状况造成显著的影响，父亲健康水平的影响显著且影响程度最大。表明子代的健康水平很大程度上取决于父亲的健康水平，这种影响路径可能是健康水平较高的父亲生活方式更加健康，这对在同一家庭环境中生活的子代产生了直接的影响，从而会提高子代的健康水平。除了后

天因素的影响，先天因素可能也起到了重要的作用，即健康的体质会通过生物因素遗传给下一代。与父亲相比，母亲对子代健康水平的影响也表现出了类似的特点。在 Model（24）加入父亲、母亲及子代的相关变量后，上述结论依然是成立的。而且，子代的健康水平表现出了显著的性别差异和城乡差异。

表 7 - 12　　　　　　　　　子代健康决定方程回归结果

变量	父亲		母亲		父代
	Model（20）	Model（21）	Model（22）	Model（23）	Model（24）
父亲收入对数	0.0023 （0.0136）	0.0049 （0.0140）			0.0029 （0.0232）
父亲健康水平	0.4978 *** （0.0133）	0.4735 *** （0.0143）			0.3186 *** （0.0240）
父亲职业（对照组：农民）					
工人		-0.0976 * （0.0503）			-0.0391 （0.0534）
商业服务人员		-0.0038 （0.0419）			0.0114 （0.0490）
办事人员		0.0015 （0.0547）			0.0173 （0.0566）
专业技术人员		-0.0039 （0.0454）			-0.0149 （0.0494）
高级管理者		0.0748 * （0.0450）			0.0945 * （0.0494）
母亲收入对数			-0.0012 （0.0074）	-0.0087 （0.0080）	-0.0047 （0.0074）
母亲健康水平			0.4693 *** （0.0140）	0.4392 *** （0.0147）	0.1918 *** （0.0233）
母亲职业（对照组：农民）					
工人				-0.1452 ** （0.0591）	-0.1113 * （0.0607）
商业服务人员				-0.0419 （0.0386）	-0.0418 （0.0425）

变量	父亲		母亲		父代
	Model（20）	Model（21）	Model（22）	Model（23）	Model（24）
办事人员				0.0085 (0.0593)	0.0200 (0.0579)
专业技术人员				0.0445 (0.0419)	0.0188 (0.0479)
高级管理者				0.0133 (0.0466)	-0.0572 (0.0515)
子代性别		0.0565 ** (0.0287)		0.0827 *** (0.0295)	0.0486 * (0.0281)
子代年龄		0.0029 (0.0052)		-0.0001 (0.0034)	0.0038 (0.0033)
子代户籍		0.0764 ** (0.0450)		0.1253 *** (0.0326)	0.0677 ** (0.0315)
常数项	2.4093 *** (0.1468)	2.3336 (0.1858)	2.5826 *** (0.0852)	2.6901 *** (0.1378)	2.2717 *** (0.1799)
调整后 R^2 值	0.4718	0.4786	0.4254	0.4365	0.5047

注：（1）回归方程中的被解释变量为子代的健康水平。（2）***、**、*表示在1%、5%、10%的统计水平上显著。（3）系数下面括号内为稳健标准误。

在对子代教育与健康的影响效应分析之后，从表7-13的回归结果可以看出，健康和教育成为决定收入的关键因素，健康和教育水平的提升明显增加其收入，并且从 Model（25）到 Model（29）中影响系数的显著性虽然有所变化但依然显著。其中，收入存在显著的性别差异，男性收入相对更高一些。另外，拥有城镇户口的子代平均收入水平要显著地高于拥有农业户口的子代，表明城乡收入差距加大的问题仍然很严峻。从 Model（25）和 Model（26）来看，父亲的健康水平对子代收入的影响并不显著，而父亲的教育水平对子代存在着显著的影响。从 Model（27）和 Model（28）来看，母亲也只有教育水平对子代收入有着显著的影响。在 Model（29）中，同时加入了父亲和母亲的相关变量后，父亲与母亲的教育水平和职业对子代收入都存在显著的影响，而父亲与母亲的健康水平对子代收入的影响则不显著。

从 Model（25）到 Model（29）可以看出子代教育对其收入影响显著，

然而子代教育程度为初中以及高中水平时，对自身收入影响并不显著；教育程度达到硕士及以上水平时，对收入影响程度最高。这表明随着高等教育的普及拥有高等学历的人才越来越多，仅仅具备初中以及高中文化程度难以实现利用教育人力资本提高自身收入。从 Model（27）、Model（28）和 Model（29）可以看出，拥有大学以及硕士及以上教育程度的母亲才表现出对子代收入显著的正向作用。这种结果可能是因为具备高等学历的母亲更了解对子代投资的重要性，拥有更多的投资渠道对子代进行教育以及健康投资以提高子代收入。

表 7-13　　　　　　　　　　　子代收入决定方程回归结果

变量	父亲		母亲		父代
	Model（25）	Model（26）	Model（27）	Model（28）	Model（29）
子代受教育程度（对照组：小学及以下水平）					
初中水平	0.0486 (0.0648)	0.0777 (0.0662)	0.0529 (0.0635)	0.0737 (0.0646)	0.0928 (0.0661)
高中水平	−0.0214 (0.0609)	0.0356 (0.0620)	−0.0169 (0.0576)	0.0228 (0.0587)	0.0533 (0.0618)
大学水平	0.2542*** (0.0589)	0.2482*** (0.0606)	0.2549*** (0.0552)	0.2426*** (0.0572)	0.2626*** (0.0600)
硕士及以上水平	0.5819*** (0.0746)	0.5128*** (0.0766)	0.6103*** (0.0708)	0.5181*** (0.0726)	0.5429*** (0.0766)
子代健康水平	−0.0020 (0.0242)	−0.0203 (0.0221)	0.0063 (0.0222)	−0.0055 (0.0207)	−0.0139 (0.0227)
子代出生体重	0.0458*** (0.0162)	0.0355** (0.0155)	0.0422** (0.0160)	0.0356** (0.0153)	0.0329** (0.0153)
父亲受教育程度（对照组：小学及以下水平）					
初中水平	−0.0493 (0.0359)	−0.0655 (0.0331)			−0.0544 (0.0345)
高中水平	−0.0058 (0.0371)	−0.1068** (0.0356)			−0.0873** (0.0397)
大学水平	0.2580*** (0.0435)	0.1118*** (0.0421)			0.0353*** (0.0523)
硕士及以上水平	0.4764*** (0.1444)	0.2010* (0.1487)			0.0712* (0.1396)

变量	父亲		母亲		父代
	Model (25)	Model (26)	Model (27)	Model (28)	Model (29)
父亲健康水平	0.0239 (0.0165)	0.0243 (0.0152)			0.0196 (0.0184)
父亲职业（对照组：农民）					
工人		0.2012 *** (0.0409)			0.1258 *** (0.0450)
商业服务人员		0.2684 *** (0.0375)			0.1729 *** (0.0436)
办事人员		0.3248 *** (0.0564)			0.2615 *** (0.0597)
专业技术人员		0.2498 *** (0.0450)			0.1807 *** (0.0508)
高级管理者		0.2207 *** (0.0437)			0.1400 *** (0.0491)
母亲教育水平（对照组：小学及以下水平）					
初中水平			-0.0575 (0.0327)	-0.0926 (0.0314)	-0.0670 (0.0337)
高中水平			0.0196 (0.0377)	-0.0820 (0.0368)	-0.0540 (0.0403)
大学水平			0.3296 *** (0.0402)	0.1499 *** (0.0405)	0.1228 ** (0.0515)
硕士及以上水平			0.6571 *** (0.2256)	0.4562 ** (0.2250)	0.4663 ** (0.2225)
母亲健康水平			0.0082 (0.0160)	0.0066 (0.0153)	-0.0075 (0.0184)
母亲职业（对照组：农民）					
工人				0.2190 *** (0.0458)	0.1566 *** (0.0506)
商业服务人员				0.2177 *** (0.0333)	0.1232 *** (0.0389)
办事人员				0.1888 *** (0.0497)	0.0821 * (0.0552)

变量	父亲		母亲		父代
	Model（25）	Model（26）	Model（27）	Model（28）	Model（29）
专业技术人员				0.2024 *** (0.0517)	0.1031 * (0.0581)
高级管理者				0.2477 *** (0.0478)	0.1582 *** (0.0523)
子代性别		0.0498 *** (0.0254)		0.0372 ** (0.0250)	0.0420 ** (0.0253)
子代年龄		0.0348 *** (0.0032)		0.0327 ** (0.0032)	0.0339 *** (0.0033)
子代户籍		0.1273 *** (0.0292)		0.1429 *** (0.0296)	0.1182 *** (0.0300)
子代职业（对照组：农民）					
工人		0.3986 *** (0.0636)		0.4275 *** (0.0635)	0.3950 *** (0.0639)
商业服务人员		0.2745 *** (0.0508)		0.2887 *** (0.0509)	0.2658 *** (0.0510)
办事人员		0.2735 *** (0.0566)		0.2859 *** (0.0563)	0.2639 *** (0.0568)
专业技术人员		0.3573 *** (0.0533)		0.3877 *** (0.0532)	0.3537 *** (0.0536)
高级管理者		0.3452 *** (0.0591)		0.3430 *** (0.0601)	0.3158 *** (0.0602)
常数项	10.2129 *** (0.1396)	8.8878 *** (0.1616)	10.2456 *** (0.1354)	8.9571 *** (0.1619)	8.9384 *** (0.1615)
调整后 R^2 值	0.1606	0.3068	0.1704	0.3073	0.3200

注：（1）回归方程中的被解释变量为子代的收入对数。（2） *** 、 ** 、 * 表示在 1% 、 5% 、 10% 的统计水平上显著。（3）系数下面括号内为稳健标准误。

第五节 本章小结

本章基于所调查数据，对教育与健康在代际收入流动性中的影响作用进行了实证分析。结果发现：

第一，父代收入对子代收入存在着代际影响，父子之间的收入代际影响效应比母子之间的影响更为明显，同时，父亲与子代收入的代际影响也存在一定的差异，相较于父女，父子之间的代际收入影响效应也更大。子代年龄对子代收入存在影响，从性别来看，子代年龄对儿子收入的影响程度低于子代年龄对女儿收入的影响程度。父代年龄只对儿子收入存在影响，但影响程度远小于母亲年龄的影响。

第二，从不同收入分位点来看，父代与儿子的代际流动性随着收入的提高先变小后变大。父亲与儿子的代际收入弹性系数随着分位点的提高也是先增大后减小。父亲收入处于低端收入点的代际收入流动性低于高收入父代的代际收入流动性。这反映出低收入阶层严重的阶层固化现象。处于低收入阶层的父亲对儿子收入的影响程度大于高收入阶层父亲对儿子收入的影响程度。与父亲相似，母亲与儿子的代际收入弹性系数随着分位点的提高也是先增大后减小。相比于父亲，母亲与儿子的代际收入弹性系数在20%分位点时达到最高，父亲与儿子的代际收入弹性系数在30%分位点时达到最高。这表明母亲对儿子的代际收入影响相对较窄，更容易得到改善。可以发现在各个收入分位点上，母亲与儿子的代际收入弹性系数都要小于父亲与儿子的代际收入弹性系数。这表明父亲对儿子收入影响程度高于母亲对儿子收入影响程度，父亲承担着家庭主要的经济角色。父亲年龄只在10%分位点对儿子收入影响显著，母亲年龄在10%~70%分位点之间均对儿子收入影响显著。

第三，父代与女儿的代际流动性随着收入的提高不断变大。父亲与女儿的代际收入弹性系数在前四个分位点基本保持在同一水平，在50%分位点后出现了明显的下降，母亲与女儿的代际收入弹性系数随着分位点的提高呈现下降趋势。这表明父母与女儿间的收入相关度比较低，代际间收入流动性较大。相对父子间的代际收入弹性系数，同样可以发现在各个收入分位点上，母亲与女儿的代际收入弹性系数都要小于父亲与女儿的代际收入弹性系数。这表明父亲对女儿收入影响程度高于母亲对女儿收入影响程度。父代与女儿代际收入流动性的分位数回归结果显示，各个收入分位点上女儿年龄始终对女儿收入影响显著。儿子年龄在父代与儿子代际收入流动性的分位数回归结果中显示对儿子收入影响并不显著。父亲年龄在各个收入分位点对女收入影响均不显著，母亲年龄只在70%分位点对女儿收入影响显著，并且呈现出负向影响关系。子代教育与子代健康对子代收入影响显著。父代收入与子代收入存在着显著的影响关系，借助代际收入流动性的条件，代际收入弹性回归挖掘因果关系背后的原因。结果发现，在父亲与子代的回归中，分别控制子代教育与子代健康之后，父代收入对子代收入依旧影响显著，子代教育与子代健康对子代收入存在着显著的影响关系，然而代际收入弹性系数相比于"简单代际收入弹性"回归结果都有所降低。母亲与子代的回归中，分别控制子代教育与子代健康之后，回归结果呈现出与父亲与子代的回归结果相同的趋势。

第四，教育与健康对父代的收入有着显著的正向作用。教育与健康对父代收入影响的显著性水平并没有随着加入更多的变量而发生变化，说明教育与健康的影响是稳健的。从父亲收入的决定方程来看，与小学及以下教育水平相比，父亲的受教育程度越高，获得收入也相应变得越高；其健康水平每提高 1 个单位会使得收入增长一定百分比。从母亲收入的决定方程来看，母亲教育对收入也有着正向的影响，受教育程度越高，获得高收入的可能性越会大大增加；其健康水平每提高 1 个单位会使得收入增长一定百分比。从父代收入的决定方程回归结果可以看出，无论在教育方面还是在健康方面，母亲相比于父亲都表现出更高的回报率。

第五，子代收入水平受到父代因素以及自身因素的影响。从子代的收入决定方程的实证分析中得出，健康和教育是影响收入的重要决定因素，对其收入有着显著的正向作用。父代的健康水平对子代收入的影响并不显著，而父代的教育水平对子代收入存在着显著的影响。综合考察父代因素以及子代自身因素对子代健康的影响时，发现父亲与母亲的教育水平和职业对子代收入都存在显著的影响，而父亲与母亲的健康水平对子代收入的影响则不显著。此时子代教育和子代健康对其收入有着显著的正向作用，子代性别、年龄、户籍以及职业对子代收入也存在显著的影响。在子代收入决定方程的实证分析中，不同教育程度对收入的影响效应存在较大差异，教育程度为初中以及高中水平时，对自身收入影响并不显著；教育程度达到硕士及以上水平时，对收入影响程度最高。这表明随着高等教育的普及，拥有高等学历的人才越来越多，仅仅具备初中以及高中文化程度，难以实现利用教育人力资本提高自身收入。因此，对子代人力资本的投资要冲破教育瓶颈教育年限，才能有效提高子代收入。

第八章　国外健康和教育改革的经验借鉴

第一节　英国健康和教育的发展经验

健康保障制度是旨在维护人民群众健康的主要政策支撑，中国的健康保障制度一直在探索中发展和完善，随着改革的不断进行，我国的健康保障制度改革已经进入"深水区"。英国通过改革医疗资金的筹集与使用方式、建立较为系统的医疗管理体系、完善分级诊疗制度、加强医护人员专业队伍建设等措施，实现了健康保障制度一直以来的平稳运行。教育对于一个国家来说，不仅是发展的根本，更是国民素质和科学知识进步的基石。在历次的英国教育改革中，我们可以从不同方面看出其具有兼顾各方利益，注重学校、家长和孩子的学习自主选择权，在法治轨道上加快推进教育产业化、教育督导制，以及教育信息化等显著特点。教育和健康作为人力资本的组成部分，被广泛认为是阻断代际收入传递的重要工具。学习英国的改革经验，对于缩小目前中国的代际收入弹性有着重要的作用。

一、英国健康改革的发展及主要做法

当前，中国正处在健康保障制度改革的关键时期，在面临着机遇与困难并存的大环境下，如何将健康保障制度改革科学合理、逐步有序地推进下去成为大家所关注的热点问题。我们发现，英国的国民健康服务体系（National Health Service，NHS）受到大家的广泛关注。健康是代际收入传递的一种潜在机制，在较贫困家庭中出生的儿童健康状况较差，家庭对儿童健康人力资本的投资较少，他们成年后健康状况也不乐观，从而影响到其子女的生活。学者研究发现，健康状况不好的儿童接受教育程度明显有所降低，他们成年后的社会地位也比健康的儿童低（安妮等，2005）。英国的免费医疗制度可以减轻贫困家庭看病的经济负担，从而减少贫困的

代际传递。本章从 NHS 的筹资、制度管理和卫生服务的提供等多角度来对其进行梳理，了解其发展改革过程，并尝试总结其经验方法，以便我们能够寻找到办法来提高我国社会的代际流动比率。

（一）英国的健康保障制度起源

在政府层面，相较于英国的失业、养老、救助等其他类型的社会保险制度，英国健康保障制度的建立比较落后。无论是从 1349 年颁布的《劳工立法》，还是 1562 年颁布的《技工法》，以及后来的《济贫法》（1601年）、《济贫法修正案》（1782 年）和《新济贫法》（1834 年）都没有专门涉及健康保障制度有关的内容。英国政府一开始并未认识到健康保障制度的重要性，但在民间，工人阶级已经自发组成私人性质的医疗互助团体，例如 17 ~ 18 世纪就已经出现的"共济会"等组织。随着类似形式的组织不断发展壮大，类似组织在其他社会群体中也陆续出现，这些民间组织大大推动了英国健康保障制度的建立。

1911 年，英国政府公开发布《全民义务健康保险法案》，该法案中要求：针对因疾病、生育等问题而不能参加工作的人，政府应该发放现金补贴并给予医疗服务。自此，政府提供的健康保障制度逐步替代了之前工人社团自发组织的民间健康保险。经过第二次世界大战之后，战争给民众的身心带来极大创伤，需要更加完善的健康保障制度来保证人民群众的身体健康，恢复国家战后的经济水平。除此之外，也是为了在与苏联的竞争中体现出资本主义社会的优越性，所以加快对健康保障制度的建设脚步。贝弗里奇通过对当时的社会保障状况进行全面的调查与分析，最终形成了《社会保险及相关服务报告书》（1942 年），即著名的"贝弗里奇报告"。

1946 年，以"贝弗里奇报告"为基础，英国政府制定了很多重要的社会保障制度，其中最有影响力的就是《国民健康服务法》（The National Health Service Act）。它的最主要特点是：以法律的形式将健康保障制度作为政府和社会一项不可推卸的责任固定下来，各卫生部门的职责包括提高人民的身体及心理健康水平，从预防、诊断和治疗三个角度来保障人民的健康，以及提供全民免费的医疗服务。免费医疗服务大大减轻了贫困家庭看病的压力，不仅能够提升全民的身体健康水平，而且有助于避免贫困的代际传递。此项法案于 1948 年通过，国民健康服务体系（NHS）的平稳运行使得民众的看病问题得到基本解决。

截至 2015 年，英国人均寿命从第二次世界大战后的 67 岁增加到 81.2 岁，新生儿的死亡率也下降到了 0.24%，这些成就的取得正是由于英国健康服务体系发挥了其应有的作用，但这并不能掩盖其曾在实际运行中曾出现过的问题。首先，人口结构的变化引起医疗资金压力变大。经过 20 世纪 50 年代经济的快速增长之后，西方国家尤其是英国的人口结构悄然发生着变化，老年人口比例越来越大，由于英国实施的是全民免费医疗，医疗资金来源主要由政府的税收提供，导致政府出现财政赤字。其次，医护人员服务的积极性不足。非国有医院收归政府之后，医生和护士变成了政府的工作人员，领取着相对固定的薪资，使得他们的工作效率低下，间接又造成了政府对医疗保障支出的增加，迫使政府财政负担持续加重。最后，资本主义经济危机阻碍了健康保障制度的平稳运行。20 世纪 70 年代的"石油危机"使得英国下岗工人数量激增，大量的失业工人都需要靠领取社会保障资金生活。与此同时，经济危机导致英国的工业产值降到了第二次世界大战后的谷底，政府的税收来源大大减少。加之医疗技术提高、疾病谱增加治疗范围等因素所引出的直接费用增加，这些与财政税收紧密联系在一起，更加激化了社会健康保障的资金收入与支出之间的矛盾，这一系列的原因促使英国对其健康保障制度进行改革。

（二）英国的健康保障制度改革历程

首先，"石油危机"迫使英国加快对财政投入制度和责任分配方面的改革。经历了"石油危机"的冲击之后，严重的经济衰退使得英国的财政状况受到影响，税收的基础有所动摇。学者通过研究发现，英国的家庭收入确实对儿童的健康有影响，从而影响到家庭的代际收入传递（本尼迪克特和皮埃尔，2013）。作为福利国家，其承诺的社会福利政策的刚性需求使得社会保障的费用逐年递增，在政府税收不得已提高的情况下，个人投资与消费空间被挤压，使经济增长进一步受到限制，从而影响到健康保障资金的来源。为了促进经济的发展，维护社会的公平，英国政府不得不对控制医疗费用问题、医疗体系的效率和质量问题进行重新研究。时任英国首相的撒切尔认为：在社会保障领域，要科学地划分责任和义务，即使是福利国家也应明确公民个人的责任，尤其在健康保障的领域。只有政府和个人共同承担起健康保障的责任，才能保证医疗费用支出的来源，进而满足国民的医疗需求。

其次，保守党的改革措施引发政治对手和既得利益民众的不满。虽然以撒切尔、梅杰为首的保守党在包括健康保障领域在内的改革中取得了明显成效，但在其对手工党和改革前已拥有既得利益的民众看来，激进的改革举措偏离了福利国家的轨道，保守党改革后社会中的失业和贫困现象仍层出不穷。1997 年，工党赢得选举，布莱尔所领导的政府指出：福利国家的"福利"应该是指在日常生活中人们得到的机会和安全，并促使人们保持向前和向上的斗志，并提出与"第三条道路"理论相兼容的改革理念。布莱尔的改革理念认为要确保国民个人的健康，最重要的是对现有健康保障制度不合理的部分进行改革，而不是简单的全盘否认。政府于当年颁布了医疗体系改革中总领性的文件，即《新国民健康服务体系》，文件中明确提出以下四点改革措施：一是拓宽社会健康保障经费来源的渠道；二是明确患者所享有的健康服务权利，以及与医疗服务相关的评价体系；三是加快国内市场、医疗代理和服务计划机制的改革速度与力度；四是针对运营管理办法的改革，相应地划分出不同的卫生服务区域。这些措施不仅严格控制了保费的过度增长，而且有效提升了健康服务质量及可及性，改善了民众的健康水平，有助于人们积累健康人力资本，缩小收入差距，对于实现健康服务供给的公平和效率具有积极作用。

最后，英国将计划和市场相结合的办法开始运用在健康服务领域。进入 21 世纪后，英国的健康保障制度变革仍在不断进行当中，他们注重拓宽健康保险资金的来源，提倡民间资本运营医疗机构，使民间资本参与健康服务等相关领域。在提高自身医疗、护理技术的同时，开放医疗市场，引进外资投入以弥补自身的不足。为了提高公立医院的自我管理和服务意识，增强医院的市场竞争，例如美国的联合医疗集团进入英国医疗服务市场。这些措施有利于提高全科医生和护士的工作积极性，医疗资源得到最大化的利用。

(三) 英国的健康保障制度改革方案

第一，健康保险资金筹集的改革。NHS 运行资金的来源大致分为以下三类：第一类，国民保险税；第二类，非专用的一般税和其他公共收益；第三类，病人很小的一部分个人自付费用。随着社会健康保障费用的不断攀升，2017 年英国医疗卫生支出占政府总支出的 16.5%，政府部门不得不采取手段对其支出进行必要的控制，同时开辟其他路径以保证资金来源渠道的多元化和稳定性，确保每个人都可以享受到医疗服务。在增加资金来源上，一方面，政府开始对健康服务行业征收税费，同时开始发行健康福利彩票；另一方面，取消了私营医疗服务行业的免税优惠，与此同时，保留私人的融资计划，但加强了对其管理，引导私人资本和私营医疗机构进入公共健康服务领域。

第二，健康保险资金支出的改革。针对健康医疗资金的使用方面，英国的医院和医生是雇佣关系而不是行政隶属关系，所以其医疗费用的支付分为对医生和对医院的两种。在逐年加大财政对医疗资金投入的同时，英国政府也通过改革不同的费用支付模式来提高健康服务供给的效率。对于公立医院费用的支付，主要有以下几种方式：首先，是成本/服务量合同制，即医院按既定价格提供服务。对于实际治疗数量或次数低于商定量/次时，按既定价格偿付，当超过既定量/次时，就按照实际次数付款。这激励医院及时安排收诊病人，减少病人的等待时间，但同时可能导致医院为接受更多的病人，不惜破坏病人的就诊环境。其次，是地段合同制，顾名思义，即医院收入与被服务人员数量正相关，与服务的种类无关。最后，是按病种诊断付费制，即依据疾病的类别，对于不同类型、不同疾病程度进行分类后，按标准向医院支付。

第三，健康管理体系的改革。英国的健康体系建立后一直由多部门分别进行管理运行。其中，提供健康服务的主体包括全科医生、医院和社区卫生服务，而它们又各自被执行委员会、地方医院委员会和地方自治团体管理运行，这样的情况导致整个健康服务体系缺乏统一有效的管理，效率问题日益明显。英国政府就此问题也是经过不断地改革调整，大致分为几个阶段，如图 8-1 所示：

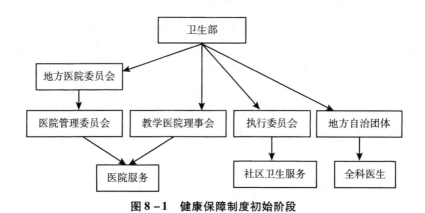

图 8-1　健康保障制度初始阶段

健康保障制度初始阶段的管理结构体现了中央集权的特征，将各独立机构置于中央管辖之下，中央政府的协调管理能力和对资源的调配能力加强，并且，我们可以看到，更多的专业人才加入其中，各级委员会都能发挥其专业性，协商解决存在的各类问题，但由于管理层级复杂，管理机构众多，导致整个管理机构缺乏效率。

撒切尔政府的改革首先在于引进综合管理制度（见图 8-2）。经过研究，在旧制度上体现出来的管理缺乏效率、管理人员冗余情况较为严重，使得在决策时无效率、慢节奏。由于专业人才掌握着病人对医疗服务需求的第一手资料，因此，通过增强专业人才在管理资金预算决策中的地位，可以提高健康服务的效率。

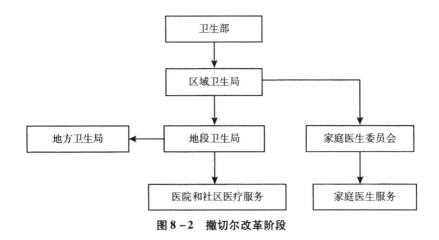

图 8 - 2　撒切尔改革阶段

　　为了避免健康管理机构权力集中的弊端，布莱尔此次对国家健康服务（NHS）体系管理模式的改革（见图 8 - 3），实现了将中央权力下放，并加入市场的力量进行协调，而且对于经费的支配权也从卫生部、大区卫生局放权到全科医生和医院管理层，使他们能够根据实际情况来合理安排病人治疗方法及费用，有利于提高基层医疗机构的自主权，提高健康服务供给的效率。总结以上英国健康体制结构的改革历程，发现改革集中表现在努力实现整体健康能力的集约型扩张，例如从图 8 - 3 中体现出来的重视社区初级卫生保健集团和医院集团的建设，通过掌握为患者提供治疗服务

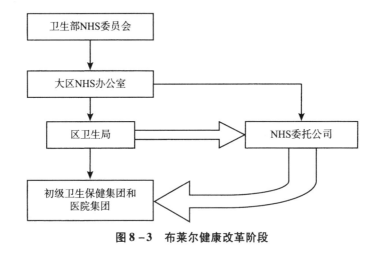

图 8 - 3　布莱尔健康改革阶段

获得津贴和代表患者管理部分保障资金的健康服务购买者的双重身份，使得全科医生有着更高的身份认同感，提升全科医生工作的积极性。

第四，分级诊疗体制的改革。英国分级诊疗就诊体制分为三个部分：第一层级是初级健康服务，这是 NHS 体系最关键也是基础的部分，由护士和全科医生构成，而且护士的作用变得越来越重要，NHS 中的资金有75% 都用于初级医疗服务，全科医生在这一层级中处理 90% 的居民日常健康问题。第二层级是二级健康服务，这一层级服务的提供者是医院，医院的规模由当地人口数量来决定，医院接受来自全科医生的转诊病人，根据全科医生提供的诊断信息进行治疗。治疗结束后，将有关信息及注意事项反馈给全科医生，极为严重的病人就会转到下一层级的专科医院，即第三层级医疗服务机构进行治疗。第三层级是三级健康服务，指由专科医院为解决难治性疾病提供的专家服务，专科医院也没有专门的规模划分，不负责提供一般性的医疗服务。

这种严格的分层级双向诊疗制度，从病人的角度出发，避免出现病人在就诊初期对医疗资源的浪费，以及对病情了解不清而错过最佳的诊疗时间，由全科医生对病人进行初步诊疗，以决定是否需要住院进行下一步治疗，而且由医生决定接下来往哪转诊、何时转诊都会有利于病人的病情得以及时有效地控制；从医生的角度出发，虽然病人只能在签约的全科医生那里进行首诊，但病人有权选择自己与之签约的全科医生，全科医生的收入也与签约人数挂钩，这就逆向激励了全科医生在为病人诊治的时候提供更好的服务，凭借自己良好的口碑去吸引更多的签约病人，以此来提高自己的收入。所以这种双向分级诊疗制度在病人和医生两方面都有较好的实行效果。

第五，医护人员培养的改革。从上面的改革方案中可以看出医护人员在健康管理体系中的作用越来越显著，关于医护人才的培养，一直是英国政府健康保障改革中关注的重点。全科医生（General Practitioner，GP），作为英国国民健康服务体系最关键的一道基石，需要其掌握复杂而全面的医学知识来确保对患者提供及时正确的诊断。在英国，合格的全科医生必须经过一个十分严格的过程，第一步，需要在医学院校接受 5 年的基础知识训练，之后在医院进行 1 年的实践实习；第二步，毕业考核通过以后，需要在内、外、妇科等实习 2 年，以及在 GP 诊所里接受 1 年的训练；第三步，完成以上学习和培训后，再经过英国皇家 GP 学院的专业培训和考核，才能获得全科医生的资格。除此之外，医护人员在获得 GP 资格后，每年都必须参加培训，培训的结果作为相关部门进行审查时的证据。

除了对医护人员的培训之外，为了留住在医护岗位上的人员，他们的薪酬也在医疗改革中得到了改善。在医院收归国有之后，英国的医护人员作为国家的公职人员获得相对固定的工资，全科医生相较于专科医生的工资也较低，这就对其所提供的服务质量起到消极作用。在经过健康改革之后，全科医生和医院获得的费用与所服务患者数量挂钩，而患者又有权选择其签约的全科医生，这促使医生努力提高其服务质量，以赢取在患者之间的口碑从而获得更多签约人数，获取更多的收入报酬，这也为节省医疗保障支出和提高就诊效率做出巨大贡献。

（四）英国健康保障制度改革对中国的启示

父母的健康人力资本可以通过以下两条路径传递给其子代，首先，是身体健康状况较好的父母通过基因将健康的因素遗传给其子女，使他们先天拥有较好的身体条件；其次，是一般身体健康的父母的生活习惯也较好，他们通过自身的言传身教，为孩子积累更多的健康人力资本；最后，是父母的健康人力资本可以提高家庭的经济条件，从而使他们有能力加大对其后代健康资本的投资，提高子代的健康资本水平，最终提高子女未来的收入。根据英国 1640～2000 年的调查数据研究发现，在早期对健康的投资可以改善个体整个生命周期的健康水平，父母的健康会影响其子女的生活，进而影响子女未来的收入状况（布尔锲诺，2007）。英国的免费医疗制度提高全国人民的身体健康水平，从而减少收入的代际传递，这为我国医疗保障制度改革提供了参考。

第一，全面深化医药卫生体制改革。基于英国健康保障制度改革的实际经验，我们能够发现，健康保障制度改革是随着经济实力的不断提升而不断完善。实施三医联动（医疗、医保、医药），加速医药分离以全覆盖为目的，完善居民医疗卫生服务制度，逐步去除其逐利性，完善医药补偿机制。对于医护人员，应改善其工资标准，以留住人才，提高服务积极性。对于新型药品研发部门及科研人员，保护其知识产权，利用政策鼓励机制（如优先录入医保目录等），生产高效、低价的药物以减轻群众的药品支出负担。对于社会办医，需积极引导，引导得当会产生与公立医院合理竞争的正面作用，促进双方加强对自身的管理，提高效率使百姓得到实惠。

第二，健全全民健康保障体系。当前，我国的多元健康保障体系应得到合理整合，形成一个统一的全民健康保障体系。合理安排健康保障资金的筹集，缴费机制和缴费水平应合理设置，支付水平也应得到合理安排，使支付水平更加清晰明确，让参保人员敢于就医，不会过多顾虑费用是否能报销以及对报销比例存在怀疑，减少家庭因病致贫的现象。对健康保障资金实行真正的全国统筹。当然，作为社会健康保险的补充机制，商业性健康保险也需要得到政府的鼓励和支持，多渠道、多方面来完善全民健康保障体系。

第三，推进分级诊疗制度。对于健康保障服务的网络化建设，激励、运行机制的建设与健全应得到重视，加速形成更为科学有效的健康秩序。具体来说，基层首诊是指加强落实首诊在基层的政策，以政策为引导，鼓励群众对一些常见病、普通疾病在基层诊所或健康机构就诊，对于超出基层诊治能力范围的疾病，由基层健康机构提供转诊服务使病人转至相应医院治疗。双向转诊是指当病人接受转诊服务，病情得以治疗至恢复期后，为避免长时间占据不必要的医疗资源，医院可将其转回至基层健康机构或诊所，这种有序的双向转诊，不仅提高健康资源的合理有效利用，也减轻了不必要的治疗费用，缓解病人和政府财政压力。上下联动是指对于级别不一，类别性质不同的医院需对其分工加以明确，引导优质资源合理分配、下沉。除纵向交流外，以相互促进相互提高为目的的横向交流也是必不可少。

第四，完善健康服务体系。健康服务体系的完善包括健康机构的合理布局以及调动医生、护士等工作人员的积极性。医院的布局需要根据人口密度、医疗服务需求的大小来合理安排，将健康资源进行科学整合调配，进一步加强中西部的医疗设备、医生等资源。努力实现预防疾病在基层，减少跨区域治疗给病人带来的额外路费、食宿等费用，这尤其是会给中低收入家庭带来实惠，阻断贫困家庭因病而导致的代际收入传递，使人民真正体会到健康保障制度改革的益处。推进电子档案的建立，加快医疗电子平台的建设；建立终身的就诊电子档案，利用现在的大数据处理能力，可以开展远程医疗的功能；此外利用电子档案，会减少医生的问诊时间，提高患者的就诊效率，为实现家庭医生制度奠定基础。对于医生的培养，在注重全科医生培养的同时，对于在专科上（如儿科、妇科等）有建树或致力于其中的人才，也要有计划、有规模地进行培训。

第五，促进中医药传承与发展。在我国健康改革的过程中，着眼于国外的同时，也要加大对自身健康资源的开发。充分发挥传统优势，创造自身特色健康服务。我国中医历史悠久，自成体系，在实际的治疗过程中发挥着重要作用，并且在民众中有坚实的基础。应大力开发中医资源，使其加入健康保障消费的服务中，增加中医被消费的力度及民间影响力，这不仅是改善民众健康服务的一部分，也是推广我国传统中医文化的重要一步。加快中医人才的培养，建立健全中医医疗机构和科研机构，加强对中草药的管理和目录规定，规范中草药种植和标准化的建设，大力推动中医走出去战略。

二、英国教育制度改革的发展及主要做法

教育是一个国家发展的根本动力，它可以从不同角度影响着每一个国家、家庭和个人：一是可以为国家人才培养打下坚实基础；二是可以为家庭内部财富代际转移铺平道路；三是可以为个人的发展提供原始动力。学者通过分析英国个人的阶级起源、受教育程度，以及个人最终阶级之间的关系，发现教育改革能够削弱个人阶级起源与最终阶级之间的相关性，或者说，教育增加了社会的流动性，尤其是以相对的方式衡量受教育程度时，随着时间的推移，教育在促进代际流动中的作用更加明显（Bukodi，2016）。所以，借鉴英国的教育改革经验，有利于减少我国的代际收入传递。

（一）英国教育的起源与发展

西方国家有着悠久的宗教历史，并且在历史上，宗教神权在一定时期内超过世俗王权。自中世纪以来，欧洲的教育体系一直被宗教势力控制着，英国也不例外。在当时的环境下，教育的目的是培养神父、牧师等教会人员，教授的内容以神学为主，牧师充当教师的职责，国家则不过问相关事务。到了16世纪，随着宗教改革运动的产生，人们对教会控制教育的看法发生了改变，打破了英国教育被宗教垄断的传统，教育开始摆脱教会的影响，人文主义倡导的"以人的发展为中心"的世俗教育也由此拉开序幕。尽管如此，英国教育的起步仍然受到来自宗教的束缚。在农村地区，教堂和教会举办的慈善学校仍然是居民获取文化、宗教知识的唯一途径。

伴随着工业革命的深入展开，通过教会教育所培养出来的人才不能满足生产力发展的需要，此外，人们对于宗教理念的分歧逐渐加大，使得部分非国教徒父母不愿其子女在教会学习。在19世纪初，一些人呼吁政府应承担起教育的责任，并且要介入到对教育的管理当中。政府经过与宗教势力的长期拉锯，1862年，时任教育部长的罗伯特·洛主持制定了《修正法》，虽然该法案没有明确取缔宗教办学，但是实施了禁止对于宗教办学的政府补贴、家长有权选择子女是否参加含有宗教内容的学习、在任何公立学校不得出现有关宗教性质的问答等一系列措施，这就成为宗教势力和世俗势力在掌握教育主动权上的一个分水岭。

在英国人的传统观念里，教育被认为是具有私人性质的事务，政府理应让其自由发展。这种观点还是沿袭了宗教的影响，在英国圣公教的教义中就表明：教育是私人事务，应由父母或监护人负责。所以在《修正法》未出台之时，英国的教育主要依靠捐助的形式得以开展，且大多是贫民子弟入学，非强制性的，资金大多来自民间团体、私人和教会。还有一些由导生制学校、工厂开设的半工作半读书制学校等组成普通小学。到了19世纪30年代，一些社会爱心人士掀起了贫民免费教育运动，争取为更多无法享受国家教育的贫困儿童提供教育服务，期望通过教育来改变贫困儿童未来的生活状况。

随着社会的不断发展，政府对教育的干预不断深入。因为存在历史和其他因素的影响，起初政府干预教育的建议受到了非常大的阻力，一是统治阶级担心下层人民受到普及教育会动摇其统治地位；二是教会不愿群众摆脱自己的控制；三是工厂厂主不愿童工上学而失去廉价劳动力，影响到自己的经济效益。1870年的《初等教育法》在英国国会得到通过，其中明文规定允许国家对教育的干预，而且在相关的教育职能方面也给出明确定义，学校委员会也被赋予更多的权利。《1870年教育法》的颁布开启了政府对教育的干预时代。

（二）英国教育改革的背景

自从英国教育进入政府干预时代以来，针对不同时期出现的问题，英国政府都进行了调节和应对。从最初的工业革命时期一直到21世纪，不同的教育改革所对应的社会时代背景不同，我们需要区别对待，对其改革背景加以分析。

第一，英国教育体系的发展滞后。受到传统因素的影响，直至19世纪，英国的教育体系发展仍不全面。首先，英国教育管理机构未能合理设置，缺乏有效统一的管理机构对英国基础教育进行监管，而且也缺乏对于教师资格的审核、教学能力培训，以及教学课程的合理安排；其次，初等教育体系发展不足，在学校数量上不能满足所有适龄儿童；最后，教学资源的分配不均衡，这种不均衡体现在不同地区、不同阶级和不同性别的差异上。学者通过对英国19世纪和20世纪的社会流动性进行研究，发现学校教育的一个重要作用就是抑制代际收入传递（劳氏，1998）。

第二，工业革命导致人口城市化。大工厂生产时代的到来使城市人口结构发生变化。大量工业移民进入城市，跟随父母进城的孩童数量、进城后出生的孩童数量都急剧上升。由于父母在工厂打工不能完全照顾到孩子，所以政府必须安排他们获得适当的受教育机会，使他们接受培训。这样一来，不仅解决社会治安问题，也有助于他们积累自身的人力资本水平，为之后的工作或学习奠定基础。即便如此，还是有很多童工在工厂内工作，很多工厂学校未能按规定开办，所有这些因素都在推动着英国教育的进一步改革。

第三，其他国家的发展对英国的冲击。英国急需改革人才培养模式，以应对新兴资本主义工业国家的赶超。一方面，在经过工业革命之后，美国、德国等欧美国家利用新技术在发展中占有主动权。而作为工业革命起源地的英国，在这个阶段的发展落于下风。反思后他们发现，在对人才教育方面，英国缺乏专业系统的培训机制，以及强有力的国家组织调配教育资源的能力，教育制度未能给专业技能教育提供保障。这些情况导致人才的培养不能满足经济发展对人才的要求，在激烈的国际竞争中落于下风，在应对美国、德国等国家赶超上来的现实，英国必须有所作为，改革基础教育体制，推动人才建设。

第四，教育成为政府公共服务的一部分。战争时期，为打赢战争，英国遭受巨大的经济损失，政府决定从教育层面对民众进行弥补，以此来促进战后国家经济的重建。在此期间，英国颁布多部法令，对教育改革起到重要作用，由于战争中大量成年男性死亡，将近30万名儿童失去父亲。19世纪的英国数据表明，一个家庭中父亲的离去会给家庭的收入带来巨大冲击，影响其子女获取教育和健康等人力资本的能力，进而导致了贫困的代际传递（霍雷尔和汉弗莱斯，2001）。为了改善人们的战后生活，政府颁布了《1918年教育法》（又称《费舍教育法》），该法案要求：一是提升接受义务教育的年限，最低年限由14岁提高至15岁，部分乡村地区提高至16岁；二是明文规定免除公立学校对基础教育阶段的收费；三是禁止雇用12岁以下的童工；四是地方教育管理机构应使儿童健康水平有所保障。《1944年教育法》在第二次世界大战即将结束时颁布，战争的消耗使得国家一贫如洗，面对战后重建，英国抢先一步，从人才教育抓起。法案主要内容有：一是改变原有教育管理体制，建立起中央一级的教育行政机构，并对地方教育管理机构进行改组；二是除对公立学校就读学生免费外，加强对民办学校的资助力度；三是针对不同学校规模和学生数量，提供充足的教学设备和形式丰富的教学内容。

第五，战后恢复对人才的需求和福利国家建设的需要。战争时期，人们对政府许以的福利、国家的愿景充满期待。政府具有前瞻性地着眼于教育改革事业，把人才的培养作为主要目的，通过教育的发展来带动经济的复苏。并且，政府把接受公共教育视为每一位英国公民都应得到的社会公共权利。学者通过衡量教育在促进代际流动中的作用，发现英国在整个20世纪，个人的受教育程度可以解释其社会阶级代际流动结果的一半作用（布林和卡尔森，2014），大力发展教育事业有助于恢复国家经济、促进社会公平。

第六，战后的全球环境对英国教育的影响。作为曾经强大的帝国，战后的全球变化对英国产生巨大冲击。首先，战争结束后，全球的政治格局产生了巨大的变化。随着越来越多社会主义国家的建立，曾经被资本主义帝国殖民统治的国家及地区相继独立，以及资本主义国家内部平等民权的要求和民主运动力量的兴起，广大英国民众呼吁并要求进行民主化的教育改革，并提出教育资源应该公平地分配到每一个人，各阶层人民都应该享受平等的受教育权利。其次，因战争时期的需要，新的科学技术得到高速发展，使战前学校所教授的内容变得落后于现状，不得不进行改革。最后，第二次世界大战是一场全球性质的战争，对于世界教育来说，也是一次深重的灾难。学校的教学用地及设施不能正常使用，教学资料也受到损坏，教育制度实施的完整性更是受到严重的冲击，英国也必须尽快做好战后教育的恢复工作。

第七，经济危机对教育的影响。自1997～2010年世纪之交的十几年都是工党任期，其中2008年的金融危机对世界各国都产生了巨大影响，教育行业也受到了冲击。英国大、中、小学的教育经费被削减，部分高校的投资遭到损失，甚至有负债情况出现。学校专业设置被迫减少导致专业发展不平衡，学生因不能取得入学贷款而失去受教育的机会，大量适龄学生不能享受到教育服务必然会阻碍国家经济的发展。因此，如何加强对教育体系、教育经费，以及教育资源分配的管理都是政府急需解决的问题，并希望以此赢得民众的支持。

（三）英国教育改革的经验

第一，实施教育督导制以提高教育效率。英国教育督导制起源于1893年的女皇督学团，接受国家补助金的学校必须接受其督导，否则学校就不能得到国家补助。这样一来，宗教对于学校的控制就会减少，引起宗教人士的不满，为解决督导团免于干扰和扩展其权力，政府于1840年对女皇督导团进行改革，并对其职能进行规定：一是检查监督学校经费的运行；二是对学校的运行情况进行了解；三是对获得政府补贴的学校进行督导。从19世纪末到20世纪初，女皇督导团的监督范围得到扩展，他们以督导报告的形式向学校董事会和教育管理部门提交调查后的意见和建议。直到20世纪70年代，督导工作开始对地方教育进行管理和监督，甚至包括课程安排、成绩记录等，并且制定了一整套的教育督导等级体系，使得督导不仅对教育工作起到鞭策的作用，而且对学校教育质量的提升也有很大的帮助。

第二，下放教育管理权力以发挥地方自主权和能动性。英国包括英格兰、威尔士、苏格兰及北爱尔兰，三种不同的公共教育制度并存于这些地区，其经费和行政等管理办法也是由三个不同地区的议会通过的法案进行分开管理。从法律角度来说，中央政府的教育部门对于地方教育部门及学校应有领导权。但是通过对英国历次教育改革经验的梳理，我们可以看到，地方教育管理部门及学校都保持了较高的自主权，例如在设置学校课程、内容和方法等几个方面，以及地方教育管理部门在教育经费发放的处理中，都充分尊重学校校长及老师的意见和地方教育管理部门的安排。这些内容的出处在不同阶段的法律中都可以找到，如《1944 年教育法》《1988 年教育改革法》和《2001 年教育法规》等一系列沿袭下来的英国教育法中，都体现了对地方教育自主权的尊重与保护。学者通过使用 1972 年英国的数据来估计教育对社会代际流动的影响，发现教育改革提高了整体国民的受教育程度，削弱了个人最终成就与其阶级起源之间的关系，减小了代际收入的传递（斯多吉和布沙，2015），说明一系列教育法的颁布缩小了收入的代际流动。

第三，家长在孩子的教育中扮演着重要的角色。家长对孩子教育人力资本的投资在很大程度上影响着其孩子的教育，学者通过研究发现父辈和祖辈对孩子积累人力资本均有影响，只是基于两代人的数据会高估社会的代际流动比率（杰森和约瑟夫，2018）。首先，家长为孩子提供衣食住行的基本生活保障，创造孩子学习的家庭环境；其次，家长应在孩子学习期间与学校老师保持深入沟通，就孩子在校和在家的情况与老师进行常规性的信息交流（在校课堂表现、校内活动和在家作业完成情况等）；最后，家长应积极参加学校家长委员会，参与学校的管理。这类做法所带来的好处很多，一是家长参与有利于引导孩子树立正确的学习导向；二是在孩子成长的不同阶段（如青春期）帮助其在思想上有良好的指引；三是保持孩子拥有良好的学习兴趣，鼓励其进入更高等级的阶段进行学习，提升自身发展的潜能。

第四，教育信息化发展推动教育方式改革。随着 20 世纪 80 年代电子科技、信息通讯的快速发展，这些技术在教育中也开始得以运用。英国政府在教育改革中也发现了远程教育方式给大量偏远地区教育带来的便利，不仅可以解决偏远地区的师资不足问题，而且可以使偏远地区的儿童通过互联网享受更多的教育服务。随着技术的发展，英国出台一系列有关教育信息化的建设和推进发展的政策及法律规定。1988 年，英国就建立起全球最早涉及的信息化教育部门——英国教育传播与技术署（British Educational Communications and Technology Agency），并随之建立了国家学习信息系统（National Grid for Learning）。2005 年发布《利用技术：改变学习和儿童服务》，要求以技术为依托，为学龄儿童提供个性化在线学习系统；还有类似文件，如 2008 年的《利用技术：新一代学习（2008～2014年)》、2016 年的《教育部 2015～2020 战略规划：世界级教育与保健》。教育信息化为终身学习提供了便利，学者基于英国男性和女性接受教育的程度与其职业流动之间关系的分析，发现对于刚刚进入职场的人来说，接受进一步的教育是促进职业流动的有效手段，通过终身学习，他们可以不断积累人力资本，从而促进职业的上升，减轻代际收入的传递（布克迪，2016）。

第五，教育产业化改革改变了教育投资模式。教育产业化促使办学资金来源渠道多元化，教学的独立性和学术性能得到更好地发展。英国公立学校的办学资金大多来自政府的补贴，随着经费要求的增多，财政负担也在加重，海外留学生数量的逐年递增为学校开辟新的收入来源以弥补其资金的不足。教育产业化始于英国高等教育，20 世纪 70 年代后期，由于经济疲乏，英国财政对教育资金支持不足，迫使教育产业化成为必选项。在推行教育产业化之后，其优势也显而易见，一是它使得教学质量得以保证，为满足市场要求，它会注重从各方面满足需方的要求，包括从专业设计到教师以及教学设备的配置；二是它推动教育的良性竞争，不同的学校为了吸引更多的海外留学生，打造全球口碑、提高全球排名，就必须不断提高自身教育水平；三是教育产业化也会带动学校所在地经济的发展，由于英国教育产业化的发展主要是针对来英国留学的学生，当他们来到英国后，有关衣食住行的所有活动都会为英国创造就业岗位和税收，拉动英国经济的发展。学者通过对比 1958～2000 年不同家庭背景下其子女接受教育的情况，发现随着教育改革的不断推进，不同家庭条件的子女接受教育的差距已经有所缩小（乔和林德赛，2016），这说明经过半个世纪的教育改革，英国在教育公平性方面取得了较大进步。

（四）英国教育改革对我国的启示

第一，加强对教学质量的督导。教学质量高低的评价需要构建一个科学合理的评价制度和体系，英国的教育督导制运行至今，其效果有目共睹。我国的教育督导制早已建立，但是督导的质量水平尚且不高，督导队伍的建设参差不齐，在很大程度上还需改进。通过对英国经验的学习，我们应该从督学立法工作入手，明确及强化有关部门的督学职能，建立符合全面发展的素质教育督学体系。当然，地方与中央的督学体系不能脱节，根据具体情况进行调整，督导体系的建立应当将学生放置首位，激发老师责任感、使命感，并采用定性和定量的双重方法，制定科学合理的督导评价体系。

第二，加快基础公共教育的均衡发展。英国的教育虽然在起步阶段具有明显的阶级性，但随着公民民主意识的不断增强，国家实力的发展，作为世界上第一个福利国家，其免费义务教育的推行也十分出色。我国在近些年来也把注意力集中在中西部偏远地区，以及少数民族聚集的欠发达地区，教育经费的投资逐年增长，倾斜力度加大。作为我国"十三五"的重点发展目标，在接下来的时期内，我们应该做到以下几点：首先，加大对偏远地区的投资力度。重视寄宿制学校的校舍建设和学校办学的基础设施建设，确保学生在安全的条件下学习，为小班教学提供条件。其次，加强教师资源的交流。教学是一个互动的过程，教师在其中扮演着重要角色，所以，教师间经验的交流学习也是相互提高的过程。再次，收集学生的信息资料，建立电子档案。学生应该接受义务教育阶段，努力做到让每一个孩子都有学可上，对家庭贫困的学生给予物质上的帮助。最后，关注学前教育、残疾人特殊教育等问题，它们的普及水平、教育质量和相关条件的保障，都是有助于推进我国整体教育均衡发展的重要指标。

第三，打造校—家—社区三位一体的学习体制。鉴于英国的经验，教育的责任不仅仅是在学校，家庭与社区环境对于学习来说也是十分重要的。利用英国的数据研究发现，家庭所在社区的质量越高，父母越有可能参与其子女的教育，对于接受过高等教育的父母，家庭对其孩子的教育很重要，而对于没有接受过高等教育的父母，社区对其孩子的教育十分重要（埃莉诺拉和伊夫，2011）。首先，要注意学校与家长之间的联系，如有相关的文体活动，及时沟通，合理安排时间，增加亲子交流与接触的机会，构建良好的亲情关系；其次，要注重对家长的培训，一些家长的文化程度不高，不能做到帮助学生课后的学习，或在家庭中不能提供一个适宜的学习环境，造成学生失去对学习的兴趣；最后，加强社区学习环境的建设，有利于改善低收入水平人群的家庭文化水平，建立社区内和谐共处、信息共享的良好环境。

第四，进一步推动教育信息化建设。教育信息化在我国起步较晚，实施效果不是十分理想。在近些年的发展中，随着硬件设施的大量投入，教师的技能掌握熟练度提升，除偏远及贫困地区外，大部分地区都已经实施电子化授课，城市地区已普及网络化教学。但是，在推进教育信息化的同时我们也该注意到以下几点：首先，网络教学平台应及时跟上教育发展的需要而建立，使网上教学资源得以共享，尤其是要加大对偏远及贫困地区的教学设备投入；其次，对学生进行合理引导，避免依赖网络甚至沉迷网络的情况出现；最后，合理制定教学内容，通过安排教学实践，帮助他们学会并掌握相关理论及操作知识，为他们之后的工作积累人力资本。

第五，加快教育产业化的推进。从英国的经验中我们可以发现，教育产业化的开发及运营成功证明，教育的公益性与产业性能够很好地共存。教育产业化目的是教育产业的经济效益达到最大化，最终也是为了全体国民都能够享受到教育产业化带来的好处。首先，加强理论方面的研究，从教学的角度研究以确立改革的目标及方向，解决如何在市场化的条件下满足受教育者的需求；其次，即使是产业化也不能离开政府的指导与参与，政府主要是为了解决教育公益性问题，应该从政策的大方向上进行把握，并对其提供的产品和服务予以监督；最后，随着一带一路计划的开展，我国教育的国际交流程度越来越深，我们要抓住机遇，乘势而上，把我国教育产业推向世界，不仅使我国留学生走出去，更要让大量的国外留学生走进来，促进我国经济的发展。

第二节　德国健康和教育的发展经验

健康与教育是人力资本的重要组成部分。不同健康程度与不同受教育水平的父母，其子女的未来发展与收入水平会有所差异。教育作为打破社会分层固化、扭转收入分配代际传递的重要手段，往往被人们视为迈入高收入阶层乃至提高收入的重要途径。健康人力资本作为个人发展的基础动力，对个人的未来发展也会产生影响。研究健康与教育对代际收入的影响，以消除收入差距具有重要的意义。德国作为发达国家，其教育与健康发展水平居世界前列，研究德国在健康与教育方面的改革经验，以及如何阻断这两个因素对代际收入的影响效应，对我国的社会发展具有借鉴意义。

一、德国健康的发展及主要做法

卫生体制不仅可以保障国民的基本健康卫生服务需求，而且还有利于保障民生、稳定社会、促进经济发展（赵邵阳等，2015）。通常情况下，一个国家的卫生体制完善与否，很大程度上影响着一个国家的社会发展（顾昕，2017）。纵观世界各国，德国是最早创建和发展现代意义上社会保障制度的国家。经过多年的发展，德国已基本形成了较为完善的卫生服务体系。尽管德国和中国在文化、社会发展水平等方面存在不同，但是德国作为发达国家，其健康改革经验对中国仍具有重要借鉴意义。

在国内学者关于德国健康方面制度的研究中，何子英等（2017）指出，德国健康保险制度引入"有管理的竞争"，对破除健康保险碎片化具有重要影响。为解决我国健康保险的区域碎片化，我国应结合具体国情，设计"有管理的竞争"机制。于保容（2015）探究了德国夏洛特大学经营管理模式。为解决医院财务带来的严峻压力，夏洛特大学在流程管理、行政管理、服务水平等方面开展下放改革。袁韩时弼等（2017）探究了各国的医保药品支付标准分类管理的经验，以及对我国的启示。其中，德国主要是以临床价值为依据对药品进行分类支付。李享等（2010）探究了德国的药品价格形成和补偿机制及其对中国的启示，提出建立健全药品价格管理的法律体系、以最高报销限价替代最高限价，以及规范我国同类药品价格等建议。

国外学者关于健康与收入的关系研究方面，（布莱克等，2007）通过对双胞胎的相关数据进行研究，发现出生体重对智商、收入和教育程度的长期影响。（哈克等，1995）发现低收入、低教育或少数民族母亲等因素对较低出生体重儿童的后期发展的影响更显著。（帕罗尼，2006）通过建立模型来预测健康对未来结果的影响，研究结果表明，成年人经济状况中大约11%的变异与早期的健康禀赋有关，并且进一步认为可以通过改善儿童健康来改善底层人群的发展前景，使人们的发展机会更加均等。柯斯特和林德伯格（2015）发现，出生体重过轻将影响个人的未来发展，将增加个体患慢性疾病的概率，减少自身的寿命，以及其未来的工资等。

已有的文献多数对德国的健康制度，以及健康与收入的影响进行研究，但是关于德国健康对收入的代际流动性的影响研究较少。因此，研究德国健康卫生体系的改革发展历程和改革措施，从而减小健康因素对其国内居民代际收入流动的影响，可以对我国的健康卫生改革有所启示。

（一）德国健康发展的现状

通过对德国的基尼系数进行纵向研究可以看出，德国居民的收入差距一直保持在较低水平。说明德国家庭在收入的代际流动方面较大，子代受父母健康及教育水平的影响较小。而健康体制是民生的基础，且德国的健康卫生体制位居世界前列，学习德国在健康制度方面的改革，以及如何通过健康改革，缩小德国居民收入的代际传导，可以促进我国的健康改革，并且减轻家庭收入的代际流动性。

第一，健康保险全覆盖。德国是世界上最早建立社会保障制度的国家，一直在推行强制的社会保险与健康保险制度。德国的健康保险主要分为法定健康保险、私人健康保险，以及其他形式的健康保险。由相关法律规定法定健康保险的主要参与者，参与者主要分为三类：一是强制参保者，主要是有工作收入的人员和其雇主，其保险费用由职工和雇主共同承担；二是自愿参保者，主要是收入水平较高的人员或者通过其他方式解决健康保险问题的高收入人员，其保险费用主要由个人收入的高低决定，收入高缴纳费用就高，收入低缴纳费用就低；三是连带参保人，主要是强制参保者的子女或是配偶，可以免缴保险费用。同时，德国的法定健康保险还将无业游民包含在内，其保险费用由政府缴纳。据不完全统计，德国有90%的人参加了法定健康保险，加上参与私人健康保险及其他商业健康保险的人员，健康保险已基本实现全面覆盖（布鲁斯克亚等，2016）。

第二，私立医院发展迅猛。德国医院主要分为公立医院、私立营利性医院，以及私立非营利性医院。法定健康保险的参保人主要是到公立医院就诊，但其就诊流程较为烦琐。通常情况下，患者先在社区门诊医生进行初次就诊，再根据患者的具体病情，让患者转诊到专科医生进行专业就诊（舍恩等，2011）。近些年来，德国的公立医院的床位逐年下降，私立医院逐年增加床位数，医院私有化趋势加剧。2010年，公立医院、私立非营利性医院，以及私立营利性医院分别占德国医院总数的30.5%、36.6%和32.9%（施密特等，2013）。这是因为德国健康卫生体系中的部分服务完全依赖于私人提供者，例如牙医、药房门诊服务等（亨特施勒等，2014）。此外，公立医院、私立营利性医院以及私立非营利性医院之间不断加强相互合作，私立医院得到快速发展。

第三，医院质量管理体系完善。全面质量管理模式（Total Quality Management，TQM）是德国医院最早开始实行的质量管理模式。这种管理模式是在公立医院内部设置质量管理人员，专职负责医院内部质量管理工作。此外，每年还会邀请外部的质量管理专业部门来评估医院内部质量管理绩效水平。除了全面质量管理模式外，德国医院还采取健康保健的透明度和质量的合作（Cooperation for Transparency and Quality in Healthcare，KTQ）评价体系。到目前为止，约有600多家德国医院通过了KTQ质量认证（艾尼玛等，2014）。通常情况下，公立医院内在的质量管理人员按照品质管理循环（Plan－Do－Check－Act，PDCA）方法对所有病人开展核查工作，对内在问题进行分析总结（玛索等，2013）。同时，健康保险公司也会按期派专员到医院核查，核查的重点是患者病历中的医治过程记录（亨施克等，2015）。德国较为完善的质量管理体系为医院的正常运营提供便捷。

第四，医保机构管办分离。德国存在着100多家独立运作的疾病基金会，居民可以根据自己的情况选择缴付健康保险的疾病基金会。疾病基金会作为第三方购买健康服务，参保患者的治疗支出由健康保险的疾病基金会承担。政府主要负责监督管理健康卫生服务的运作流程，疾病基金会主要是健康卫生服务的具体经营者，管理方和经办方严格分离（陈翔等，2009）。同时，德国各类健康保险疾病基金会之间存在着激烈的市场竞争，不仅仅是法定健康保险疾病基金会之间存在竞争，法定健康保险疾病基金会和其他健康保险疾病基金会之间也存在竞争（拉戈马西诺等，2012）。这样在疾病基金会之间引入竞争机制，不仅提高了患者就医的便捷程度，还可以促进患者获得高水平的健康卫生服务。

第五，为规制创新药价格。德国在2011年颁布《药品行业改革法案》，出台创新药定价模式（AMNOG），德国创新药的定价方式由此改变（赫尔等，2012）。根据AMNOG的规定，德国的创新药定价模式主要分为两个部分，首先是创新药价格评价部分，医药专家评估创新药的具体疗效，若这种创新药的治疗效果比现有药品好，则可以按照创新程度开展创新药价格谈判，在满足制药各方利益的基础上，确定创新药价格（赫尔尼特等，2014）。这种定价模式的出台，不仅规范了德国市场上创新药物的价格制定，而且还促进了各类医药企业技术创新能力的增强。

（二）德国完善健康发展的主要做法

第一，引进社会力量办医。为解决德国健康卫生财政资金入不敷出的问题，德国积极引进社会力量，开展医院私有化改革。德国医院引进社会力量进行私有化改革的具体方针是对医院进行私有化改造，即引进社会力量与政府共同办医，分摊政府办医压力；或者将公立医院完全移交私人经办，充分引进社会力量，提高健康服务效率。为了鼓励社会力量参与健康卫生服务，德国还采取一系列措施来降低社会力量办医成本。首先，对有私人资金参与的股份制医院，德国政府给予资金支持；其次，德国政府在税收方面给予优惠政策；最后，德国政府给予提供患者健康卫生咨询服务的社会机构一定的资金补助，一般情况下，每年会有超过500万元的补助（卡尔曼尼特等，2018）。这种措施可以减缓政府对其居民实施健康福利的财政压力，使国内居民可以享受更高的健康福利，从而缩小居民在健康资本方面的差距。

第二，减免相应的保费。德国对于自愿参加健康保险的人员，实行依据收入是水平收取保费的制度，且对于强制参保者的家人可以免交保费。另外，对于国内的无业游民，其保费由政府承担。这种福利措施，使得德国的健康参保率较高，其国内居民的健康得到充分的保障，也可以缩小不同收入水平的人口在健康保障方面的差距。有研究表明，福利制度对家庭的代际转移产生影响。福利制度与家庭人口资源的再分配及代际家庭再分配程度呈负相关。因此，虽然公共转移不会取代家庭健康与教育的代际流动，但它们可能会降低家庭在这些方面代际流动的相对重要性（马德拉兹加，2014）。

第三，增加健康保障项目。近些年，德国不断扩大健康保险的覆盖范畴和保障服务项目。在健康保险制度创建初期，德国健康保险主要的保障服务项目是疾病治疗。在治疗费用中，首先纳入的是对人们生活健康水平影响较大的疾病治疗费用，随后扩大了保障服务项目，将艾滋病治疗、孩子的疫苗接种等服务纳入其中。由于人口老龄化的加剧，德国开始逐步将老年人护理、预防保健等内容纳入了保障服务项目。当前，德国的保险保障项目包含了预防保健、门诊服务、医师协会服务、妇女保健、牙齿护理、疫苗接种、艾滋病治疗、康复和病假补偿等，保障服务项目已较为完善（哈佛兰德等，2010）。根据学者研究，健康与收益呈负相关关系，父母在年轻时对家庭的贡献为正，在超过 70 岁之后，对家庭的贡献率为负。增加对老年人的健康保障，可以缩小父母与子女在健康资本方面的差距。

第四，完善医保支付机制。为防止健康服务供方向需方提供不必要的健康服务和药品，维护需方利益，德国健康保险基金会根据门诊服务和住院服务建立了不同的支付机制。对门诊服务主要是按服务计点支付（Punkte System），基金会按照参保人的数量支付给医师协会，医师协会按照统一计值标准，支付医生服务报酬。此外，对住院服务是按病种支付（Diagnosis Related Group System，DRGs）（冯等，2016），医院根据患者的病情严重程度以及服务强度分别对每个 DRGs 制定指定价格，患者参保的医保机构一次性支付健康费用。通过规范医保支付方式，降低了德国医院的运营成本，促进各级医院合理竞争。

第五，出台创新药定价模式。为规制创新药价格，德国在 2011 年颁布《药品行业改革法案》，出台创新药定价模式，德国创新药的定价方式由此改变（赫尔等，2012）。根据 AMNOG 的规定，德国的创新药定价模式主要分为两个部分，首先是创新药价格评价部分，医药专家评估创新药的具体疗效，若这种创新药的治疗效果比现有药品好，则可以按照创新程度开展创新药价格谈判，在满足制药各方利益的基础上，确定创新药价格（赫恩等，2014）。这种定价模式的出台，不仅规范了德国市场上创新药物的价格制定，而且还促进了各类医药企业技术创新能力的增强。

（三）对中国健康改革的启示

第一，建立逐级分诊制度。当前我国现存的分级诊疗制度并不完善。基层医院不能解决大量的常见病以及多发病，大量病人跨过基层医院直接就诊于大型医院，在某种程度上导致医院挂号难的问题，同时还阻碍医生专注开展医学科研（王文娟等，2016）。反观德国实行的逐级分诊制度，患者通过家庭医生先预约登记再就医，大大减少了候诊时间。同时，患者先在门诊服务进行初级诊疗，在根据具体病情转诊到专科医生，解决了患者"看病难"问题，实现健康资源的最优配置（舍恩等，2015）。因此，我国应当创建科学完善的分级诊疗制度，让病人先到基层医院就医，超出基层医院治疗能力的疾病，再由基层医院转到大医院就诊，减少候诊时间，避免"看病难"问题。完善就诊制度，解决看病问题，尤其是家庭背景较差的健康保障费用问题，可以减少家庭成员由于健康因素，影响后代发展等问题，从而缓解收入的代际流动。

第二，推进医院自治化管理。当前德国政府健康卫生体制改革重点是增强医院运营方面的自主权，提高医院的运行效率。德国政府是健康卫生服务的监督者，对医院不直接行使经营权，主要职责是改革发展医院管理体制。而我国公立医院大多数是政府办医，政府制定相关政策管理和监督医院（姚宇，2014）。因此，我国在发展和完善健康卫生体制的进程中，应逐步转变政府在医院的职责，加强对医院服务质量的监督评价力度；大力推进医院自治管理，提高医院行政人员的用人标准，由医院行政人员直接管理医院大小事物；借鉴德国 KTQ 质量评价体系，建立适合中国国情的医院质量管理标准，推进质量管理优质服务体系。通过完善健康卫生机构的管理系统，可以减少居民在就医方面的问题，保障居民的健康资本，减少健康因素对家庭成员发展的影响。

第三，全面推进"特药谈判"。德国的创新药定价模式，不仅有助于医保患者等利益群体表达自身利益，也有助于促进制药企业创新能力的增强。反观我国，创新药定价方式采取的是单独定价（陈永正等，2017）。对于创新药价格的制定，制药企业不具有参与定价的权利，只有诉求的权利。为规制创新药价格，我国采取了多种改革措施，其中江苏省在 2013 年推出的"特药谈判"创新药定价模式取得了良好的经济效益。因此，在借鉴德国创新药定价模式的基础上，建议我国在各地区开展"特药谈判"创新药定价模式试点工作，制定出以药品实际疗效为衡量标准，以满足制药企业以及医保患者相关利益为基础的创新药定价模式。对药物价格进行完善，可以使得我国药物定价体系更加合理，也可以缓解特定人群在治病就医方面的费用负担，减少健康及就医费用对家庭发展，以及对收入的影响。

第四，实行管办分离的健康保险机构。当前，我国的健康保险机构既是健康保险的监督管理者，也是具体运作者。这种管办不分的健康保险体制，不仅不利于健康保险机构的有效管理，也不利于健康保险基金的有效运作（李银才，2014）。德国采用的是管办分离的多元健康保险机构，其健康保险的监督管理者和直接运营者严格分开，管理者和运营者各司其职，提高健康卫生服务效率。因此，我国应当转变医保机构的部门属性，使医保经办机构向独立的公共服务机构转型，成为具有足够自主权的筹资主体，明确基金的权限空间，激发医保经办机构的服务积极性。健康保险机构的健全发展，可以分担患病人群的就医费用，从而减小参保人员因病致贫的风险，从某些方面也可以阻断健康因素对代际收入的影响。

第五，加强各级健康机构合作。当前，我国的各级健康机构由于体制和利益的不同，几乎没有合作。特别是提供社区卫生服务的健康机构，其服务利用率较低。由于社区卫生服务并未纳入健康保险制度的保障项目范围，加上公立医院与社区健康机构的合作并不密切，导致我国各级健康机构服务效率低下（宋旭明等，2014）。通过借鉴德国的健康发展经验，我国应当制定相关法律，规范各级机构的健康卫生服务；建立各级健康机构的交流机制，打破健康机构互不干涉的现状；开展各级健康机构人员的调动，促进服务人员相互学习；促进有关健康方面机构之间的资源共享，例如开展联合诊断手术、设备共享等。健康机构的完善及交流机制的健全，提高了居民健康保障水平，减小健康因素影响人们后期发展的风险，总体上可以缓解健康对代际收入的影响。

第六，推进以按病种付费为核心的支付制度。当前，我国的医保支付方式主要是按项目付费，造成医院人满为患，医院的运营成本较高。反观德国的 DRGs 支付制度，降低了德国医院的运营成本，提高了健康服务价格的透明度。因此，在充分考虑我国基本疾病特点及中医特色的基础上，制定出按人头、按项目、按病种支付的多元支付方式。根据病情的严重程度、服务强度分别制定价格，控制医院住院费用与时间，减少医院拥挤。

此外，政府应当制定相关政策，各级卫生部门应当加强对医院诊疗的监督管理，顺利推行以按病种付费为核心的支付制度。医院运营不透明，以及运营成本过高，会导致医院乱收费用增加就医负担等情况，而加强对医院运营及就医费用的监督，可以减轻患者的看病负担，从而增大患者得到健康保障的机会，减少对家庭的影响，甚至是对子女收入的影响。

二、德国教育的发展及主要做法

教育强则国家强，教育兴则民族兴。教育不仅关乎个人发展，对于子代的收入也具有重要的影响作用。所以重视教育发展水平，实行先进并且健全的教育制度，对于我国居民个人素质的提高，缩小贫富差距，以及整体社会的发展均具有积极的作用。德国作为世界上第一个实施义务教育法的国家，其教育发展水平居世界前沿。经过不断的完善与发展，德国的教育体系已经十分完善，其中双元制职业教育在世界各国都享有盛誉，不仅被誉为第二次世界大战后德国经济腾飞的秘密武器，也成为德国经济发展的坚实平台。尽管两国的背景及发展状况不同，但是研究德国的教育体系，可以促进中国教育制度的完善。

国内学者主要集中于对德国的双元制职业教育的研究。姜大源（2013）对德国双元制教育的管理机构、思想内涵、主要特征等方面进行了详细的阐述，提出双元制职业教育为德国提供了大量的高素质技能型人才。孙伟、李树波（2019）通过对双元制职业教育的育人过程进行探析，提出我国职业教育应该根据德国的职业教育模式，进行本土化的改革，促进国内教育的发展水平。吕凤亚、张瑞芳（2019）对德国学徒制的发展展开研究，提出我国在职业教育方面，应该加强职业院校、企业、政府主管、行业协会部门之间的紧密合作，协同开展适合我国职业教育国情的中国现代学徒制项目。汤术丽（2019）以德国职业教育师资培养模式为切入点，提出在我国急需大量技能人才的背景下，应该借鉴德国的教育经验，培养既懂理论又懂实践的双能型人才。

而在国外学者的研究中，关于教育对收入的代际流动的研究最早可以追溯到 20 世纪 80 年代（阿特金森，1980；阿特金森和詹金森，1984）。国外学者科拉克和海斯（1999）通过研究发现，教育在以非线性方式在收入的代际传导中起到作用。在最近几年的研究中，郭（2008）发现教育资本的积累，在促进弱势群体的子女社会地位的提高方面具有显著的作用，具有较强的促进收入代际流动的功能。沙德（2016）得出人力资本的投资可能有益于两个方面：一方面，它们促进平等机会；另一方面，它们可能具有再分配效应。此外，除私人人力资本投资外，教育政策可能会影响代际收入流动性。

通过国内外学者对德国教育的研究可以看出，德国的教育体系十分健全，不同的年龄对应不同的教育阶段，并且教育发展水平处于世界前沿。且国外学者关注教育对收入的代际传导机制较早，但是国内大部分学者只是对德国教育的发展现状进行阐述，很少提及其发展过程中存在的问题及改革措施，以及在这些改革过程中教育对于居民收入水平的代际影响。因此，研究德国教育发展过程中的不足及相应的改革措施，可以完善中国的教育体制，从中研究中国教育对收入的代际传导作用，通过纵向的研究，横向缩小中国居民的收入差距水平。

（一）德国教育的发展现状

德国教育的发展水平一直稳居世界前列，由于国家重视教育使得德国的经济依靠其大量的人才储备而跻身于发达国家之列，其国内居民的收入水平在最近几十年中差距较小，据世界银行数据来看，其基尼系数一直变化不大，从 20 世纪 70 年代的 0.39，到 80 年代的 0.36，再到 90 年代的 0.29，一直到最近几十年保持在 0.3 左右的稳定水平。由此可以看出，德国居民的贫困差距从 20 世纪后期至今，呈现缩小到基本保持不变的趋势。德国教育的发展水平很高，而教育作为人力资本的组成部分，对个人的未来发展及收入水平起到一定的影响，所以根据德国教育的发展现状学习其优秀的教育模式，对缩小未来国内居民的收入差距具有影响作用。

第一，教育体系十分完善。德国的教育体系划分细致，总体分五级，有注重素质发展的基础教育，也有中等教育、高等教育以及职业教育。并且德国在中学教育时期就实行分流教育，学生可以依据自己的兴趣选择未来的发展方向，可以选择进行高等教育，或者进入职业教育，学习相应的实践技能。所以德国的教育体系大体可以分为两条路线，即分为高等教育学术路线和非学术路线，其中非学术路线就是选择接受德国的双元制职业教育（孙淑华，2017）。不同素质的学生可以根据自身的情况选择不同性质的学校进行学习，也可以依据其喜好自由选择学习课程与重点科目。这种多路线的发展模式，可以为德国提供不同类型的高素质人才。

第二，职业教育发展先进。德国教育体系最大的特点就是双元制职业教育，这种教育模式为德国提供了大量的高素质、高技能人才，是世界范围内职业教育高质量发展和良好社会认可度的典范之一，推动了德国装备制造业的发展。校企合作的双元制职业教育，由职业学校与企业合作，共同培养学生，学校给学生传授基本知识，企业培养学生的职业技能，并且帮助学生获取职业资格证书（Industrie-und Handelskammer，IHK）的考试准备部分（孙伟、李树波，2019）。在德国，超过50%的学生会选择接受职业教育，这些学生在进行系统的培养及职业资格认可之后，可以实现95%的高就业率，在德国的200多万家企业中，20%的中型和大型企业会选择与学校合作，对学生进行职业教育培养，这些学生在接受培训之后，66%的学生可以直接被企业雇用（吕凤亚、张瑞芳，2019）。

第三，法律保障体系健全。德国教育的法律保障体系十分完善，在中等、高等及职业教育方面均有相关的法律文件作为保障。世界上最早普及中等教育的国家就是德国，在20世纪，德国总统就颁布了《义务教育法》。德国的高等教育起步也较早，发展水平先进且完善。国家对于高等教育的法律规制已经涉及多个方面，德国的高等教育入学法律由州教育及联邦教育法等法定法规共同规制。在职业教育方面，在20世纪60年代，《联邦职业教育法》的颁布，确认了德国双元制职业教育的法律地位（曲同颖，2011）。之后，德国不仅对该法进行修订与完善，随之又颁布多项配套法律。企业必须按照德国《联邦职业教育法》的规定，与学生签订合同，并且根据法定的标准，培养学生的职业能力。而学校也要遵照各州颁布的教育法等法规，传授与职业教育相关的实践知识与文化知识，使学生全面发展，既可以接受基础文化教育，也可以获得职业技能，满足企业的用工需求。

第四，居民受教育水平较高。由于德国在17世纪初期就颁布了义务教育规定，其发展时间较长，使得德国的教育普及率较高，德国目前的学前教育、初等教育及中等教育的净入学率总体已经达到98%左右，而高等教育的总体入学率由1991年的33.60%，上升为2015年的68.30%。而具有简单识字且计算能力的成年人（15岁以上）占总体人口的比率稳定保持在99%的水平（KNOEMA，世界数据图谱分析平台）。由此可以看出，居民的受教育水平及受教育率一直在不断提高，作为人力资本的一部分，对德国居民整体素质的发展起到促进作用。

（二）德国发展教育的主要做法

第一，实施《义务教育法》。1990年，德国将义务教育年限设立为12年，包括初级教育与中级教育阶段，各个州政府都会设立监督机构，使得各个阶段的入学率较高（张坤，2008）。这个政策的实施，使得德国居民的普遍受教育水平较高，也使得家庭背景不同的人接受公平的受教育机会。教育具有代际流动性，而此政策可以在一定程度上缩小代际影响。有学者利用9个欧洲国家义务教育改革的变化，通过使用工具变量法得出父母和子女的教育之间存在因果关系，额外 1 年的父母教育使儿童的教育年增加 0.44，通过实施对父母的义务教育可以影响子代的教育情况（布鲁内洛，2013）。增加受教育程度较低的父母的教育可能不仅对目标一代有益，而且对下一代的教育成果也有益，因为家庭背景特征可以影响人力资本代际传递的过程，但是义务教育法在改善教育代际流动方面具有长期有效性。而受教育程度可以影响个人的收入水平，所以通过这种方式，可以减小不同时代居民的收入水平（斯特拉，2013）。

第二，全面实行免费教育。德国的免费教育包括小学、中学及大学，只要就读于公立学校，学生就可以享受到免费政策（李吉龙、高飞梁，2014）。德国以公立学校为主体，私立学校虽然收费，但是总体占比非常小。德国在 2016 年度，教育经费支出总体为 1284 亿欧元，其中人均教育经费为 1576 欧元。在这些投入经费中，大部分教育经费来自各联邦州，总投入为 906 亿欧元，而联邦政府的经费投入为 98 亿欧元（殷文、房强，2018）。德国政府的这一做法，增加了人们机会平等的可能性，可以消除父母的社会资源对子代教育的影响，从而可以减小父母的教育程度对子女未来收入的影响。如果研究不考虑父母和青少年的认知能力，以及父母将其社会资本和个人资源传递给子女这一事实，社会学视角可能会夸大父母社会经济资源在影响子女教育程度方面的作用（格雷格和琼斯，2017）。虽然通常很难确定改善社会中机会总体平等的有效措施，但政府的教育政策干预比其他措施更容易消除其他因素对家庭代际收入的影响作用。在德国，"低于高中"类别的较高代际教育流动性可能归因于公共资助的教育系统，该系统允许更高的社会渗透率（丘索，2011）。

第三，注重对学生技能的培养。德国的职业教育发展十分先进，由于二元制职业教育，且以企业为主导，就使得学生在学习期间可以获得后天的技能。这样就可以减少由于家庭背景、社会资本及教育程度不同的学生，通过获取后天的技能而缩小后期收入水平的差距。而且德国的技术工人社会地位较高，这种情况对家庭因素影响子代收入水平的代际影响相对较小。（哈蒙和乌斯特比科，2003）发现虽然父母的收入与子女的收入水平密切相关，但是早期技能的培养，可以缩小这种收入代际的代际流动性。有研究结果表明，忽略父母教育水平间的差异，年轻人后期的自身教育能极大提高其幸福感，对其生活及后期发展产生显著的积极影响，可以缩小收入的代际流动性，从而横向促进年轻人的素质发展（舒克，2018）。

第四，教育财政支出较大。德国注重学生的教育培养，在教育方面的财政支出占比一直比较高。德国对教育的支出占 GDP 的比重一直在不断增加，其中中学及大学教育中，学生的教育支出占人均 GDP 的 36.60%（KNOEMA，世界数据图谱分析平台）。德国政府对各州的教育财政支持，使得各州和城镇财政在教育方面的负担较小，有多余的资金用于基础建设与师资建设。德国政府对教育较高的重视程度，以及较大的财政支出比例，使得国内各地的教育资源差距较小。这种政策同时也可以减小不同家庭背景的学生在教育方面的差距，通过几十年的教育财政投入，使得学生不仅横向差距较小，也可以通过教育在纵向水平方面缩小收入的代际传导。

第五，注重早期素质教育的发展。德国的早期教育，主要注重孩子在素质方面的综合发展。德国的素质教育不是学校单方面的培育，而是社会上多方参与，政府等部门会经常举办公益的素质教育活动。学校方面不关注于孩子的课程成绩，而是关注学生的生活技能、个人品质、思维活动，以及个人兴趣的培养。这种注重素质教育的发展模式，可以消除学生家庭因素对孩子的影响，使孩子在早期的发展中，彼此差距较小。（莫斯克，2014）认为，技能的形成时机会影响个人的未来发展，尤其是在人力资本投资的早期阶段，这个阶段的资本积累对个人的后期发展将产生很大的影响。

（三）对中国教育改革的启示

第一，建立多方参与的培养机制。德国的双元制教育非常注重学生的实践能力，而国内学校虽然在加强技能素质培养的意识方面有所提高，但是学校与企业的距离还是比较远。因此在我国发展职业教育时，应该加强多方协作关系，使政府、学校、企业及专家等共同发力，联合培养学生的实践技能。这样对于政府来说，多方参与专业设置能够激发合作办学的积极性，加强政府的监督与宏观调控，促进职业院校专业体系的健全与完善。对企业来说，通过校企合作办学联合培养，可以使学生满足企业的用人需求，培养自己的应用型人才储备，同时也可以减少企业对员工的培养费用，帮助企业更好地发展。对学校来说，可以完善教育体系，健全培养机制，提高教学质量，向社会输送高质量的技能人才，促进社会的发展，满足社会的发展需求。对个人家庭来说，企业及政府承担教育的大部分经费，使得家庭在教育中的费用负担较轻，个体发展受家庭收入的影响较小，从而减小教育对收入的代际流动作用。

第二，注重学生实践技能培养。我国院校在培养学生的过程中，缺乏针对性，只注重学生理论知识的建立，在职业技能培养方面十分欠缺，使得学生毕业后在劳动力市场竞争性较弱。国内学校应该借鉴德国职业教育专业设置的经验，以及德国职业技能培养对收入代际流动性的制约机制，在开设专业时要以培养学生的实用技能为主，增强人才培养的针对性，满足企业的用人需求和社会的服务需求。学生技能尤其是早期技能的培养，对个人后期的发展及收入水平均有较大的影响，所以提高我国学生的技能水平，可以提高个人的发展水平，减小由于家庭教育因素对代际收入的影响。

第三，提高教育师资力量。德国职业院校的教师基本上与公务员的待遇相当。但是德国的教师获取资格认证非常复杂而且严格，对教师的整体素质要求较高。但是目前我国国内院校尤其是职业院校只注重教师的科研能力，在实践技能教学方面不够重视。只片面的按照学术型大学的标准去要求职业院校的教师有失公平。我国职业教育院校应该参考德国职业教育发展的优势，在注重理论发展的同时，更应该注重实践技能的培养，提高教师队伍的整体素质。师资力量的完善与健全，教师素质的整体提高，可以缩小地区间由于经济差距，导致学生接受的教育资源出现差距过大的情况，尤其是对于经济较差地区的学生来说，会缓解因其父母教育水平较低而导致其受教育水平受到限制的情况，从而缓解教育对代际收入的影响。

第四，健全教育法律体系。德国的教育法律体系十分完善，不仅有政府颁布的基本法，还有各州颁布的州教育法，在职业教育方面，有《职业教育法》，企业与学生签订合同时还必须依据职业教育合同及相应的法律等，涉及的内容周到且细致。而我国的教育法律体系则非常笼统，在具体操作过程中无法真正发挥法律的保障效果。只有从国家层面颁布的《中华人民共和国义务教育法》及《中华人民共和国职业教育法》等，无法照顾到各个地方的具体情况。目前，国内教育尤其是职业教育，迫切需要从法律层面上对职业教育法进行重新修订完善，建立完善的教育保障法律体系。从法律层面明确界定学校与企业之间的合作关系，明确双方的权利与义务，建立校企真正的合作关系。教育法律体系的合理发展，可以增加家庭资本较低的学生受到教育的可能性，从而减小教育对收入的代际流动的影响。

第五，完善国内教育体系。德国的现代教育体系非常健全，学生可以根据个人的兴趣自主选择发展方向，可以走学术路线或者进入职业教育。而国内目前教育体系还不够完善，且以应试教育为主，不注重学生综合素质的培养。只有成绩优秀的学生才能走高等学术教育路线，成绩较差的生源才会接受职业教育。这两种路线之间不可以自由切换，且国内职业教育的地位较低，且师资力量和教育资源与学术路线的学生相比，差距较大。我国应该根据国内的实际情况，借鉴德国的教育体系，健全国内教育发展模式，提高职业教育的地位，大力发展职业教育。逐步完善国内学生在几种教育之间的随意切换，使职业类博士与学术类博士并存。教育体系的完善，可以增加学生由于兴趣爱好的不同而差异发展的可能性，减少家庭因素对学生教育发展的限制，增加个人发展的多样化，缓解教育对代际收入的影响。

第六，加大对教育的财政投入。德国教育水平的先进地位，与全面实行免费教育密切相关。德国对教育的财政投入近几年一直在持续增加，由此可见，德国对教育的重视程度，也使得德国教育的高水平与文凭的含金量举世公认。虽然国内对教育的投入水平也在不断提高，2018 年，我国的教育经费投入为 40000 多亿元，较上年增长的比率为 8.39%，其中财政性教育支出为 36990 亿元。但是由于国内的教育资源差距较大，使得不同地区的学生在综合素质方面，差距十分明显。我国应该加大对贫困地区及农村地区的教育财政投入，减小教育资源分配不均情况，缩小不同学生之间的差距，由此也可以减少教育资本对于不同收入水平及不同背景下学生的代际传导效应。

第三节 以色列健康和教育的发展经验

健康和教育作为人力资本的重要组成部分，对于提高个人收入，促进社会代际收入流动有着重要作用。健康人力资本是劳动者参与社会生产活动的基础，是经济发展的基本要求。我国目前正处在经济转型期，市场对于劳动者的教育水平有着更高的要求，教育投资将成为推动我国经济快速发展的重要举措。然而，我国医疗体系和教育体系仍有诸多不足，医疗和教育资源分布不公等问题严重阻碍了代际收入的流动。如何提高健康和教育人力资本，从而降低代际收入弹性成为我国的重要议题。以色列在科技实力和医疗水平上都位居世界前列，其追求社会主义的思想及重视教育的传统与我国相似。借助发达的医疗水平和先进的教育体系，以色列将人口和地缘政治劣势转化为成功的动力，实现了经济的高速发展。因此，研究以色列教育体系的建设，借鉴其改革经验，对于促进我国医疗和教育事业发展、提高人力资本积累，以及增强代际收入流动性都有着重要意义。

一、以色列健康的发展及主要做法

以色列是世界上国民预期寿命最长的国家，其婴儿死亡率处于世界最低水平。作为"世界最健康的十大国家"之一，其医疗水平远超欧洲发达国家。以色列医改之前，国内面临的看病难问题与我国当前情形如出一辙。对此，为解决医疗供需不平衡等问题，以色列加大了对公共卫生领域的投资，并不断创新医疗设备，提高医疗水平，积极探索出以社区诊所为基础的双向转诊机制，从而满足公民的医疗需求，提高全民的健康人力资本积累；针对医保报销政策等问题，以色列将基本医疗保险管办分离并实行医药分业模式，减轻了公民的医疗负担，保障了低收入水平群体的医疗可及性，消除健康带来的贫困差距，降低代际收入弹性。因此，研究以色列的医疗改革经验，对于促进中国的医疗卫生改革、解决我国医疗服务供给不平衡问题，从而提高代际收入流动性有着重要意义。

（一）以色列医疗发展历程

以色列的医疗卫生体系在改革中逐步完善。虽然建国时间较短，但是以色列的医疗卫生系统历史悠久。早在以色列建国之前，劳动党已于1912年创立了一般疾病基金会（Kupat Holim Clalit or General Sick Fund，KHC），此举标志着以色列卫生系统的雏形开始形成。一般疾病基金会于1920年被工会联合会（Histadrut）吸纳，成为其重要的组成部分，工会会员只需交纳会费即可享受到便利的医疗服务。随着时间的推移，犹太复国主义的不同团体出现了政治分歧，导致其他政党开始根据自己的需要成立新的疾病基金公司，例如马卡比疾病基金公司。这些医疗基金公司是由那些对官僚不感兴趣的医生所创立，目的是保留医生更多的自主权。到1970年中期，以色列形成了主要由四家疾病基金公司（Clalit，Maccabi，Meuhedet and Leumit）为主的医疗保险系统，为80%以上的国民提供医疗保险服务。柯莱利特基金公司（Clalit）的前身是一般疾病基金会（KHC），雄厚的经济实力和前期资源积累，逐渐奠定了其在四大疾病基金公司中的主导地位。

20世纪80年代末，以色列遭受了金融危机，在国内经济不景气的情况下，以色列依然不断大量地吸收移民。一方面，经济下滑带来的医疗服务短缺导致综合性大医院人满为患；另一方面，大量涌入的移民增加了医疗服务需求，进而造成国内择期手术等待时间较长的窘况，日益引发民众不满。医疗卫生的可及性和公平性问题在移民因素和经济因素的压力下显得愈发严重，社会代际收入流动性随之降低。为解决现行医疗系统中供需不平衡等问题，以色列于1995年推行了《国民健康保险法》（National Health Insurance Law，NHIL），强制7%的未参保人员参保，保证疾病基金覆盖每一个公民，还允许所有公民自由选择拟投保的疾病基金公司。以色列相对成功的医疗改革，很大程度上得益于自下而上的卫生计划和医院的主动行动，虽然并不完美但是获得了很大的成功。

（二）以色列医疗改革的主要做法

第一，基本医疗保险管办分离。以色列的基本医疗保险基金由四大疾病基金公司负责经办和管理，四大疾病基金公司本质上都是非营利的医保公司，不受政府干预。医疗服务的公平有助于提高社会代际收入的流动性（哈格德，2003）。人们可以自由地选择其中一家疾病基金公司进行参保，每一家疾病基金公司都有义务为公民提供标准的一揽子服务。基本医疗保险基金来源于三个方面，52.9% 来自公民个人的缴费，40.7% 由政府支付，其余 6.4% 来自疾病基金公司其他收入。虽然只有四家疾病基金公司可供选择，但公民每年可以自由地在这四家疾病基金公司之间转换而不受限制。事实上转换疾病基金公司的参保人的比例很低（每年大约 1% ~ 2%），但每家基金公司仍然努力留住其已有成员并吸引新成员。在没有溢价支付的情况下，各个疾病基金公司的核心竞争力本质上是服务质量。所以，为了获得更多的资金，疾病基金公司不断提高自身的服务质量，从而能够吸引更多的公民投保到该公司。疾病基金公司参与基本医疗保险的经办，有效提高医疗公平程度，促进代际收入的流动。

第二，补充医疗保险发展成熟。除了基本医疗保险，四大疾病基金公司还为参保人提供各种形式的补充医疗保险服务。这不仅拓展了基本医疗保险的保障项目，让公民有更多的选择，而且增加了医保基金的收入，提高了医保基金的抗风险能力。基本医疗保险目前已经覆盖所有的以色列公民，即覆盖率达到100%。超过80%的以色列公民拥有补充医疗保险，其中大约40%的公民还参加了私人提供的商业保险。补充医疗保险的高覆盖率，满足了市场上不断增加的私人医疗保健服务需求。据统计，以色列几乎 40%的医疗支出不是由政府资助的（即由私人保险支付或自费支付），其私人医疗支出水平高于任何一个经合组织国家。对此，一部分公众认为，高额的私人支出对低收入群体而言意味着医疗服务不公平。事实上，私人卫生支出较高的项目集中在长期护理、牙科护理和精神保健等领域，而这些项目并不在基本医疗服务的保障范围之内。

第三，以色列政府重视对公共卫生领域的投资。（迈尔和洛佩，2007）指出，政府对医疗的公共支出越高，其代际收入流动性越强。世界银行的数据显示，以色列每年公共卫生支出占医疗总支出的比例保持在 60% 以上，远高于我国的公共支出水平。如图 8 - 4 所示，从 1995 ~ 2014 年，对比我国较低水平的公共支出，以色列的公共支出比例一直维持在 60% ~ 70% 之间，且保持相对稳定。以色列公共卫生政策以预防为主，卫生防疫工作由社区医疗服务机构完成。为了降低临床可预防成本，社区医疗服务机构将资源和精力投入到预防性保健服务中。2012 年，以色列成立了全世界唯一系统地、全面地评估社区卫生服务的质量指标体系。质量指标系统能够评估社区医疗卫生服务的质量，对预防性保健工作具有指导意义。电子健康记录作为质量指标系统的基础，同时也是以色列医疗系统的支柱，能够结合历史医疗记录对当前的医疗措施进行精确评估。此外电子健康记录有助于医疗系统对公民的健康状况做动态监管，从而达到预防保健的目标。卫生部（Health Maintenance Organizations）负责运行这些复杂的社区护理质量指标系统。卫生服务供给方以此系统为标准和基础对自身服务不断改进。

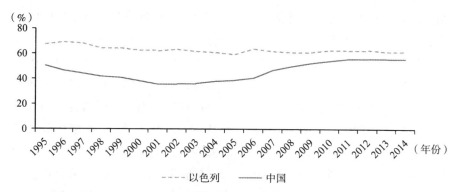

图 8 - 4　以色列和中国的公共卫生支出（占医疗总支出的百分比）比较

资料来源：世界银行（The World Bank, Health Expenditure, https://data.worldbank.org/indicator/SH. XPD. TOTL. ZS/, 2018 - 03 - 08.）。

第四，先进的医疗设施和医疗水平。以色列的医疗设施和医疗水平一直位于世界前列，在健康方面投入了大量的研发经费。随着政府健康支出的增加，家庭背景对代际收入流动性的影响逐渐降低，儿童人力资本生产不平等问题减少（库利科娃，2015）。在 2008 ~ 2018 年的 10 年时间里，以色列在医疗器材和生物制药方面的人均专利数一直保持在经济合作与发展组织（OECD）成员国家中的领先地位。2014 年底，以色列共有 85 家医院：综合医院 44 家、精神卫生医院 12 家，以及专科医院 29 家。44 家综合性医院中仅有 11 家医院由卫生部所有和运营；9 家归柯莱利特（Clalit）疾病基金公司所有；其余全部归私人所有，如赫兹利亚医疗中心。以色列的大多数私立医院属于非营利性组织或慈善组织。这种私人参与公共服务供给的方式，不仅能够降低服务价格，而且能够解决医疗供给的短缺问题。以色列将高级执业医生（Advanced Practice Providers）模式应用于老年病学和糖尿病的护理，有效解决了医生数量不足问题，并且提高了医疗服务的可及性。2016年，以色列政府承诺增加更多的普通病床，以解决人口增长和老龄化带来的床位紧张等问题。1990年，以色列是世界上人均医生人数最多的国家；2016年，以色列每千人口中职业医师数量为3.1人，高于我国2.4人的水平。以色列的医生不仅仅肩负救死扶伤的职责，还参与新医疗技术的研究和开发。在这种精英教育下，以色列的全科医生和专科医生都有着极高的专业水平。总体来说，无论医院的数量、医疗服务内容，以及医疗水平，都极大满足了以色列公民的需求，从而减轻因健康投资不足造成贫困循环。

第五，以社区诊所为基础完善的双向转诊机制。以色列强调社区诊所在医疗体系的重要作用，各级医疗机构责任明确，具有完善的双向转诊机制。以色列的每位公民都有自己的家庭医生，普通疾病都可以在社区门诊得到治疗。当出现重大疾病时，需要家庭医生开具证明才可以进入大型医院进行下一步诊治。如果越级诊疗，则病人将负担高昂的就诊费用。患者在康复期间被转回社区诊所，这样一来，则提高了病床周转率，以色列大型医院病床紧张的局面也得到了一定程度的缓解。因此，严格有序的双向转诊措施，合理引导患者到不同医疗机构就诊，有效缓解大医院人满为患的压力，极大提高了医院的工作效率，减少病人的救治时间。

第六，卫生部承担医生薪酬。一般情况下，医生工资和医院效益挂钩。与此不同的是，以色列的医生薪酬由卫生部承担，工资高低与医生的工作绩效相挂钩。医生的工作情况会被跟踪记录到卫生部监管的质量指标系统中，财政部以专门的考察指标对医生全年的工作质量进行考核，根据考核的等级发放对应的薪资。2010年，面对公立医院医疗人员短缺的局面，以色列财政部将公立医院医生的薪资提高了49%。另外，为了解决区域间医疗水平存在差异的问题，以色列给予边远地区的医生更高的工资和福利，在边远地区工作的医生平均收入比全国中心区的医生多出20%，这一举措提高了医生的积极性，同时也提升了边远地区的医疗服务水平，缩小地区之间医疗服务水平的差距，进而缩小各地区代际收入流动的差异。

第七，医药分业杜绝"大处方"现象。以色列的医院没有设立门诊药房，患者拿到医生的处方之后需要在独立的药店买药，或者通过电子商务渠道网上购药。以色列的医生都有自己的编号，其开具的处方都被记录在医疗信息系统以便卫生部对其监督，从而杜绝乱开"大处方"现象。医药分业模式下，药品供给的安全性更需要得到保证。事实上，以色列国内存在大型以仿制药为基础的企业，药品市场上流通大量的仿制药。在这种情况下，为了保证药物的安全性和有效性，以色列对药物进行科学检测并实施严格管理，将销售药品质量的检测交由卫生部负责。2012年，以色列还成立了药品标准化与控制研究所这一专门机构，以更加科学专业的方式监督药品供给流程的安全性。研究机构主要负责3个方面：制造商检查、实验室测试，以及药物质量评估。

第八，药品定价相关问题由四大疾病基金公司负责。为处理和解决在医保报销和药品定价等关键领域的利益冲突，以色列政府已将所有与实际药物定价有关的事项留给了四大疾病基金公司。在委员会制定基本药物相关规则后，疾病基金会可以自由与药品供应商谈判，并采用他们认为合适的供应策略。前提是疾病基金公司必须遵照政府的规定，如疾病基金公司需要对购买的药品争取价格折扣，并在适当情况下医生可为病人开出某些特别的药物等。这种疾病基金公司定价策略的结果是：在有效的政府补贴下制订较低的药品价格。此外政府承诺每年更新基本药品目录，并且为新药物提供额外预算。规范药品供给并实行严格的药品市场监督机制，保障了以色列基本药物制度透明高效，是提高全民健康人力资本的基础。

（三）以色列医疗改革经验对中国的启示

第一，增加医疗卫生体系的财政投入。医疗卫生体系的建立是为了满足人们对医疗服务的需求，医疗保障体系的公共产品属性决定了政府作为供给主体，必须承担财政支持的责任。目前，中国高级别医疗机构人满为患的现象愈加严重，看病难、费用高昂的问题尤为突出。主要是因为我国政府对医疗卫生系统的财政投入较低，造成了公立医院的投资不足。为了获取足够的资金支撑医院运行，公立医院容易出现过度医疗的现象，造成医疗资源的浪费，加重了人们看病的成本。因此，政府要加大对于基层医疗卫生的财政投入。我国城乡之间、地域之间、层级之间（大型医院和基层医院）的医疗资源分布不均匀，优质医疗资源都集中在经济发达的地区。从以色列的医疗改革经验来看，只有重视基层医疗卫生发展，才能解决人们看病难和看病贵的问题。因此，我国应增加对基层医疗的投资，关注基层公共卫生服务尤其注重疾病的预防，并且鼓励医生到医疗资源缺乏的地区就业，对其给予政策倾斜，缩小地区之间的代际流动性差距。

第二，政府要加大对药品市场的监管力度，以解决药品市场价格虚高等问题。表面上看，我国药价虚高的问题，是医生通过开"大处方"为医院谋求更多利益所造成。实际上是因为政府干预了药品市场的定价，但是对药品市场缺乏有效监管，在这种情况下卫生部门和医院成为利益共同体致使药物市场不能规范运行。另外，政府对基本药品的价格管制还会带来社会福利的损失。以色列的药房和医院独立运行，患者购买药物的途径可以通过独立药房，甚至可以网上买药。我国要杜绝药品价格虚高问题，就需要将药房从医院独立出来，提供多渠道的药品供给机制，如开发电商平台参与药品供给等。目前，我国多地公立医院逐渐落实了取消药品加成制度，转而采取提高服务费用等举措。根据以色列医药分业的经验，规范药品价格，需要政府正确引导药品市场，引入竞争机制，不再过度干预药品定价。但是这并不意味着药品的完全市场化，政府依然需要对药品市场进行监管，包括制定药品市场的交易行为规范准则，对药品质量进行监管和控制等。以色列的卫生部则专门成立了药品标准化与控制研究所，对药物进行严格管理和科学检测，提高药品供给质量，促进全民健康人力资本的积累。

第三，推进基本医疗保险管办分离。让商业保险公司参与基本医疗保险的经办，从而推进基本医疗保险管办分离。商业保险公司拥有专业的人才队伍和高效的管理优势，可以有效降低行政成本，提供更好的医保服务。我国的医疗保险由统一的部门管理（城镇职工养老保险、城乡居民养老保险由人力资源和社会保障部门管理，新型农村合作医疗，简称新农合，由卫生部门管理，现在国家刚成立医疗保障局统一管理社会保险）。医疗基金的来源主要是雇主、雇员（居民）以及政府。基金的经办和管理都是由政府部门（社保中心和新农合管理办公室）负责。半行政化的医保经办体制提高了医保的运行成本，同时也降低了人们对于基本医疗服务的满意度。公共产品供给理论指出，将医疗保险的供给交给市场，不仅能够平衡供求关系，还能提高效率和服务质量，提高产品的竞争能力。以色列4家疾病基金公司独立于政府自主运行的方式对我国的启示是：政府可以让商业保险公司参与基本医疗保险的经办，在医保经办市场引入竞争机制。政府只负责对医保经办机构宏观调控，让市场自由竞争从而提升服务质量和人民满意度。

第四，提高医疗服务信息化程度。医疗服务信息化不仅是提高医疗服务质量的重要途径，更是落实我国分级诊疗的必要手段。我国医疗系统的信息化程度不高，虽然医院信息系统已经初步建成，但是相比较其他国家而言，缺乏规范性、共享性。首先，要推进市和县级单位医疗卫生信息化。设立独立的统计信息中心有利于居民健康信息管理和互联互通，但目前只有不到一半的地（市）设置了独立的统计信息中心，相比较以色列和其他发达国家则十分落后。其次，我国需要提高全民电子健康档案的建档率，节约医疗成本，减轻看病贵的问题。以色列医改取得成功的一个重要原因是重视数字技术的传播和定位。进入21世纪以来以色列的医疗记录已经完全实现电脑化，大大改善了医疗决策，提高了整体医疗质量。于我国而言，建立全民电子健康档案不但可以帮助医生了解患者医疗记录，方便查询过往病史，提高看病效率；而且能够实时记录国民健康水平的变化，起到预防保健的作用。

第五，加强基层医疗人才培养。以色列实行的家庭医生制度要求基层的医疗人员必须是全科医生，有很高的医疗素养。与此形成鲜明对照的是，我国全科医生的数量严重不足，基层尤其缺乏全科医生，且普遍专业素养不高，我国的乡镇地区很多医生甚至没有医师执照。只有增加基层全科医生的数量、加强基层医生的专业素质，才能让民众更加信任并选择在基层解决大部分的医疗问题。首先，政府要给予基层医生更多薪酬上的补偿，以及生活上的补助。其次，要对已在岗的基层医生进行系统科学的职业培训，如提供高级别的学习机会和省市级医院的实习机会。另外，要想长期留住人才，政府必须去行政化、编制化，让人才充分流动才能解决基层医疗人员的短缺问题，从而解决健康投资不足带来的贫困循环，有效减轻城乡间健康水平差距，降低代际收入弹性。

二、以色列教育的发展及主要做法

以色列的创新实力位居全球第 16 位，这与其成功的教育有着密不可分的联系。一直以来，以色列都将教育作为立国之本。第一任总理本·古里安（Ben Gurion）说："没有教育，就没有未来。"第三任总统扎尔曼·沙扎尔（Zalman Shazar）认为，"教育是创造以色列新国家的希望"。从建国初期开始，以色列就对教育体系进行了改革，逐渐建立起满足全民需求的教育体系，为世界输送了大量精英。在以色列 25 ~ 60 岁的人口中，45% 的人受过大学以上教育（法国和日本约 25%），每 10000 名就业人口中有 140 名科学家和工程师（美国 85 名、日本 65 名）。教育将人口和地缘政治劣势转化为成功的动力，让以色列成为今日强国。因此，研究以色列教育体系的建设，借鉴其改革经验，对于促进我国教育事业发展、提高人力资本积累，以及降低代际收入弹性都有着重要意义。

（一）以色列教育体系的现状

自 1948 年建国以来，以色列吸收了大量的移民。20 世纪 50 年代，移民主要来自战后的欧洲、阿拉伯国家、北非，以及苏联等国家。现如今，许多来自美洲和其他西方国家的犹太人也在以色列定居。这些移民存在很大的群体性差异，如从亚非地区迁入的东方犹太人，其收入和教育水平远远低于从欧洲移居的西方犹太人。这导致以色列的阶级固化严重，社会的代际流动性下降（拉津，2002）。如何建立满足全民需求的教育体系，从而降低代际弹性，成为以色列的重大挑战。

面对日益增长的教学需求，以色列对当时的教育体系进行了改革。首先，增加教室和教师，满足移民儿童的教育需求。其次，以色列专门设置了辅助课程和短期课程，以帮助来自多元文化背景的年轻人尽快适应新的教育环境。辅助课程向移民学生介绍在其原籍国未曾学习的科目，如希伯来语和犹太历史。最后，政府对移民来的教师开展了专门的培训，促进了他们在教育系统中的就业。目前，以色列的教育体系主要包括三个阶段，学前教育、小学和初中教育，以及高等教育。

以色列学前教育系统由两部分组成。一部分是专为 0～3 岁儿童设立的日托中心，另一部分为 3～6 岁儿童提供学前教育的幼儿园，其中幼儿园的入学率达到了 100％。以色列非常重视幼儿教育，对学前教育的资金投入占整个 GDP 的 0.9％，高于 OECD 国家的平均水平。学前教育旨在给儿童提供一个良好的开端，帮助儿童在社会化和语言方面得到更好的发展。这些学前项目大多数是由地方当局赞助，有些是由妇女组织运营的日托中心，其他则为私人负责运营。教育部在教育资源分配上向贫困地区倾斜，保证地区之间的教育公平，促进代际收入流动性。

在日托中心的幼儿，父母需要承担全年的学费，但大部分家长可以享受到折扣优惠，如在职母亲、失业的父母等。日托中心主要负责照料幼儿的日常生活，补充营养，保证幼儿的身体健康。在幼儿园接受教育的儿童，最后一年可以免除学费。幼儿园课程旨在教授语言和数字等方面的基本技能，开发智力，并培养其认知和创新能力，提高社会能力。所有学龄前的课程由教育部指导和监督，为未来学习打下坚实的基础。

以色列的小学教育和中学教育注重培养学生探索能力。以色列规定，6～16 岁是义务教育阶段。该年龄段的学生必须上学，免费优惠一直持续到学生 18 岁。正规教育始于小学（1～6 年级），接着是初中（7～9 年级）和高中（10～12 年级）。以色列的基础教育注重培养学生开放的心态。以色列人认为学生提问比解决问题的能力更重要。鼓励学生探索问题，挑战权威，培养创新、发人深省的人才。经过这样的基础教育，可以打破思维定式，挑战规约原则，从而养成良好的思维习惯。

为了适应国内多元文化的发展，以色列的教育体系也作出了相应的调整。以色列的学校分为四类：公立学校，大多数学生就读于此；公立宗教学校，强调犹太人的学习、传统和习俗；阿拉伯和德鲁兹学校，教授阿拉伯语，特别关注阿拉伯和德鲁兹的历史、宗教和文化；私立学校，则由私人负责学校的运作。教育资源的多元配置，实现了全民公平地享有高质量教育，极大地促进了收入的代际流动。

根据学校培养方式的不同，以色列的中学可以分为三类：第一类是为高等教育作准备，以获得入学证书为目的的中学。第二类则是以获得职业文凭为目标的技术学校。职业院校学习计划由劳动部职业网络附属学校提供。这些课程持续 3~4 年，包括 2 年的课堂学习和 1~2 年的实习，在此期间，学生每周学习 3 天，并在其他日子从事他们选择的行业。职业范围从发型和烹饪到机械和文字处理。第三类是为获得实践技能的院校，如农业学校，就是以农学科目为基础进行学习和研究。中学的课程大多属于必修课，课程的主体和内容由教育部统一制定。但每个学校可以从教育部提供的各种学习教材中进行选择，以适应其教职工和学生群体的需要。为了提高学生对社会的认识，每年的中学课程都要深入研究一个与国家发展相关的专题。专题包括民主价值观、希伯来语、移民、耶路撒冷、和平与工业等。

以色列的高等教育是一个二元系统，包括研究性大学和学院（学术学院、技术学院、私立学院和教师培训学院）。其中，研究性大学共有 7 所，学生必须通过巴格拉特入学考试（Bagrutentrance Examination）才能进入。以色列最古老的大学是以色列理工学院，成立于 1924 年，除了理工学科，还设有建筑、工业管理、医学和技术教育等，培养综合性研究型人才。以色列的高等教育总支出中，约 48% 来自私营组织和社会捐赠，29% 来自家庭支付的学费，政府承担的比例较少。以色列支持各高等教育机构建立研究成果孵化器和商业化中心，强调科技创新与经济、管理、立法等学科相结合，形成综合优势。自 1990 年以色列高等教育扩张之后，教育的代际流动性明显增强，社会的阶级流动性随之增加（Gabay - Egozi and Yaish，2019）。

要想获得以色列高等教育的学士学位，至少需要 3 年大学的学习。进入大学的先决条件是通过巴格鲁特考试和心理测验入学考试（类似于美国的 SAT 考试）。学士学位的学习计划通常要求学生从第一学期开始专注于各自的专业领域。以色列的许多大学部门提供两种不同类型的硕士学位。一类是要求学生专注论文研究，提高科研水平，以便他们有资格继续攻读博士学位，相当于我国的学术型硕士；而另一个项目则不要求撰写论文，是为不打算攻读博士学位的学生设计的，即我国的专业性硕士。学生们将在 2 年内完成他们的研究和论文准备。攻读博士通常需要 4 年或更长的时间。

（二）以色列教育体系的改革措施

第一，建立完善、多元化的教育体系。多层次、差异化的教育体系建设更有利于实现教育公平，降低代际收入弹性（马钦，2004；廖，2019）。以色列的教育体系由政府统一领导，鼓励社会组织和私人参与学校的建立和运营。随着不断的改革发展，以色列已形成了以综合性公立学校为主，地方院校、开放类院校，以及私立学校作为补充的多层次教育体系。以色列的私立院校由多个社会组织资助成立，在标准化课程的基础上增加了自己的特色课程，因其优质的教学资源，吸引了不少国内的学生。据统计，82%的以色列学生选择公立学校，18%的学生选择的是私立学校。这些补充院校不仅丰富了以色列的教育体系，满足来自不同种族、不同宗教学生的教育需求，而且减轻了政府在教育支出上的财政压力。此外，多元教育体系的建设为社会提供了多样化、多层次的人才，以色列的高等教育不仅向社会输送研究型的精英，也培养了各行业的技术型人才，能很好地适应现代社会的发展趋势。多元教育体系向全民提供了更为公平的机会，让各阶层的公民有更多改变自身阶级的可能性，进而降低代际收入弹性。

第二，投入大量的财政资金。政府在教育方面的财政支出能够抵消收入差距导致的不平等，防止代际收入流动性降低（纳姆，2019）。以色列将教育视为立国之本，2010～2015年国家教育支出比例占 GDP 的比率一直处于超过5%的水平，高于我国的4%，如图8-5所示。以色列非常重视基础教育，对小学和中学阶段的投资较大。以色列的科技水平世界一流，主要得益于政府高水平的研发投入。据统计，以色列的研发支出占国内生产总值的比重保持在5%左右，远远高于经济合作与发展组织的平均水平，多年来居世界第一。政府的研发投资主要集中在应用研究领域，如生物技术、纳米技术等。研发资金来源广泛，主要来自教育部、工业部及贸易和工业。其中教育部主要投资于具有公共性的基础、前沿研究和开发项目；科技部主要支持科技研发领域的国际交流与合作。以色列高新技术产品出口占全国出口总额的70%以上。

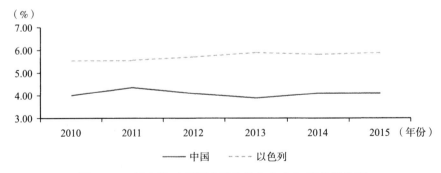

图 8-5　以色列和中国国家财政教育支出占 GDP 的比率

资料来源：国家统计局 & Konema（Knoema，Israel – Public spending on education as a share of GDP，https：//knoema. com/atlas/Israel/Education – expenditure，2019 – 07 – 03）。

第三，保障教育公平。公平的教育机会能够阻断贫困循环，是低收入群体改变自身社会阶级的重要渠道（赛比斯，2015）。以色列教育体系注重保障教育公平，提高教育的代际流动性。建国伊始，大量的犹太人回归，如何解决来自70多个国家的儿童的教育问题成为以色列教育系统的极大挑战。这些移民来自不同制度，不同发展水平的国家，其教育水平存在很大差异，亚非等地区涌入的东方犹太人教育水平远低于西方犹太人。为了让社会底层的犹太人也享受到公平的教育机会，提高教育代际流动性，以色列秉持教育公平的理念，将义务教育的年限延长至16岁，提高社会底层儿童的入学率。对欠发达地区，以色列增加财政资金的投入，并提高不发达地区的升学比例。另外，政府还给予欠发达地区学生第二次升学考试机会，提高贫困地区的升学率，实现教育公平。以色列教育部还在农村地区设立了一个分部，负责教师的选拔，提供免费的培训，提高农村地区教师的授课水平。对那些残障学生，以色列的法律允许他们和普通学生一样，参与正常的课程学习。以色列全民都可以享受到公平的、高质量的教育，极大地促进了收入的代际流动。

第四，制定教育相关法律。以色列教育的发展离不开法律的支持。建国后，以色列颁布的第一部法律就是《义务教育法》，规定学生可以享受6年的免费义务教育，在后来的不断修订中，免费义务教育范围逐渐扩大到3～18岁。针对高等教育的管理，以色列与1958年颁布了《高等教育理事会法》，以立法的方式确立高等院校的自治权。考虑到教育的公平性，以色列还颁布了《特殊教育法》，保障特殊儿童，如残疾、低能儿童等，让他们也和正常的同龄人一样，得到公平的受教育机会。此外，以色列还颁布了《国家教育法》，对教材的使用作了详细的规定，并按照教育部和文化部的标准统一制定了基础课程。在对教育教学的监督方面，1965年以色列颁布了《日托中心监督法》，对日托中心的标准和规范进行详细的规定，督促其提高服务质量；以色列制定的校长管理水平考核标准也已经成为一项法律要求。相关法律的颁布保证了教育体系的公正透明，有国家信用的背书，全民教育水平不断提高，经济发展变快，社会阶级的流动性逐渐随之增强。

（三）以色列教育改革经验对中国的启示

第一，教育政策向欠发达地区倾斜。我国欠发达地区儿童早期的教育环境要远远落后于发达地区，这主要是因为经济发展不平衡，导致欠发达地区教育资源缺乏，教育的代际流动性弱（陈丽华，2019）。根据马太效应，欠发达地区和发达地区的教育水平和经济水平差距会越来越大，为提高欠发达地区整体教育水平，实现教育公平，首先，政府需要给予欠发达地区更多的教育机会，如延长贫困地区的义务教育年限，降低贫困地区的入学考试难度，提高他们的升学比例等。其次，要给予贫困地区的学生更多的教育资金支持。如给予一定的生活补贴，捐赠图书资料等。最后，欠发达地区往往教育资源贫乏，不仅缺乏优秀的教师，还缺少教学设备。政府可以借助互联网的发展，加强农村地区网络建设，实现远程教育，从而解决教育资源缺乏的问题，减轻因教育投资不足带来的收入差距，缩小代际收入弹性。

第二，发展学前教育。扩展学前教育能有效促进教育公平，从而打破贫困的代际循环，降低社会代际弹性（王嘉毅等，2016）。以色列对于学前教育的投资在所有的教育支出中占比最大，其幼儿园的入学比率更是达到了100%，位居OECD国家前列。反观我国，学前教育市场还处于起步阶段，各地区学前教育发展不均衡，尤其是农村地区，学前教育极度缺乏。此外，我国的幼儿园课程设置偏小学化，对儿童的创造力和动手能力缺少关注，偏离学前教育的目标。学前教育对于儿童语言系统的构建、世界认知都起到关键的作用。首先，政府要制定一套完善的学前教育课程标准。明确教学目的和教育要求，引导学前教育市场向高质量、高水平发展。其次，要加强对幼儿园的监管力度，规范学前教育市场的运营。最后，政府要重点发展农村的学前教育。在农村地区建立公立的幼儿园，对在农村工作的幼师提供工资补偿，让农村地区的儿童享受到同龄人一样的教育机会，提高农村地区的教育水平，降低农村地区的代际收入弹性，以防城乡收入差距进一步扩大。

第三，优化教育结构。近年来，我国高等院校不断扩招，教育质量却出现了下滑。在普通本专科院校中，公立学校重理论轻实践的教学模式导致毕业生在就业市场上的竞争力普遍下降；民办学校的管理者大多只重视短期盈利，缺少对教学活动的关注。高职高专院校近年来在市场上有一定的扩张，但是其教育模式缺乏创新性、时代性，其发展依然较为落后。2019年《政府工作报告》指出，要提高高等院校的办学质量，优化教育资源的配置，大力发展高职教育。首先，应该将一些办学质量差，需求小的本专科院校退出市场，提高普通高等院校的办学质量；其次，要发展好高等职业教育，以经济发展为导向，培养创新型技术人才，缓解毕业生的就业压力；最后，为解决高职院校招生劣势，可以扩大生源，吸引农民工进入高职院校深造，提高其教育水平和市场竞争力。

第四，完善相关法律。我国在义务教育和普通高等教育方面建立了相对完善的法律制度，但是在学前教育和高职教育方面的法律体系尚未成熟。目前，我国学前教育市场发展混乱，亟须国家出台法律，以法律手段对幼儿园进行监督，保障学前教育健康发展。早在1996年，我国就出台过《中华人民共和国职业教育法》，鼓励发展职业教育，但该法律对高等教育的适用性不强。要提高高等职业教育的办学水平，首先，应该专门制定高等职业教育法，从国家立法层面确定高等教育的地位，为高等职业教育背书，吸引生源。其次，法律应该允许高等职业院校开展更高层次的教育，从而提高高职教育在教育系统的认可度。

第四节　日本健康和教育的发展经验

健康和教育是人力资本的重要组成部分。教育是经济持续发展的重要资本，民族兴旺的标记。健康作为劳动力进行生产活动的重要财富资源，保障国家繁荣昌盛。健康和教育投资，是推动中国经济高质量持续发展的基础性投资。我国现在正处于实现社会主义现代化的关键时期，教育是提高劳动力质量的重要举措。随着我国少子老龄化趋势日益凸显，健康成为我国持续发展的动力，"健康中国"上升为国家战略。我国现在的教育和健康政策有待完善，健康和教育人力资本所带来的代际收入流动和贫富差距问题亟待解决。作为我们的邻国，日本是迅速实现现代化的国家之一，日本不断改革完善的健康和教育体系对促进我国健康和教育改革，进而提高代际收入流动性、缩小代际收入弹性，以及实现现代化具有重要启示作用。

一、日本健康的发展及主要做法

日本人均寿命位居世界前列，不仅如此，其国内新生儿死亡率也低于世界平均水平。为使国民享受到优质、公平的健康服务，日本健康政策自第二次世界大战以来进行了诸多改革。目前，日本健康政策改革具备本国特色，已经实现了以低额的医疗费用开支使国民获得健康的改革目标。医疗服务供给与基本药物制度的改革成果较为突出，能够与日本国民的医疗需求大致相匹配。日本高质量、高水平的健康服务走在世界医疗卫生领域的前沿。日本的全民医疗保险制度，保证每位国民可以公平地获得医疗保障。同时医疗机构的非营利性和政府大量的健康财政投入，大大减轻了国民的医疗负担，消除健康对国民收入的影响，提高代际收入的流动性。日本的健康政策改革为我国通过医疗改革缩减代际收入弹性提供了借鉴。

许多国家纷纷借鉴"日本医疗模式"，日本医疗产业正走向国际化并逐步向海外发展（程永明，2018）。日本医疗发展过程中进行了诸多改革，从长远角度出发，有效保障了患者权益（龚娜，2012；刘文先，2019）。日本遵行非营利医疗机构制度，主要目的在于保证国民享受到公平低价的医疗服务（娜拉，2016；李三秀，2017）。针对重大疾病高额医疗费用建立的高额疗养费制度成绩突出，对于改进我国大病医保制度具有较高的参考价值（周绿林、和田康纪，2016；徐伟、马丽，2017）。日本的分级转诊制度引导患者遵循正确的就诊流程，在医疗资源配置方面发挥了重要作用（顾亚明，2015；刘文先，2019）。

已有文献表明日本医疗经过多年发展已逐步形成"日本医疗模式"。医疗服务无论是供方或者是需方制定了一系列有益于患者权益的政策。政策目的在于使全体国民享受更为优质的医疗服务，实现医疗资源合理配置的同时保证患者权益免受损害。本节在已有文献研究的基础上，解读日本健康政策发展现状，通过分析日本健康政策采取的措施和对代际收入的影响，以期通过推进我国医疗改革进程提高代际收入流动性。

（一）日本医疗发展现状

第一，医疗机构始终遵行非营利原则。日本国民趋向认同医疗机构属于非营利性组织，提供公益性的健康服务。第二次世界大战之后，日本为使更多国民享受优质的健康服务，投入大量资金建设医疗机构。政府的大量财政支出可以提高代际收入的流动性（苏珊和莱昂纳德，2007；周波、苏佳，2012）。日本政府在健康方面的财政投入巨大，通过国民收入的再分配实现社会的公平，进而提高代际收入的流动性。与此同时，政府采取优惠措施促使私立医疗机构大量涌入。根据日本《医疗法》规定：无论是公立或者私立医院和诊所都必须是非营利性机构。私立医疗机构通过医疗法人制度进行规制，以保证它的非营利性。非营利医疗机构可以为公民提供低价、公平的健康服务，具备较强的公益性质，在国内受到广泛认可。国家对平等的重视程度越高，就会减弱收入在代际之间的传导（迈尔斯，2013）。日本的非营利医疗机构通过提高社会的医疗公平程度，促进代际收入的流动。

第二，分级诊疗对医疗资源进行合理配置。日本采取分级诊疗的方式促进医疗资源合理分配，引导患者正确的问诊渠道。日本设立三级医疗圈，一、二、三级医疗圈分别提供门诊、住院、高级住院服务。各级医疗圈之间相互协同、逐层递进地为患者提供所需医疗服务。医院与诊所的划分依据以其是否拥有 20 张病床数为分水岭，病床数大于 20 则为医院，病床数小于 20 则为诊所。人们进行就近诊治或者患有慢性病时多数选择诊所诊治即可满足看病需求。采取以所有制、等级制、功能性等特点区分医院类型。如依据医疗技术水平设置高级技能医院；依据患病类型设置针对不同病种的专科医院；依据病床性质决定配备的医生与护士数量等。满足转诊条件的医院能够享受到政府的资金补贴以及加算的医疗费用，对于个人私自跨越医疗圈问诊的患者会收取额外费用作为违反规定的惩戒。其目的在于以规范的转诊方式引导患者正确的问诊流程，同时保证患者公平的享受社会医疗资源，消除健康所带来的贫困差距，提高代际收入流动性。

第三，解除混合诊疗禁令。医疗保险范围之内的诊疗称为保险诊疗，反之则为非保险诊疗，两者共同构成混合治疗。日本采取禁止混合诊疗手段的目的在于保护患者权益。首先，能够帮助患者享受到公平的医疗资源，其次，可以有效防止未经政府许可的先进医疗技术大肆传播。日本在 2001 年通过的《今后经济财政运营及经济社会结构改革的基本方针》文件中提出解除混合诊疗的禁令，目前这一解除禁令工作也在持续推进之中。混合诊疗为患者提供多种诊疗途径，从而提高诊治效率，患者可根据自身实际情况自行选择。例如即使非保险诊疗需要自费，收入丰厚的患者仍然愿意自费以获取更为新颖、先进的医疗技术。混合诊疗导致医疗领域逐步市场化，在市场竞争的作用下必然引起医疗技术水平的提升。医疗领域市场化一定程度上会削减政府职能，反向促进社会福利的改善。

第四，实现医疗与护理一体化。为实现医疗与护理一体化，分别改革医疗与护理服务供给制度及相应的保险制度。关于医疗服务的供给，在住院时间上严格把控在 90 天之内，根据病情制定住院诊疗和护理方案。患者在 90 天之后主要接受康复训练，进行居家护理照护。医院依据其功能划分，分别有专业性强的高级医院、社区医院，以及帮助患者恢复身体的一般医院。依据患者病情状况确定为医院治疗或者接受居家护理服务。护理层面推行居家护理，充分利用社区医疗护理资源。此外，增设地方性医疗机构促进居家护理标准化、专业化发展。针对老人在晚年进行的居家护理，已形成地域综合护理体系。该体系包纳医疗、护理等服务项目，进一步拉近了医疗与护理的联系。关于医疗护理保险制度主要是重新规划保险费问题，保险费、就诊费、护理费的给付水平，参照患者收入状况设置适当比例。给付资金的改革主要是为了降低低收入群体的资金负担，促进医疗护理公平。

第五，纵向整合的医联体模式。医联体全称即指医疗机构联合体。医疗资源稀缺、医疗费用昂贵、医疗需求不断攀升，政府医疗资金投入力度不足，以及医疗机构内部体制问题等因素促使医联体的形成。医联体的出现可以有效帮助提高医疗效率，促进医疗体系良好建设，克服上述医疗难题。日本第二次世界大战过后，特定的国情背景形成具备本国特色的医联体模式。日本医联体采取虚拟联合方式，从结构类型来看属于纵向整合。虚拟联合是指不同医疗机构之间仅共享医疗资源，自行管理各自医疗事务，管理形式不一。日本纵向整合的医联体模式下医疗机构施行委托管理。民营医疗机构承担起日本公立医院经营事务，称为有偿的民营机构委托管理。此外，借助管理层人员以经营公司的做法经营医院，是另一种委托管理形式。

第六，完善的医疗保险体系。日本医疗保险制度通过多年改革，已经相对完善。日本医疗保险几乎覆盖本国全部居民，已基本达成全民皆保的保险目标。近年来，日本医疗费用总额持续增长的现象，保险公司多数处于赤字状态。其中，老人就诊费用占据医疗费用总额绝大部分比例。针对此现象，将高龄人群与其他人群进行划分，设置不同的个人缴纳医疗费用比率，以此实现公平医疗付费。除个人缴纳及政府补贴的医疗费用之外，其他费用则由医疗保险方根据《医疗保险点数表》向医院支付。为防止医生过度就诊造成点数过高，进而引起保险方受损的事件发生，成立联合诊断程序（Diagnosis Procedure Combination，DPC），严格核算各类病种的点数。严格控制慢性病病床数，防止已经康复的患者把医院视为疗养院，进而浪费医疗资源。扩大普通药市场份额，鼓励医院使用普通药而不是具备相同疗效的名牌药。进行医疗知识普及，鼓励国民加强身体保健，实行疾病预防为主的医疗保险制度。以分级诊疗的方式降低大医院就诊压力，引导患者正确的就诊流程。

一个国家对公共教育和健康的财政支出，会通过影响人们人力资本的获得而影响其代际收入流动性的大小（苏珊和莱昂纳德，2007；宋旭光、何宗樾，2018）。日本医疗改革始终遵循非营利原则，随着日本老龄化越来越严重，政府在国民健康方面的财政支出力度更大。额外的政府支出有助于促进代际收入流动，政府支出减缓了收入不平等对代际收入流动的影响（杰瑞安，2019）。父代的健康状况会影响劳动能力和家庭整体的收入，进而会影响对孩子的健康投资，但日本采取的全民医疗保险制度，保证每一位国民都可以享受低价的健康服务，对于相对贫困的群体，日本政府的财政投入更大。这种补助式的医疗保险制度，阻断健康对收入影响的代际传导，提高代际收入流动性，极大地缩减代际收入弹性。日本政府在面临少子老龄化趋势日益严重的情况下，针对不同群体的健康特征，设置不同的医疗保险给付模式。同时，加大对老年人医护一体的健康服务的财政投入，通过政府支出抵消收入不平等的结果，消除健康对公民和家庭收入的影响，促进社会的公平和收入的代际流动。

除了政府的大量财政支出可以促进代际收入流动，机会平等是提高代际收入流动的另一重要途径。在日本的医疗改革过程中，平等是首要原则。遵守非营利制度，实现公民平等享受医疗保障；分级诊疗实现医疗资源的合理配置，对于非法转诊的提高费用，保证社会的公平性，缩小贫富群体的不平等待遇；实现医护一体服务，不同群体确立不同的收费比例，减轻贫困群体的医疗负担，对于富有人员收费比例较高，确保医疗资源合理公平分配。平等贯穿改革的全过程，在健康领域真正地做到全民医保，缩减健康对收入的影响，以及阻断收入的代际传导，提高代际收入流动性。

（二）日本医疗改革的主要做法

第一，调整医生供给数量。增加医生供给总量并注重分布结构性平衡。针对日本医生数量的短缺问题，日本国内积极培养医生，加大培养力度，补充医生数量不足。除培养本国医生之外，日本也积极引入国外医生。对于国外的优秀医生，设定某些进入门槛，比如熟练精通日语或者英语的语言条件，以缓解本国医生数量短缺问题。日本在对国内医生的培养方面要确保人员覆盖各种病型。由于女性医生从业者数量较少，进而导致儿科妇产科医生短缺问题，日本通过降低女性医生进入医疗行业的门槛和提高儿科妇产科室医生待遇条件予以解决。各地区合理配置医生，保证国民接受健康治疗的机会平等，消除健康人力资本在代际收入传导机制中的作用，缩减代际收入弹性。

第二，增加护理人员供给渠道。拓宽护理人员供给渠道不局限于单一途径供给。日本国内专职护理人员短缺，人员需求量又十分庞大，拓宽供给渠道才能有效解决护理需求供给不匹配问题。患者身体恢复后期阶段的护理需求除医疗机构专职护理人员之外，可采取居家护理与社区护理。推行居家护理不仅可以降低患者费用负担，熟悉的家庭环境更加有助于患者恢复身体状况。家庭成员演变为护理人员，弥补专职护理人员短缺现象。兼职护理人员进行培训并给予优厚待遇，使之转变为正式护理工作人员，以此增加正式护理职工数量。引导患者进行社区护理，借助社区医疗工作者提供护理服务，相比家庭护理更加专业化。鼓励社会医疗群体提供医疗服务，尤其是社会福利医疗机构应增加护理人员供给数量。同时，鼓励志愿者、义工等护理人员"走出去"，为患者提供护理服务。多渠道供应护理人员，弥补护理人员供给缺口。

第三，医疗特区解除混合诊疗禁令。规划特区作为解禁混合诊疗的实验模板。解除混合诊疗禁令同营利医疗机构的建立效果类似，意味着医疗行业市场化。日本国民对解除禁令之后的效应存在担忧，认为其负面效应胜过正面效应。混合诊疗全面解禁带来的高效率医疗服务难以保证，医疗技术的安全稳定状况不清晰，即其引发的积极效应尚不明确是目前产生纠纷的所在。设定特区，在其范围之内实施解除混合诊疗的禁令，以此检验改革举措是否可行。严格控制由于自由诊疗项目带来的医疗市场化的医疗费用。自由诊疗项目采取的新颖医疗技术需要通过严格检验才可允许使用，降低患者使用风险。新颖医疗技术引进产生的巨大成本政府可以予以补贴，降低医疗机构成本以规避高额的医疗费用。同时，更多的社会群体及个人投资自由诊疗项目，增加了资金来源，促进更多医疗技术的引进与推广。

第四，提高个人医疗费用负担比例。日本根据社会经济发展水平，提高全体国民的医疗费用负担比例。同时，以个人医疗费用负担水平与自身能力相适应为前提，为不同收入阶层的人群设定不同的起付线标准。通过适度增加个人自费比率，降低国家医疗费资金负担。医疗费用总额的持续攀升导致国库财政资金紧张，不利于其他财政支出。鉴于老人医疗费用占据医疗费用总额的绝大部分比例，需要引起格外重视。针对处于不同年龄段、不同收入水平的老人设置不同的负担比例。对具备一定收入能力的老人提升自费率，一方面，可以缓解子女收入压力；另一方面，有助于促进社会公平。除医疗费用自费比率提升之外，还可以采取提高保险金给付水平的措施。保险金的收取标准可按照当地经济发展状况，以及当地医疗费用水平设置不同的给付比率。

（三）日本医疗改革经验对中国的启示

第一，医疗机构坚持非营利原则。公立或者私立医疗机构都应该遵行非营利性原则。医疗机构非营利性原则倡导公益性，目标是使全部国民享受公平、低价的医疗服务。我国不仅要对公立医院改革实行非营利性原则，对私立医疗机构改革也需如此，并以法律手段进行强制执行。此外，政府部门还需采取激励措施鼓励医疗机构坚持非营利办医。非营利办医的前提下引进社会力量进入医疗机构，增加医疗机构数量，拓宽医疗资源供给渠道。充分发挥市场在医疗卫生资源方面的配置作用。医疗机构须意识到，医疗服务是公益事业而不是一种营利手段。在非营利原则下推动医疗供给方通过简单途径治愈患者疾病，降低患者医疗费用。非营利性医疗机构制度下能使更多人群享受到公平的医疗服务，降低个人看病费用支出，真正解决我国人民看病难、看病贵、因病致贫的社会现象。降低健康对代际收入的影响，缩小代际收入弹性。

第二，加大医护人员培养力度。高质量的医护人员是医疗供给的核心主体。人们进行异地就诊无非是因为医疗资源分布不均衡，各地医护人员质量参差不齐。我国借助分级诊疗手段配置医疗资源的同时，提高医护人员专业水平更为重要。假如我国医护人员普遍具备高水平的专业技术，就可以解决人们异地转诊看病的难题，促进各地医疗资源合理分配。一方面，可以减少患者因为异地转诊的费用支出；另一方面，亦可缓解大城市高级医院的就诊压力。财政投入不能只盲目投向医疗设施改进上，应适度偏向人才培养，只有具备高质量的医护人才才能有效使用医疗器械。因此，我国要加大医护人员的培养力度，设定高标准的培养制度，以培养高质量的医护人才。通过培养高质量医护人才，使各地区医疗人才资源配置合理，保证各地区人们均能享受高质量的医护服务。

第三，推行医疗护理一体化服务。医疗与护理有效整合满足患者服务需求。中国与日本均已进入老龄化时代，占据巨大人口比例的老年人患病概率较大，周期较长，对医疗护理的需求也更为迫切。日本推行居家护理服务，充分利用社区医疗资源实现医疗护理一体化。社区参考医院的服务准则改进居家护理服务，推行居家护理即可缓解医院的就诊压力，又可以让患者在熟悉、安心的环境下完成身体康复的最后阶段。我国亦可建立社区医疗供给体系，保证患者尤其是老年群体享受到医疗护理服务。社区医护人员进行职业培训，提高职业素养，保障患者在社区之内也可以享受到优质的医疗护理服务。

第四，按收入设定医疗费用负担比例。我国国民医疗费用负担比例应依据患者的年龄阶段、不同收入水平划定不同的起付线。鉴于我国贫富差距较大的现实原因，更应该注重按照收入水平设定医疗费用起付线。高额的医疗费用对富裕群体的收入冲击力度较小，然而对贫困人群会造成沉重的经济负担，加重因病致贫的社会现象。医疗费用收取比例按收入分档，极大地促进国民收入再分配，阻碍收入的代际传导。高额的医疗费用必定加重财政负担，国家医疗财政支出应合理使用。加大贫困人群重大疾病保障力度，给予财政补贴，使国家医疗资金发挥到实处。

第五，加强老人医疗卫生保障工作。改革老人医疗卫生政策应对老龄化风险。中日两国老龄化趋势都十分明显，不同之处在于我国老年群体呈现未富先老的特征，然而两者有着重要的相同之处，即老龄群体医疗费用数量庞大、增速较快。老龄群体巨额的医疗费用必然加重国家财政负担、加大社会压力。尤其是我国未富先老的老龄化特征更承受不起巨额的医疗费用。为防范我国老龄化所引发的医疗费用问题，可以从保险体系、医疗供给方面作出改革措施。首先，要为老人制定特定的保险制度，抵御老人过高的医疗费用带来的保险收支赤字问题。其次，训练有水平、有专业素养的老年护理医师。从老人治病的根源抓起，提高医护人员专业素养，保证老人有充足的医疗资源供给。政府对医疗领域的支持和管制起着关键性的作用。加大对医疗卫生领域财政投入的同时要加强对其相应的规范与管制，防止医疗用品价格快速攀升。

第六，倡导全民进行疾病预防保健。加强全民疾病预防保健工作。近年来不良生活习惯引发的患病案例越来越多。这些疾病可以通过预防降低患病发生概率，减少医疗费用开支。日本早在 2000 年即开始倡导全民健康运动预防疾病，并通过立法的形式进行宣传。我国现在国民作息时间不规律、饮食不合理等现象严重影响身体健康。通过倡导全民健康运动、调整作息时间、摒弃不良生活习惯等举措降低疾病发生概率。此外，政府应当增加疾病预防财政投入，定期为国民检查身体，尤其针对中老年群体。根据定期检查获取的身体各项指标数据进行预防和治疗。政府及其他卫生部门也应当加强疾病预防知识宣传，基本医疗卫生知识普及，引导人们健康的生活方式。

二、日本教育的发展及主要做法

日本近现代能够迅速发展，教育起着举足轻重的作用。1948 年，日本大体上做到九年义务教育的全普及。20 世纪 90 年代末期，日本高中的入学率已高达 100%。截至 2017 年底，日本高等教育的毛入学率达到 80.6%，普通高等教育入学率为 54.7%（日本文部科学省，2019）。2016 年，由 OECD 组织的国际学生评估项目 PISA（即"国际学生能力测试"）测试结果表明，日本学生的学习能力位居全球第二位。

（一）日本教育的三次改革历程

第一，日本早期教育改革。明治时代，中央政府开展了三项开创性变革，把基础教育划定到三大新政策之一的"文明开化"中，并作为启蒙现代文明的一种基本手段。1871 年 7 月，日本政府成立文部省，就此展开日本的近代教育改革。1872 年，明治政府颁发了第一个教育改革法《学制令》，标志着日本近代教育改革拉开序幕，改革法中明确提出"全民教育"是当时日本教育改革所遵循的基本理念。政府提出要实现日本全社会"邑无不学之户，家无不学之人"的目标。

小学基础教育是推广国民教育的关键，文部省在建立近代教育制度时，特别将政策重点放在了与国民整体素质提高有关的初等教育上。小学以各 4 年制的下等小学和上等小学组成的寻常小学为主体，儿童 6 岁入学，在教学内容上模仿法国、美国等国家开设相关的课程。1890 年颁发的《小学校令》，决定在全国范围内实施义务教育制度，寻常小学统一确定为 4 年制，基本上废除了公立寻常小学缴纳学费。1907 年，义务教育期限顺延至 6 年，确立为全民义务教育阶段。

在初等教育蓬勃发展的同时，日本文部省的政策着重点开始转向中等教育和高等教育。1886 年出台的《中学校令》，明确规定将所有中学细分为 5 年的寻常初级中学和 2 年的高级中学校，寻常中学的教育课程设置十分完善。1894 年，又颁布《高等学校令》，把高等中学校改名为高等学校，修业年限根据学校特性而定，作为大学本科预科的为 3 年制，作为专业学校的为 4 年制。1899 年文部省顺利完成对《中学校令》的修订，把普通的初级中学改名为中学校，实行 5 年制教育。同年，还发布了《实业学校令》，正式成立与中学并列的实业学校。中学校愈发指明为高等教育的预备学校。为了适应资本主义社会经济发展的需要，中等技术类院校日益发展壮大。1883 年，文部省拟订《农学校通则》，被视为日本近现代职业教育的起点。1899 年，政府颁布新的《职业学校令》，把农业、商业、徒工和职业补习等学校都包括在职业学校系统之中，主要招收读完 8 年小学的毕业生，然后再进行 3 年的职业训练。

第二，日本现代教育改革。第二次世界大战结束后，日本以反思帝国主义教育观为基础，展开第二次世界大战后教育的全面性改革。1947 年 3 月 31 日《教育基本法》和《学校教育法》发布，文部省颁布的这两部法规阐释了新教育体制的主旨是"必须尊重个人尊严，培养有个性的人"。同时，为了确保每个学龄儿童均受教育，保证教育的机会平等，日本政府免除一切学杂费。新的教育法明文规定，全面实施 9 年制义务教育。战后日本需要大批专业技术人才来恢复和发展经济，普及高中教育成为战后培养技能人才、发展经济，以及提高国家在国际上竞争力的重要手段。日本高中包括普通高中和职业高中，职业高中在战后恢复时期成为高中教育的重中之重，职业高中的发展为日本培养了大批技术人员，推动国家经济迅速发展。第二次世界大战后，高等教育的学校主要是由专门学校、师范学院和大学组成，战后日本对这些大学体系进行重点改革。大学学制从 6 年减到 4 年，大学也开始增设很多的艺术课程和综合性课程，将基础理论科目和实践性课程结合起来，力求培养学生的综合分析能力。而且，注重培养全科学生，文科生要学习自然科学的科目，理科生学习社会科学相关科目。促进学生的实践技能培养，根据社会企业对人才的需求，在增设的实践课程中使学生的理论学习得以应用，鼓励学生到社会和企业实践，提高学生的实践能力。

第三，日本当代教育改革。第二次世界大战后，日本实施拿来主义策略，采取消化、吸收、改进的技术特色，依靠追赶型经济发展模式，成为世界经济强国。但是，日本单纯依赖于拿来主义策略和追赶型模式不足以适应时代发展的需要。高科技领域的竞争和国际化的发展促使日本选择科技立国战略和领先型模式。1971 年《关于今后学校教育综合扩充、整顿的基本对策》公开发表，日本第三次教育改革拉开序幕。第三次教育改革主要包含以下几个方面：改建终身教育体系。科学技术的快速进步和经济发展带来的技术革新和产业结构的变化，促使人们不得不学习新的技术和知识，适应社会的变化。1981 年 6 月《关于终身教育》的咨询报告将终身教育列为第三次教育变革的重要内容。

1984 年组建"临时教育审议会"不断地根据外界环境变化，探究日本 21 世纪教育基本模式的走向。1998 年开始，日本文部科学省针对学生的"填鸭式教育"进行改革，主张减少学生的基础性知识的教学内容，注重培养学生的独立思考能力。2002 年起正式开始实施日本的"宽松教育"改革，减少教学内容，转而注重学生的生存能力、独立思考和体验式学习能力的培养。"宽松式教育"在日本经过多年的发展，最终导致日本国内学生的学习力下降，正因如此，"宽松教育"改革走向末路。2011 年开始，日本逐步实施"脱宽松教育"改革，摒弃原有的宽松教育，根据社会经济发展情况进行教学内容和方式的转变。自 2014 年开始，面向公立高中的学生不收取学费。国家向都道府县发放相当于学费的经费，故免除公立高中的学费。另外，在各都道府县，为了支持高中生的修业，开展高中奖学金事业。

同时，为了私立高等学校的学生能够支付学费，国家开始发放高等学校支援金。对于低收入家庭的学生，根据其家庭收入，加上就学支援金来支付学费。各都道府县，为支持高中生进行修学，还开展对家庭生计骤变的支援和高中奖学金等计划。在越发少子老龄化和全球化发展的社会中，成为 Society 5.0 的人才培养和创新的基础性大学改革是当务之急。为保证低收入家庭的学生顺利完成修学，大幅扩充大学给付型奖学金的覆盖面。从教育内容、教学方法和教育体制方面出发，多举并发保证提高大学教育质量。

经过三次教育改革，日本教育普及率大大提升。与此同时，伴随着教育的不断改革，日本国民的代际收入弹性有明显的下降趋势（明子，2011）。经过德川幕府时代的第一次改革和第二次世界大战后的第二次教育变革，日本政府通过实施全民免费义务教育、男女同校学习和特别支援教育，以及教育资源的流动配置，实现全民公平地享有高质量教育，极大地促进了收入的代际流动。特别是战后中等教育的发展，大大促进收入的代际流动。中等学校对代际流动有重要的影响，平等的入学机会更进一步促进收入的代际流动（清内，1971；橘清太一和俊明，2007）。目前，日本中年人与其父代的代际收入弹性为0.35，在全球属于中上等水平，位居亚洲地区的前列（巴纳德等，2014）。教育程度是代际流动与收入不平等之间关系的重要驱动因素，不平等地获得财政资源在代际利益传递方面发挥着核心作用。日本的教育相对平等，贫困地区可以从国家取得更多的财政拨款，从而促进代际收入流动（耶里姆和麦克米伦，2015）。

现阶段，日本的代际收入弹性仍有下降的趋势，代际收入流动性相对稳定。通过扩大教育和改变教育政策可以实现更好的收入分配和增加代际流动的可能性（阿里克哈，2016）。日本仍在采取不同措施使更多的国民真正地享受平等教育，以缩减代际收入弹性，避免贫困的恶性循环。2013年，为避免出身穷困的孩童在成年以后身陷"贫困恶性循环"，日本众议院一致通过了《儿童贫困对策法》。该法令明确规定，日本国政府有责任制订孩童穷困应对纲要。未来日本政府将与地方政府联手加强贫困儿童应对措施。目前，日本仍在不断尝试提高义务教育的年限，并且有望实现高等教育的免费。日本代际收入弹性的减小依赖于日本平等、免费的高质量教育。日本的改革经验丰富，我们应吸取精华，结合我国实际情况完善我国教育政策，以期通过教育改革促进收入的代际流动，缩减代际收入弹性。

（二）日本教育改革的主要做法

第一，教育重视程度高。日本政府坚信教育作为人力资本是经济增长的内生动力，在日本历次经济变革过程中，教育先行已经成为快速发展经济的重要理念。为保证教育改革顺利进行，日本政府还在不同时期根据教育发展需求改革相关的法律制度，以明确的法律条文保障教育政策真正地落地生根。

第二，重视教育财政投入。日本在1945年投降以后，把振兴经济的希望寄托于教育。在"教育立国"的思想指导下，日本政府和地方教育机构普遍认为，教育投资才是最好的投资。整体上，教育的费用负担主要是由中央政府承担。政府支出增加提高了代际收入的流动性。日本义务教育推行国库补助制度和每年补助金制度，通过中央政府的统一财政支出，消除各地区之间的经济差距，保证教育在区域间的平衡（陈永明，1999；荣喜朝，2017）。近几年，随着日本少子化现象越来越严重，中央政府为了鼓励年轻人生育，更是进一步提高教育的财政投入，消除学龄儿童教育的经济负担。

第三，立足本土文化进行教育创新。日本是一个善于学习的民族，它善于吸取国外的文化精粹并且勇于创新。吸收外来文化是为了更好地发展本国教育，在融合外来文化时，日本秉持"取其精华，弃其糟粕"的态度，结合本国的文化特色和实际状况，进行创新性吸收。日本政府会在不同时期根据国家经济发展特点和教育进程，确立不同的教育改革目标，向当时具有文化优势和特色的国家学习。例如明治时代，日本呈现出的教育观念就极具中国特色，当时日本教育更加注重基础的德治教育，学习我国的儒家思想和家国天下的价值观，注重儒学发展；第二次世界大战后的初期，战败的日本政府认识到战争期间实行的帝国主义和民族主义的弊端，积极地学习美国开放式的教育观念，同时，更加注重教育的法律保障；20世纪80年代，日本经济发展遭遇瓶颈，日本政府开始探索新的教育发展方向，以期推动经济稳步发展，并开始向欧美国家学习，注重创新教育，确立科技立国发展战略。

第四，注重素质教育。素质教育是日本学生的必修课。特别注重学生的主观能动性的培养，推崇个性教育和创新性教育，自小引导孩子树立创新意识，学校和家庭会通过创新性的体验活动，使孩子的天性得以释放，尊重每个孩子的个性，注重正确引导和教育。日本的教育体制非常重视学生的创新性和实践能力，日本各阶段的学生都要参加各种户外活动，自20世纪80年代以来，文部省大力制定并推行"体验学习"户外活动。通过各种室外活动，从实践中强化学生的环保意识，培育学生集体主义和爱国主义的信念。

第五，健全的私立教育办学体系。目前，日本私立学校教育持续发展，已演化成从学前教育到高等教育的完备私立教育办校体制，构成国立、公立学校与私立学校共同存在、合作发展的办校布局，私立学校早已成为日本教育事业不可或缺的一部分。德川幕府时期，日本私立学校的发展受到限制，中央政府认为私立性学校是辅助性的教育机构，不对其进行财政资助。1903年订立《专门学校令》，才使得私立专门学校取得合法地位，但仍然拒绝接受私立大学的合法地位。第二次世界大战后，私立学校教育蓬勃发展。第二次世界大战后的日本国不再把私立学校视为国立学校的辅助部门，而是与国立、公立学校承担相同教育使命的公共教育部门。1949年，日本全面实施《私立学校法》，明确指出认同私立学校的独立性，实现经营管理主体的法人化和财政向私学拨款等。随后，日本中央政府逐步完善私立学校的相关法律体制，帮助私立学校创建学校的管理模式，并对其进行资助，私立学校办校体系逐步完善并走向成熟。

（三）日本教育改革对我国的启示

第一，加强教育的法规建设。目前，我国的教育法律体系尚不完备，主要的教育法令是关乎义务教育，但实施力度不大，教育法规的成效甚微。新时期建立社会主义法治国家是我们的基本要求，为在教育领域贯彻实施依法治国战略，加强教育的法制建设势在必行，全面推进依法治教。首先，指明教育法制建设的最终目标，进一步加快教育立法的配套性法律、规章的制定。其次，加大教育执法力度。从政府机构、社会到个人必须提高教育法制意识，切实维护学生的合法教育利益。最后，加强执法监督。依法增加上级教育行政机构对下级教育行政部门行政执法工作的监管力度，确保各级行政部门负责、恰当地行使职权。

第二，进一步加大教育的财政投入。教育是一个国家的核心竞争力之一，在产业战略性规划升级过程中，应当着重发展教育，提升劳动力供给质量以增强中国在国际上的竞争力。2018年我国教育财政投入46135亿元，同比上年增加8.39%（中华人民共和国教育部，2019）。进入21世纪，我国秉持科技兴国和人才强国战略，持续增加教育的财政投入，使更多的学生接受教育。但基于我国人口众多，以及区域发展不平衡的实际情况，家庭的教育投资压力仍然较大。特别是在我国贫困地区，很多适龄儿童不能完成义务教育。相比日本早就实现的全民义务教育，我国相差较多仍需继续努力。累积到2018年底，我国还未实现九年义务教育的全覆盖，高中的毛入学率为88.8%，高等教育的毛入学率仅为48.1%（李金华，2019）。因此，我国应该进一步加大教育的财政投入，特别是贫困地区。要结合各地区经济发展状况，对于经济落后地区要重点关注教育财政补助问题，确保每位适龄儿童都能顺利完成学业。

第三，加强职业教育。信息化时代的来临，促进职业教育发展。职业教育将成为推动经济发展方式转变和产业结构调整的改革亮点。我国现阶段的教育普遍存在与社会市场需求不相适应的弊端，教育过分执着于学历化，导致教育结构上的混乱和教学资源的不合理使用。随着经济文化水平的提高和终身教育思想的普及，社会对人才的需求更加广泛和多样化，单一的学历教育早已无法满足社会的市场需求，我们需要在重视基本文化教育的原则上，有侧重地鼓励非学历、正规的职业教育的发展。通过职业教育和学历教育的结合，充分发挥教育的作用，实现人力资本投资的结果平等，提高代际收入的流动性。

第四，推动民办教育持续发展。民办教育是共产主义教育事业不可忽视的一分子，是深化教育体制改革和扩宽教育投资方式，以及促进教育蓬勃发展的重要动力源泉。民办教育有利于教学资源合理配置、深化教育竞争机制和提高教育发展活力，以及满足民众与日俱增的多元化教育需求。现实中，我国民办学校的生存空间一直被挤压，面临着不公平的政策环境。为此，我们不断地进行办学体制改革，转变政府办校的传统观念，鼓励更多社会力量积极参加办校，以提升教育服务的多元化供给和人性化自由选择。政府相关部门应秉持公开公平原则，根据经济社会发展需要和公共服务需求，依法拟订相应新政策，采取必要措施，激励和推动民办学校健康有序发展，以填补公共教学资源的空缺。

第五，优化教师队伍。教师是学校的旗帜，教师个人素质的优劣，是教书育人、教学质量的关键因素，师资队伍建设是不断深入教育管理体制改革新态势的要求。对老师的专业知识提出严格要求，提高教员的专业素养，共同努力打造一支师德高尚、业务水平高超和结构合理，以及充满活力的高素质专业化师资队伍。做好教师队伍的把关工作，逐步完善教师队伍的准入考核机制，尤其是在既有教员任职资格标准化的基础上，增加教师受聘学历标准和品性考核。改进师资队伍既定结构，值得注意的是优化乡村师资队伍结构，通过增加乡村教师的待遇，激励更多有志青年大学生投身于乡村教育中，发展壮大乡村教育队伍。进而推动乡村教育加速发展，真正做到教育公平化，弱化教育的代际传导，提高代际收入流动性。

第六，注重学生素质教育。我国是典型的"学历教育"和"应试教育"。严重妨碍学生的个性发展，学生的创新力和实践能力严重缺位。现阶段愈发需要具备创新能力和实践能力的优秀人才来推动时代发展，所以实施素质教育刻不容缓。结合我国目前经济发展的实际情况，要注重培养学生的创新能力和实践能力，为我国高新技术产业培育优质人才。学校要展开课程内容革新，设计科学、合理的课程体系，积极倡导学校设立社会实践科目，让学生融入社会，到社会中去学习，提高学生的理论应用能力。此外，要加强学生的道德教育，在信息化时代，充分利用大众媒体，剔除垃圾信息和不良思想，通过各种媒介对学生进行道德教育，使学生形成良好的品德，并以此推动教育的现代化和信息化。

第五节　国外健康和教育改革对我国的启示

一、健康政策改革对我国的启示

第一，建立完善的健康管理体系。完善的健康管理体系是提高我国医疗卫生水平的基础结构。健康管理体系涉及国民医疗卫生的方方面面，包括医疗制度、医疗质量和公共卫生管理体系。英国为实现健康能力的集约型扩张，在健康管理方面将中央权力下放，引入市场力量进行协调，构建了完善的健康管理体系。结合我国的实际情况和国外健康改革经验，要增强医院运营方面的自主权，提高医疗机构的运行效率。我国公立医院大多数是政府办医，政府制定相关政策管理和监督医院。因此，我国在发展和完善健康卫生体制的进程中，应逐步转变政府在公立医院的职责，加强对医院服务质量的监督评价力度。大力推进医院自治管理，提高医院行政人员的用人标准，由医院行政人员直接管理医院大小事物。健康机构的完善，以及交流机制的健全，提高了居民健康保障水平，降低健康因素影响人们后期发展的风险，总体上可以缓解健康对代际收入的影响。

第二，创建全民健康保障体系。日本和英国等资本主义国家，随着社会的不断进步和医疗改革的推行，已基本实现全民享受健康服务。伴随着我国传统的医疗服务模式已经被大众广泛认可，以及各省市健康卫生资源的不合理配置，医疗卫生领域出现盲目就医、过度检查、过度医疗和部分地区看病难、看病贵并存的结构性问题。医疗不公平对国民收入存在一定的影响，进而导致收入的代际传导，提高代际收入弹性。为使我国有限的医疗卫生资源发挥最大的社会效用，以及促进收入的代际流动，应采取措施保证全民加入健康保障体系。首先，必须转变传统的医疗观念，针对中老年人大力宣扬健康保障理念，提高全民健康保障意识。其次，提高农村三级医疗卫生机构的保障水平，注重确保贫困地区的人民平等享受高质量的医疗服务，从而减弱健康对代际收入的影响。最后，充分利用信息化提高全民健康保障水平，推进电子档案的建立，加快医疗电子平台的建设。

第三，推动私立医院健康发展。在日本和德国政府引导下，市场力量有序加入，私立医院迅速发展，医疗行业逐渐实现产业化。截至2018年底，我国60岁及以上人口总数达到2.49亿人（国家统计局，2019），人口老龄化趋势更加明显，由此催生更多医疗卫生服务的刚性需求。目前我国大多为公立性的综合医院，康复医院总量不足、分布不均。为满足老年群体日益多元化的健康服务需求，应该积极引进社会力量，开展医院私有化改革。政府应在政策方面给予私营医疗机构一定的支持，通过税收优惠政策降低社会力量办医成本，改善民营医院的外部发展环境，促进民营医疗机构快速发展。政府在支持社会民营医疗机构发展的同时，要加大对民营医疗卫生机构的监管力度，提高民营医疗机构的医疗服务质量，保障人民的健康权益。通过民营机构的发展，提高医疗服务质量，一定程度上缓解医疗资源配置不合理问题，保证国民平等享受高质量医疗服务，促进收入的代际流动。

第四，实行分级诊疗制度。分级诊疗制度在国外医疗行业已经成为一种普遍模式，在提高医疗服务效率的同时避免了不必要的浪费。社会有限的医疗资源难以满足人们日益增加的医疗服务需求，我国基层医疗水平有限、利用效率低等实际情况，促使人们有医疗服务需求的时候，倾向于到市级/省级医疗机构去就医。我国医疗资源配置不合理现象，进一步推动人们的跨级就医行为。积极推行分级诊疗制度可以实现健康资源的最优化配置，解决我国局部地区存在的"看病难"问题。因此，吸取国外分级诊疗制度改革经验，我国应当创建科学完善的分级诊疗制度，鼓励群众对一些常见病、普通疾病在基层诊所或健康机构就诊，对于超出基层诊治能力范围的疾病，由基层健康机构提供转诊服务使病人转至相应医院治疗。当病人接受转诊服务，病情得以治疗至恢复期后，为避免长时间占据不必要的医疗资源，医院可将其转回至基层健康机构或诊所，这种有序的双向转诊，不仅提高健康资源的合理有效利用，也减轻了不必要的治疗费用，缓解病人和政府财政压力。通过降低费用支出，削弱健康对收入的影响，消除健康的代际传递，提高代际收入流动性。

第五，加大医护人员培养力度。在国外的健康政策改革过程中，医护人员的能力提升是健康管理体系改革的重中之重。高质量的医护人员也是我国医疗高质量持续发展的基本保障，医疗资源配置不合理不仅体现在各地区高科技医疗技术的差异上，更多的是体现在使用高水平医疗技术的医护人员身上。各地医护人员质量参差不齐，医疗器械和医疗技术水平差异较大，导致人们跨级甚至跨地区就医诊疗。普遍提高我国医护人员的专业技术水平，一定程度上能缓解人们异地转诊的看病难题，促进各地健康卫生资源最优化配置，保证不同区域人民接受同质的医疗服务，减弱健康对收入的代际影响。为此，要适当提高医护人员的入职门槛，注重在校医学生的理论和实践能力培养，加强医护人员的资格审查。除了对医护人员的培训之外，为了留住在岗的医护人员，应该适当提高医护人员的薪酬福利水平。

第六，推动医疗护理一体化服务发展。日本是全球人口老龄化最严重的国家，65岁以上人口比例达到了27%（世界银行，2019），人口老龄化加速给日本医疗护理产业带来严峻的挑战。日本为应对"银发浪潮"，推行居家护理服务，充分利用社区医疗资源实现医疗护理一体化。目前，老龄化已全面进入中国，老年群体的医疗护理服务问题进一步增加我国医疗卫生行业的负担。对此，近几年我国针对老年人医疗护理问题，一直在尝试不同的模式，力求将医疗和护理完美融合。因此，"医养结合"被引进我国，并陆续在不同地区开展试点工作，但医养结合侧重于养老，对于老年人医疗护理未有明显成效，尚未在全国普及。结合我国目前医养结合模式试点问题和日本的社区医护一体化服务，我国亦可建立社区医疗供给体系，保证患者尤其是老年群体在熟悉、安心的环境下享受到医疗护理服务。要对社区医护人员进行职业培训，提高职业素养，保障患者在社区之内也可以享受到优质的医疗护理服务。社区医疗护理模式可以同时减轻老年人和其子女的压力，可以消除健康对两代人的收入影响，促进代际收入流动。

第七，加快推动中医药传承创新发展。每个国家在向其他国家学习，进行健康政策改革过程中都会结合本国特色，扬长避短，建立具有本国特色的健康服务体系。我国的中医历史悠久，自成体系，在实际的治疗过程中发挥着重要作用，并且在民众中有坚实的基础。因此，在我国健康改革的过程中，着眼于国外的同时，也要加大对自身健康资源的开发，充分发挥传统优势，创造自身特色健康服务。应大力开发中医资源，使其加入到健康保障消费的服务中，增加中医被消费的力度及民间影响力，这不仅是改善民众健康服务的一部分，也是推广我国传统中医文化的重要一步。通过社会宣传改变民众逐渐被西化的医疗观念，利用社会网络媒介宣扬中医药发展的历史和传统中医文化知识的亮点之处，激发新一代年轻人对中医药探讨的兴趣。在大学课程设置方面，要增设中医药相关专业，鼓励更多年轻人回归我们的传统中医药行业。同时，根据时代特点，抓住国际化和信息化发展的机遇，对传统中医药进行创新。

二、教育政策改革对我国的启示

第一，加快教育法规体系建设。教育法律体系的建设贯穿国外教育改革的整个过程，多数国家重视通过各级法律体系建设，保证每个适龄儿童都平等享受教育。虽然我国发布了很多涉及教育改革的政策，但关于教育的立法主要侧重于义务教育法的完善，教育法规监管力度不大，致使我国到目前为止仍未实现义务教育的全面普及。对此，我国应该加快教育领域的法制建设，根据教育发展现状以及过去教育法实施过程中存在的问题，修订和完善新的教育法。随着教育法律体系的完善，要加大执法监督力度，使得教育法律法规在实施过程中真正发挥法律保障效果。同时，结合各地区教育发展差异，中央教育部门要把教育管理权力下放到地方政府，各地方政府根据本地区教育发展特点，制定配套的教育规章制度。力争通过完善教育法规体系，保证每个人都公平享受教育，阻断教育的代际传导，以及教育对收入的代际影响。

第二，加大教育财政投入。国家财政的大力支持为日本和英国快速实现义务教育的全面普及夯实基础，在德国义务教育已经成为国民的一项教育福利。2018 年，我国教育财政投入 46135 亿元，同比上年增加 8.39%（中华人民共和国教育部，2019）。由于我国人口基数大，各地区经济实力悬殊，地方教育财政投入存在巨大差异。贫困地区财政投入严重不足，致使我国推广 30 多年的义务教育至今未能实现全面普及。因此，国家应该在逐年提高教育财政投入的同时，侧重于对偏远贫困地区教育投资的倾斜力度。重视寄宿制学校的校舍建设和学校办学的基础设施建设，确保学生在安全的条件下接受学习，为小班教学提供条件。提高乡村教师的工资待遇，鼓励更多优秀的青年教师投身到乡村教育发展的行列中，确保区域教育资源合理配置，缩小各地区的教育差距，减弱教育对收入的代际影响效应。

第三，推进职业教育发展。德国因其职业教育闻名于世，职业教育成为其经济发展的重要推动力。德国完善的职业教育体系为其技术创新提供大量后备储蓄力量，在高科技领域创造很多享誉全球的知名品牌。我国的教育结构体系以学历教育为主线，虽然也存在职业高中和专科学校，但传统的教育结构体系在人们的观念中已根深蒂固，职业教育一直不被人们认可。信息化时代的来临，促进职业教育发展，培养更多的高新技术人才可以增加我国在国际上的竞争力。因此，应该抓住此次机遇，借鉴德国的教育体系，健全国内教育发展模式，提高职业教育在我国整个教育体系中的地位，缩小职业教育与普通高等教育之间的差距，使职业教育与高等教育之间的切换更加容易。同时，对于现有的教育机构，要加强和社会企业的多方合作，在开设专业时要以培养学生的实用技能为主，有针对性地培养社会企业所需要的人才。教育体系的逐渐完善，可以增加学生由于兴趣爱好的不同而差异发展的可能性，减少家庭因素对学生教育发展的限制，增加个人多样化发展的可能性，缓解教育对代际收入的影响。

第四，推动教育信息化建设。现代教育制度建设与教育信息化建设是教育改革的重要方针，虽然我国教育管理体制存在滞后性、教育信息化建设起步较晚，但目前教育信息化建设也稍有成效。在近些年的发展中，随着电子硬件设施的大量投入，教师的技能掌握熟练度提升，除偏远及贫困地区外，大部分地区都已经实施电子化授课，城市地区已普及网络化教学。随着技术的发展，我国应加强电子通信技术在教育领域的应用，尤其是要注重对偏远及贫困地区的教学设备投入，通过信息化建设实现教育资源共享。同时要合理安排教学内容，适当增加实践培训，引导学生正确利用网络进行学习，促进教育信息化建设健康有序发展。教育通过信息化实现各地区教学资源的平等化，可以通过网络授课等方式实现城乡教育的同步，消除父代教育状况对孩子教育的影响，缩减代际收入弹性。

第五，强化教育师资队伍建设。教育质量是评价一国教育水平的重要指标，教师是提升教学质量的关键所在。德国的教师获取资格认证非常复杂而且严格，对教师的整体素质要求较高。师资力量的完善与健全，教师素质的整体提高，可以缩小地区间由于经济差距，导致学生接受的教育资源出现差距过大的情况，尤其是对于经济较差地区的学生来说，会缓解父母教育水平较低而导致其受教育水平受到限制的情况，从而缓解教育对代际收入的影响。因此，要做好教师队伍的把关工作，逐步完善教师队伍的准入考核机制，各院校根据自己的教学目标，要及时对在校教师进行全面的考核，按照严格的要求建立规范的教师队伍。此外，要改善优化教育环境，在全社会提倡和树立尊敬老师的风气，提高教师队伍的薪酬福利水平，让教师在教学工作中体会到幸福感，进而提高教育质量。

第六，继续推行素质教育。日本因其优秀的素质教育而被人称赞，其实在欧美的很多国家教育的终极目标就是实现素养教育，所以国外的教育培养模式在提高学生理论知识素养的同时，更加注重学生的实践创新能力和素质的培养。素质教育在我国已经推广 10 多年，但由于对素质教育的认识存在一定的误区，导致素质教育的发展与国外很多国家相比差距还是很大。因此，我们要转变对素质教育的态度，从多角度出发加深对素质教育的理解，结合我国目前经济发展的实际情况，注重培养学生的创新思维和理论应用能力，为我国高新技术产业培育优质人才。学校要展开课程内容革新，设计科学、合理的课程体系，积极倡导学校设立社会实践科目。这种注重素质教育的发展模式，可以消除学生家庭因素对孩子的影响，使孩子在早期的发展中，彼此缩小教育的差距，从而消除教育人力资本对收入的代际影响。

第七，建立科学合理的督导评价体系。英国早在 19 世纪 70 年代教学督导评价体系就正式建立，在全国范围内对教育机构的工作进行监督评价，教学督导评价体系不仅对教育工作起到鞭策的作用，而且对学校教育质量的提升也有很大的帮助。教学质量高低的评价需要构建一个科学合理的评价制度和体系，我国的教育督导制虽已建立，但是督导的质量水平尚且不高，督导队伍的建设参差不齐，在很大程度上还需改进。结合我国目前的教学质量督导状况和英国完善的督导评价体系，我们应该先从督学立法工作入手，明确以及强化有关部门的督学职能，建立符合全面发展的素质教育督学体系。同时，地方与中央的督学体系不能脱节，根据具体情况进行调整，督导体系的建立应当将学生放置首位，激发老师责任感、使命感，并采用定性和定量的双重方法，制定科学合理的督导评价体系。通过建立科学的教育督导评价体系，提高全国各地区的教学水平，解决教育区域失衡问题，保证教育过程的公平，减弱教育对收入的代际影响。

第六节 本章小结

第一，政府对健康和教育的财政投入促进代际收入流动。健康和教育政策的改革都是以政府为主导，政府在健康和教育领域的财政投入促使健康和教育政策稳步有序推进。在众多国家的改革历程中，政府不断地增加健康和教育领域的财政投入对改革的成功至关重要。英国是典型的福利国家，在教育和健康政策改革之初，都是通过增加相关领域的财政投入，使得全部国民可以享受医疗和教育，为后续健康和教育的改革奠定了基础。特别是在教育领域，多数国家的中央政府通过增加财政投入，保证每个适龄学生免费接受义务教育，这也是国外很多国家很早实现义务教育全面普及的原因所在。政府通过增加健康和教育领域的财政投入，使得每位国民都可以平等享有健康和教育服务，减弱健康和教育的代际传递，以及健康和教育对代际收入的影响，促进代际收入流动。我国现阶段也正在增加健康和教育领域的财政投入，但基于我国区域发展不平衡的事实，国家财政投入应该根据各地区经济发展水平，对于贫困地区加大财政支持。以期缩小贫富差距，缩减代际收入弹性。

第二，保证教育和健康的机会平等缩小代际收入弹性。现阶段，我国贫富差距问题日益凸显，阶级固化导致健康和教育出现代际传递现象。健康和教育作为人力资本的重要组成部分对收入存在较大的影响，健康和教育的代际传递致使收入的代际弹性较高。为了促进代际收入流动，缩减代际收入弹性，国外很多国家在健康和教育改革过程中，通过相关法律法规建设、财政投入等措施，保证每位公民享受健康和教育的机会平等，只有每位公民都能平等地享有基础的健康和教育服务，才能促进代际收入流动。为保证健康和教育的机会平等，缩减代际收入弹性，不仅要注重国家层面的公民机会平等，更要重点关注各阶层和各地区健康和教育的机会平等。通过改变财政投入和资源配置方式，真正地保障人民平等享受健康和教育的权利，消除健康和教育对收入的代际影响，提高代际收入流动性。

第三，社会资本推动健康和教育机构有序发展。在医疗领域，市场机制已经成为医疗保险改革的重中之重。在医疗体系中引入市场主体和竞争机制，能够有效地提高医疗保障水平，促进医疗资源公平化，进而保障民众切身利益。早在 20 世纪 90 年代，英国和德国政府就开始尝试将市场化主体引入医疗体系中，引导私营部门进入医疗行业，提高健康服务效率，减缓政府对其居民实施健康福利的财政压力，使国内居民可以享受更高的健康福利，从而缩小居民在健康资本方面的差距。在教育领域，各个国家私立学校的兴起，促使教育体系更加完善。国家对私立学校的财政补助和税收优惠政策，推动教育的良性竞争。私立学校和公立学校共同发展，促使各教育机构更加注重满足各社会企业对人才的市场需求，使得教学质量得以保证，包括从专业设计到教师以及教学设备的配置。社会资本注入教育和健康领域，提高了教学质量，促进医疗资源合理配置，保证健康和教育政策的社会效用最大化，进而减弱收入的代际传递。

第九章　结论与建议

第一节　结　　论

一、父代收入显著影响子代收入

父代与子代的收入之间存在明显的代际传递效应，父代的收入水平就越高，子代的收入水平就越高。控制相关变量时，父代收入与子代收入在1%的水平下显著。增加其他解释变量时，父代收入与子代收入的显著性没有发生改变，表明父代收入对子代收入的影响效果较为稳健。此外，父亲与子代的代际流动性水平要低于母亲与子代的代际流动性水平，父代与儿子的代际流动性水平要低于父代与女儿的代际流动性水平。收入的代际传递效应导致子代收入水平复制父代收入水平，形成阶层固化。子代年龄对子代收入存在影响，从性别来看，子代年龄对儿子收入的影响程度低于子代年龄对女儿收入的影响程度。父代年龄只对儿子收入存在影响，父亲年龄对儿子收入的影响程度低于母亲年龄对儿子收入的影响程度。

二、健康和教育代际传递导致健康和教育的不公平

人力资本的代际传递影响收入的代际传递。根据上文中的实证分析可知，首先，父代的健康和教育与父代的收入之间存在正相关关系，并且父代健康和教育对父代收入的影响是稳健的。其次，父代的收入对子代的健康和教育有显著影响，在添加其他变量后，结果仍较为显著。最后，子代的健康和教育对子代的收入有显著影响。此外，父代的健康和教育对子代的健康和教育有显著影响。其中，遗传路径在健康的代际传递中起到主要作用，且在农村子样本和父亲子样本中，健康水平在代际收入流动中起到了重要的作用。父亲的收入与教育水平越高会增加对子代的教育投资，提

高子代获得的教育水平。相对于工人来说，父代为单位负责人、专业技术人员、商业服务人员时，子代的教育水平越高，父代可以利用其社会关系为子女获得更多的优质教育资源提供便利。此外，父亲的居住地越靠近城市，子代的教育水平越高，表明我国城乡之间存在教育质量的差距，城镇教育质量高于农村教育质量。从以上可以发现，健康和教育在代际收入传递中承担中介作用。教育水平的提高和健康状况的改善都会使得收入水平进一步提高。

三、男性子代代际收入流动性低于女性子代

在代际收入流动过程中，父代与儿子的代际收入流动性水平要低于父代与女儿的代际收入流动性水平。在健康和教育人力资本代际传递过程中，儿子与女儿相比，健康与教育在父代与儿子的代际收入流动中起到的作用更高。无论父亲还是母亲，对儿子的收入影响程度都要显著地高于对女儿的收入影响程度。表明父代对于男性子代表现的更加重视，会将更多的资源投于男性子代。这种差异可能与我国传统观念中的选型婚配现象有关，一般而言，高收入家庭出于"门当户对"的想法会为其女儿选择更高收入的配偶，导致女性子代减少劳动供给，从而降低了女性子代的代际收入弹性。

四、农村代际收入流动性高于城镇

我国农村地区的代际流动性要高于城镇。在农村分样本下的代际收入弹性系数为0.0398，城镇分样本下的代际收入弹性系数为0.0983，农村代际收入弹性低于城镇代际收入弹性，意味着农村代际收入流动性高于城镇。城镇子女有更好的教育资源、就业环境，以及优越的家庭背景，子女能够获得更好的工作，进而获得比父辈更高的收入。相比于农村子女，城镇子女拥有更多的社会资本，改变自身社会经济地位的可能性更大。而农村子女社会资源匮乏，所以很多学者认为农村代际收入流动性要低于城镇。但是由于农民工大量涌入城市就业，农村子女获得比父辈更多的就业机会，进而获得更多收入，使得代际收入流动性增强。这一结论正是农村劳动力向城镇转移的结果。

五、父子代际收入流动性低于母子

母子间的代际收入流动性问题更容易得到改善。父亲对子代的代际收入弹性系数为0.3329，母亲对子代的代际收入弹性系数为0.2911，父亲

对子代的代际收入弹性要高于母亲对子代的代际收入弹性，意味着父亲对子代的代际流动性要小于母亲对子代的代际流动性，表明父亲承担着家庭主要的经济角色，其收入水平的高低对子代的收入水平更具影响力，也反映出我国根深蒂固的父权文化现象。此外，与母亲相比，父亲的年龄以及职业也对子代收入有显著影响，表明父亲收入还会通过其他渠道对子代收入产生重要影响，也意味着父亲收入对子代收入的影响机制更加多元化，两者之间的代际收入流动性也更强。

六、父代处于中等收入阶层时的代际流动性更强

从分位数回归结果可知，父代收入处于中等阶层时，与子代之间的代际收入流动性更强。父代收入对于儿子收入的影响程度随着收入的增长先增大后减小，在中等阶层达到最大，表明父代收入处于中等阶层时，对儿子的代际流动性更强。此外，父亲与儿子的代际收入弹性系数在30%分位点达到最高值，母亲与儿子的代际收入弹性系数在20%分位点就达到最高值，表明相较于父子，母子间的代际收入弹性随着收入的提升更容易得到改善。父母与女儿的代际收入弹性系数随着收入分位点的提高总体呈现逐渐下降的趋势，但在前4个分位点时基本保持同一水平，表明父代收入处于中等阶层时，对女儿的代际流动性更强。

七、父亲子样本和农村子样本下健康对收入的代际传递效应显著

全样本下，子代的健康水平并不显著影响子代的收入，只有在父亲子样本和农村子样本下，子代的健康水平才会显著影响子代的收入。父亲子样本下，在加入健康水平这一变量之后，代际弹性从刚开始的0.2865降低为0.2725，说明健康人力资本的代际传递会增加代际收入的流动性，但是影响程度较小，仅有4.90%。另外，这两个样本都显示，子代的健康状况越差，其收入水平越高。这一发现与部分学者的研究结果相一致，如齐良书和李子奈（2011）发现，我国的高收入人群其健康状况受到更大的损失，究其原因主要是高收入人群普遍不健康的生活方式导致。这解释了健康人力资本只在农村子样本下显著影响子代收入的原因而不是在城镇子样本下，因为农村户籍的子代群体职业等级平均水平低，群体中的人数会更多，尤其是农民工长期从事过重的体力劳动，以损害健康为代价获得更高收入。

八、教育在代际收入流动过程中发挥更加重要的作用

教育与健康是代际收入流动的重要媒介，但相对于健康，教育在代际

收入流动过程中发挥了更加重要的作用。从子代自身健康和教育在代际收入传递过程中的作用来看，子代教育与子代健康对子代的收入都有着显著的正向作用，并且这种显著性水平也没有随着加入更多的变量而发生变化，说明教育与健康的影响是稳健的。但将健康水平替换成身体质量指数后发现其对收入并不存在显著性的影响，意味着健康在代际收入传递中的影响低于教育的影响，表明教育对代际收入传递的贡献率更大。从父代健康和教育在代际收入传递过程中的作用来看，存在控制变量时，父代的健康水平对子代收入的影响并不显著，而父代教育水平对子代具有显著影响。因此，教育在代际收入流动过程中发挥了更重要的作用。

第二节　促进健康政策的建议

健康是指一个人在身体、精神和社会等方面都处于良好的状态，也是一个人从事一切生产活动的前提，人们只有具备一个良好的身体状况才能高效地进行生产活动。健康人力资本有着与其他人力资本不同的特征，它具有基础性的地位。健康人力资本是其他人力资本的前提和载体，更好的身体状况意味着更高的健康人力资本。因此，可把健康人力资本当作一种储备性资源，它通过影响劳动者的工作效率、促进教育收益的实现、减少疾病负担、降低死亡率、推动健康产业发展等影响经济增长速度。有研究表明，父母收入每增加10%，子女收入就会提高4.5%。所以，研究如何提高健康人力资本进而提高劳动者收入显得十分有必要。

一、提高劳动者的健康投资意识

健康是个人的一份宝贵财富，个人先投资于健康，才能从投资中获得健康。目前，很多人健康意识淡薄，尤其以农村劳动人口居多，更多的是将健康投资看成一项非必要的任务，仅仅以填饱肚子为目的，不会主动去提高生活质量，增加健康投资。也有部分劳动者是因为工作的原因而忽略了对健康的关注，导致身体状况的下降进而影响了工作效率。因此，在全国范围内尤其是乡镇地区宣传健康投资理念，增强劳动者健康意识显得十分有必要。要想提高劳动者的健康状况，必须先提升劳动者的健康意识，让每个劳动者都意识到自己身体健康的重要性。在有了健康意识的基础上，劳动者才会主动提高对健康投资的水平。劳动者可以进行医疗卫生投资、保健投资、健身投资等一系列投资来保证自己的健康，获得强健的体魄和充足的精力从事生产活动，减少因生病而损失的劳动时间，增加有效的劳动时间，进而提高个人经济收入，为子代提供更好的生活环境和教育水平。

二、政府加大对劳动者健康投资的力度

政府作为健康投资的主体，必须站在劳动者的角度去思考问题、解决问题。一直以来，政府都有着健康投资观念上的误区，就是把健康投资当成一种具有福利性的社会保障活动，并没有进一步意识到健康投资对于整个经济增长的重要性，甚至有些地方性政府认为治理环境污染、关闭污染性企业等会抑制经济活动，阻碍经济增长。因此，政府必须转变健康投资的理念，把健康投资当作是对经济增长的投资活动。政府必须在人力、物力、财力上对健康投资作出支持。人力上要增加宣传教育健康理念的人数、增加医疗服务人员的人数、增加医学院校的数量。物力上要增加医疗器械的数量、增加社区门诊的数量和质量、提高药品原料的质量。财力上要加大对经济的投资力度，促进经济更好更快地转型。同时，政府还要加强对环境的监管和污染的治理。劳动者的生活环境直接影响着劳动者的身体健康状况，因此政府有责任给劳动者建立一个良好的生活环境。劳动者健康水平提高了，就会积极投入生产，增加个人收入，进而提高子女收入。

三、政府加大对公共卫生的投资力度

公共卫生对于劳动者健康有着不可估量的作用。随着社会的不断进步和卫生事业的不断发展，人们对于健康的需要也随之上涨。为此，增加公共卫生投资力度，改善公共卫生质量势在必行。但是从我国实际情况来看，政府对公共卫生的投资力度存在着一定程度上的不足。根据2015年《中国统计年鉴》中的村卫生室数量、乡镇医疗机构床位数等数据来看，乡镇区域的公共卫生资源极其匮乏，大部分的乡镇医疗卫生投入都是个人进行，这进一步加重了家庭的经济负担，导致有些地方出现"因病致贫，因病返贫"现象。因此，政府作为健康投资的主体，必须加大对公共卫生领域的投入，增加乡镇地区诊所的数量和质量，定期组织医疗人员下乡免费体检活动，改善劳动者健康状况。公共卫生服务的提高能缓解劳动者看病难、看病贵问题，有效地提高劳动者的健康水平。劳动者有了健康的体魄，会将更多的时间和精力放在工作上，增加劳动产出，提高个人经济收入。

四、政府加大对专业医疗人才的培养力度

目前，我国的医患关系紧张、医疗事故频发、医疗经济利润冲突等现象层出不穷，给劳动者的健康状况蒙上了一层阴影。因此，政府需要加大对高校医学院、医疗科研机构等的经费投资，培养出有素养的专业医疗人才，定期对医疗人员进行道德素养培训。同时，高校医学院应该提供更多留学海外的机会，输送人才去国外学习更加先进的医疗技术，培养更加进步的医疗理念，以便回国后更好地服务于健康事业。此外，我国各地区劳动者健康状况参差不齐，医疗流动机制存在严重问题，很多优秀的医疗人员不愿去健康水平较低、工作环境较差的地区进行教学活动和医疗救治。因此，必须转变医疗人员的这种观念，对医疗人员的流动机制进行有效的调节，鼓励医疗人员下乡活动，促进当地健康事业发展，缩小地区性健康差异。专业高素养的医疗人才能更有效地解决劳动者的看病难问题，设身处地地从劳动者本身实际情况出发，以最有效的方式去解决劳动者的疾病问题。劳动者健康状况的保证将为生产力的发展奠定基础，从而增加个人收入，提高子女收入。

五、家庭加大对健康投资的力度

随着经济的快速发展，劳动者生活质量也随之上升，但是个人健康问题会经常被忽视。要想提高劳动者的健康状况，不能仅仅依靠政府的力量，劳动者本人也要主动、有意识地关注自身健康，增加健康方面的投资。家庭在健康方面的投资主要放在食品投资和保健投资这两块，用于维持身体健康和预防疾病。家庭需要重视食品质量消费，注意日常饮食中的营养搭配，均衡吸收各种营养物质，做到健康饮食。同时，家庭也要注重对孩子的健康关注，为孩子提供成长必需的营养物品。家庭加大对健康投资的力度，有效地提高家庭成员的健康水平。健康人力资本和收入水平是相互作用的，健康的人力资本是收入提高的保证。

六、提高对中小学生的健康投资水平

孩子是祖国的未来，民族的希望。学生能否安全健康地成长，关系到整个民族的兴旺和国家的前途。但目前我国城乡经济差异水平较大，很多贫困山区的孩子普遍存在着吃不饱、吃不暖、吃不好的现象，孩子的身体健康水平也是令人担忧。无论是政府还是家庭都应该加大对中小学生的健康投资力度，尤其是山区学生的健康投资力度。首先，政府要解决山区孩

子的温饱问题，必须加大山区孩子营养早餐的供应数量，提高营养早餐的质量。其次，政府要促进山区经济发展模式的改革，提供更多有利资源，让山区人民从根本上富裕起来。最后，政府要适当提供公共体育设施等供学生锻炼身体，增强体魄。另一方面，家庭作为孩子的直接影响体，要提高孩子食物支出比例，优先考虑孩子的身体健康状况。中小学生的健康水平提高了，日后能更好地提供人力资本资源，促进社会经济的发展，打破代际传导的固化性，有利于社会的公平。

七、政府加大对农村经济的投入力度

一个国家的经济收入和健康水平是相互作用的。目前，我国的城市经济发展水平较高，城市居民的健康水平也相对较高，提供的人力资源更为优质，因而居民的收入水平也就更高。相比之下，农村居民一直处于劣势地位，为有效改善现状，政府必须积极实施有利于增加农民收入的福利政策。首先，政府要加大对农业基础设施和科技服务方面的投入，降低农民的经营成本。进一步加大对农业的各项直接补贴，发放种粮补贴，退耕还林补贴，农业用油补贴等。其次，政府加大力度解决农民工就业问题，支持企业多留用农民工，开展农民工技能培训，支持返乡农民工创业。最后，政府要规范农村土地承包经营权流转，土地流转不得改变土地集体所有权性质，不得改变土地用途，更不能损害农民的利益。健康和收入是相辅相成的关系，农民收入的提高使得他们更加有能力进行健康投资，而健康状况的改善和加强也有利于进一步提高农民收入。农民收入的提高能进一步缩小城乡居民的收入差距，为子女提供更好的教育水平，打破代际传导的固化性，有利于社会的公平性。

八、进一步完善新型农村合作医疗制度

新型农村合作医疗制度对于提高农民健康水平、缓解农民因病致贫、因病返贫、统筹城乡发展等具有重要作用。首先，政府需要做的就是颁布一系列农村合作医疗保险立法，使农村合作医疗制度法律化、规范化、合理化。同时，各地区乡镇在农村医疗保险立法的基础上，可适当制定具体的适合本地特点的实施办法。其次，政府要为乡镇地区建立合作医疗机构，组织人员积极宣传新型农村合作医疗理念，提高农民加入合作医疗的积极性。新型农村合作医疗制度的有效实施不仅能够提高农民的健康水平，还能有效预防重大疾病的发生，从而为生产提供更好的劳动力，增加农民的收入。

九、完善遗产税等税制促进代际收入公平

征收遗产税的初衷，就是为了通过对遗产和赠与财产的调节，增加政府和社会公益事业的财力，防止贫富过分悬殊。我国目前还没有开征遗产税和赠与税，这就为父辈将财产转移给子辈提供了很大的便利。高收入家庭往往具有雄厚的经济实力，他们并不依靠子代为家庭带来收入，反而还会直接转移给子女一定的经济财产。而众多低收入家庭的子女在毕业后往往面临着沉重的生活压力。倘若政府开征遗产税，将在一定程度上提高政府的收入，也能将部分资金转移给贫困家庭，缓解他们的生活压力。同时，开征遗产税也在一定程度上缓解分配不公的社会矛盾，有利于引导和鼓励人们生前向教育、科技、体育卫生、社会福利和公益事业捐款。这对提高社会代际收入的流动性具有很大的促进作用，提高贫困子女的收入水平，增强贫困子女的健康状况。

十、提高健康生活意识

拥有健康的身体是获取收入的重要基础。健康的身体状况可以提高劳动生产率，帮助人们获取更多的收入。无论是父代还是子代，健康水平都将影响收入。健康人力资本的代际传递还会增加代际收入的流动性。健康的生活与工作方式为人们健康的身体状况打下坚实的基础。收入水平越高的人群，健康状况越差。这与已有研究得出的高收入水平人群健康状况受到很大损失的结论相一致。高收入人群不健康的生活方式导致健康状况变差。生活节奏的加快，人们饮食、作息时间的不规律，必然使身体受到不良生活习惯的损伤。为了改善人们的健康状况，提高健康意识尤为重要。人们应该从健康饮食、保持良好的作息规律、加强体育锻炼等方面着手，改善自身身体状况。

第三节　促进教育政策的建议

教育是立国之本，民族兴旺的标记。一个国家的经济有没有发展潜力，重点在于教育的发展水平；一个国家的经济能不能处于世界领先地位，重点也在于教育的发展水平。要想使国家各项事业健康全面的发展，就必须建设好教育事业。人力资本的代际传递通过收入的代际传递引起收入阶层固化，影响社会公平。近年来，社会上出现的"富二代""穷二

代"等现象表明我国的代际收入关系固化严重，父代的收入会在很大程度上影响子代的收入，从而导致社会底层人群向上流动困难，社会高层人群继续占有丰富资源。为了改变代际收入的不平等性，必须深化教育制度改革，加大教育投资力度，扩大教育机会，增加低收入群体教育补贴等。因此，提高教育人力资本对促进整个社会的公平和整个经济的发展至关重要。

一、在全国范围内实行十二年义务教育

十二年义务教育，是指将高中教育纳入义务教育范围内，进而提高我国中青年劳动者的整体素质。近几年，高中教育普及化逐渐成为民众讨论的热点话题，自2016年以来，我国部分发达地区已经开始实施高中教育普及化的试点工作。在社会经济发展的新时代，我国经济平稳增长，产业结构正在不断地调整优化，专业人才成为国际竞争的关键优势，这对整个民族受教育的程度和质量都提出了较高的要求。目前，我国的农村地区和落后的偏远山村高中教育资源稀缺、人才匮乏、高中院校稀少等问题严重。这些地区的居民接受高中教育的意识薄弱，认为只要上了小学认识汉字就可以了，没有认识到知识的力量。因此，必须加强这些地区居民对教育的重视程度，使其充分认识到教育对于低收入家庭实现向上流动的重要作用。同时，要努力提升高中教学质量，对于偏远地区的高中学校，政府应该加大扶持力度，鼓励和吸引高质量的人才投身到偏远地区的教育事业建设中。同时，鼓励民资和外资投向偏远地区的高中教育中，为偏远地区教育事业的发展提供财力支持，保证全面普及高中教育在全国范围内顺利实施。

二、进一步加强高等教育的建设

我国的大学人力资本教育对经济增长与提高收入的促进作用十分显著，但也是必须进一步加强的方面。大学生往往追求轻松舒适的工作，这就是求职难与就业慌并存的现象，在求职市场上出现劳动力供给与需求不相等的情况。我国的大学教育要在结构上进一步调整，教学质量上进一步提高，招生数目上也要进一步增加，拉升接受高等教育人群的比例。面对我国贫困地区家庭无法负担大学教育费用的现状，政府要积极发挥出其领导作用，根据学生的具体情况提供适宜的奖学金和助学金，为学生提供更好的学习环境，帮助他们顺利毕业。高等教育程度的改善能够使大学生接触到更好的教育资源和师资力量，使大学生学到更先进的课程，接触更全面的理念，让大学生毕业后做好充分的准备，减少寻求工作的机会成本。

三、重点大学招生向农村地区倾斜

教育是帮助农村家庭摆脱贫困的重要途径。农村家庭子女可以通过接受教育提高收入流动性。随着我国高等教育招生的全面扩张，大学生同质化现象比较严重，大学生就业难已成为热门话题。相对于农村家庭子女而言，城市家庭子女拥有更多的社会资本，可以依靠家庭背景寻找工作。农村家庭的子女拥有的社会资本相对更少，只能依靠真才实学寻找工作。然而，重点大学的教育背景，能够帮助农村家庭的子女在劳动力市场中提高竞争力，帮助农村子女就业。因此，为了帮助农村家庭摆脱贫困，提高代际收入流动性，重点大学招生可以向农村地区倾斜，通过扩大农村地区学生招生比例，帮助更多农村家庭子女读取重点大学。

四、根据市场实际需求优化大学教育课程

我国大学的教育课程设计存在一些瑕疵，一些专业课程过于陈旧，跟不上时代的需求。大学教育培养的人才专业知识不够全面，专业能力有所欠缺，不完全符合市场的实际需求。大学教育的设立是为了促进我国经济和社会更好地发展。如果高校毕业生在离校后无法很好地适应社会，不能积极地投入到社会生产当中去，就会形成一种人力资源的浪费。倘若大学的课程设计能够提前做好调研工作，实时掌握劳动力市场的需求，根据市场的变化制定相应的课程。这样也能提高教育资源的利用效率，加强对大学教育人员的教学要求，引入专业化、新颖化的国际课程，使得专业课程设置结构与市场需求结构相一致。大学生在毕业后应该有着正确的职业定位和对自身清醒的认识，在短期内迅速适应企业的业务，为企业创造出价值，增加个人收入水平，促进社会发展。

五、进一步加强企业与学校的双赢合作

校企合作，是指学校与企业建立的一种合作模式。它注重人才的培养质量，加强了学校与企业的联系，包括资源、信息共享等。企业可以根据自身的实际需求向学校提出课程建议，学校也可以采纳企业的建议而培养专业技能的学生。高校毕业生能够快速地找到工作，一方面，能够缓和企业的用工荒现象，另一方面，也缓和了高校毕业生就业难的现状，进而推动我国经济的发展。家庭背景不同的学生找寻工作的难易程度不同。家庭背景优越的大学生，依靠家庭社会关系更易找到一份好工作，而贫困家庭的子女很难找到一份满意的工作。通过校企合作的方式，不仅能够丰富课

堂的内容，提升教学的质量，也能为大学生找寻工作创造条件，促进公平竞争。例如，学校可以专门开展研究企业所需要的科研项目，为企业的发展出谋划策，还可以向企业提供优秀的应届毕业生，更好更快地熟悉企业的业务操作。而企业往往会根据自身发展的人才需要向学校提出建议，并派出专业的讲师去学校宣传企业理念和专业的技能知识，这些往往是学校所不具备的条件。部分企业为了争得人才会长期与学校合作，为学校提供一些科研资金和教学设备。所以，校企合作是一种"双赢"模式。这种"双赢"模式能有效地解决就业难与招工荒的问题，大力促进生产的发展，提高经济的增长速度，增加居民的收入。

六、提高高等院校的教学质量

教学质量是对教育水平高低和效果优劣的评价。教学质量的高低很大程度上取决于课堂教学的效果，而课堂教学的好坏又取决于教师的"教"和学生的"学"两个方面。因此，教师要不断提高自身的知识水平和业务水平，在教学中不断积累、勤思考、常总结，找到适合课堂教学的有效方法。学生也要培养良好的学习习惯，紧跟老师的教学步骤，按时按量的完成教学任务。针对偏远山区教育资源落后、教师人数匮乏的现象，政府要加大教育投资的力度，修建更多的学校，引入优秀的教师团队。尤其要注重对农村子女受教育程度的提高，农村子女受教育程度的提高能够有效地打破代际传导的固化性，保证社会的公平性，进一步促进经济的发展，增加子女的收入。

七、加大职业技能教育的发展力度

职业技术教育也是提高人力资本水平的重要途径之一。随着我国经济水平的不断发展，高等学校不断扩招，大学生数量也随之增加，从而忽视了对高等技工的培养。各地频发的"技工荒"现象也表明我国高级技术工人缺口较大，职业技术学校数量较少，职业技能培训不足。政府应当出台相应的政策积极扶植职业技术学校的发展，各地区政府也要积极引资支持创办职业技术学校。同时，职业技术学校也要积极了解企业的劳动需求，培养专业的技术性人才，提高职业技能教育的人才培养效率，为企业输出更优质的人力资本，进而实现高等教育与职业技能教育的同步发展，优化人力资本结构。职业技能教育的大力发展能有效地缓解"技工荒"现象，为企业提供高技能的技术人员，有效地满足生产的劳动需求，从而促进经济的发展，增加劳动者的收入。

八、政府加大对小学教育的投资力度

小学教育是整个教育事业的基础，要提高整个教育事业的发展，必须从小学教育做起。小学教育的普及程度、质量优劣，直接关系到我国经济和社会发展所需的亿万劳动者的素质和各级各类所需人才的质量。政府作为教育投资的主体，必须要将小学教育面向全体人民，针对贫困地区和少数民族地区的适龄儿童，政府应该提高关注度，因地制宜、有侧重地加大基础教育投资。一方面，对于残疾儿童的教育，政府应该组织相关部门和机构帮助特殊教育学校发展，并专门加以保障。同时，学校应该注重学生的德、智、体、美等全面发展，注重学生全面、多元化发展，从小抓住思想品德和身体心理素质培养，为他们以后的深造打下良好的基础。另一方面，政府要加大对希望小学的投资力度，全力支持希望工程项目，解决贫困山区孩子无学可上的困境。全面发展小学教育，大力修建希望小学为培养各级各类人才奠定了基础，也为以后经济的发展奠定了基础。

九、进一步加大对家庭教育的重视程度

家庭教育是指家庭中的父母及成年人对未成年的孩子进行教育的过程。家庭教育的侧重点在于小孩子的品性，从小注重培养出小孩子爱学习、诚实守信、勤俭节约等良好习惯。父母作为孩子的启蒙老师，必须从孩子的品德教育抓起，教育孩子学做人。政府作为教育投资的主体，必须积极引导父母进行家庭教育，积极宣传家庭教育的重要性，加大对家庭教育的投资力度。在人的成长过程中，原生家庭教育至关重要，而且对人的影响深远，基本上决定了每个人的人生方向。孩子养成良好的行为习惯，具有良好的道德品质，有利于经济社会的健康发展，降低腐败发生的概率，保证社会的公平性。

十、政府加大对农民工子女的教育资源配置

农民工子女上学难，在全国是一个普遍现象。根据《2017 年农民工监测调查报告》显示，2017 年我国农民工数量已达到 2.87 亿人。随着城市经济发展的需要，越来越多的农村富余劳动力进入城市务工，但进城务工人员的子女生存状况、教育情况却让人担忧。户籍制度、经济因素等高门槛，让这些没有城市户籍的孩子无法跟城里孩子一样享受同等教育的机会。首先，政府要出台专门的法律法规填补有关农民工子女教育的缺陷，

积极创造条件，采取有效措施，切实保障农民工子女在城市接受教育的权利。其次，取消户籍制度、借读费等一系列制约农民工子女入学的体制。对于贫困的农民工子女应当减免学费，适当降低升学分数，争取让更多的农民工子女在城市中公平地享受高质量的教育。最后，针对随迁儿童流动性强的特点，政府教育部门应该建立动态的学籍制度，便于农民工子女就近入学。农民工子女接受教育有利于社会的公平性，缓解城乡发展的教育矛盾，打破代际传导的固化性。

十一、社会各界加大对留守儿童的关爱程度

全国妇联于 2014 年发布《我国农村留守儿童、城乡流动儿童状况研究报告》指出，我国农村留守儿童已达到 6102.55 万人，占我国农村全部同龄儿童比例为 37.70%，占全国儿童总数的 21.88%。留守儿童大多由祖父母隔代监护或亲友临时监护，大多数监护人员并没有起到真正的监护作用，他们往往忙于自己的事情而疏忽了对小孩子的教育监管，同时学校和家庭之间缺乏有效地沟通，导致相当数量的留守儿童产生厌学、逃学、辍学现象。因此，社会各界必须对留守儿童给予足够的关爱。首先，要求家长努力承担起教子之责。留守儿童最大的期盼就是可以和父母生活在一起，家庭的温暖和父母的关怀在孩子成长过程中至关重要。其次，学校应当为留守儿童建立家庭档案，关注留守儿童家庭情况，积极开展课外活动，辅导留守儿童心理问题，并主动与务工家长电话联系说明孩子近况。最后，积极呼吁社会各界加大对留守儿童的关爱，组织社会爱心人士下乡关怀留守儿童，积极支持大学生开展帮助留守儿童的活动，丰富留守儿童的课余生活。留守儿童的成长和教育问题已成为全社会关注的焦点，他们的健康成长为社会注入了新的活力，也打破了代际传导的固化性，促进社会的公平性。

参 考 文 献

［1］曹皎皎：《新常态下我国城乡居民代际收入流动性分析》，载于《商业经济研究》2017 年第 2 期，第 146～148 页。

［2］曹俊文、刘志红：《中国农村居民代际收入流动性趋势及质量研究》，载于《统计与信息论坛》2018 年第 33 期，第 58～64 页。

［3］陈杰、苏群、周宁：《农村居民代际收入流动性及传递机制分析》，载于《中国农村经济》2016 年第 3 期，第 36～53 页。

［4］陈杰、苏群：《我国居民代际收入传递机制研究》，载于《江西社会科学》2015 年第 5 期，第 74～80 页。

［5］陈静思：《健康人力资本对农村居民收入的影响——基于 CHNS 数据的实证分析》，载于《当代经济》2016 年第 30 期，第 106～109 页。

［6］陈丽华：《农村居民代际低收入传递机制及教育阻断策略》，载于《南方农业》2019 年第 10 期，第 21～25 页。

［7］陈琳、沈馨：《父代关系与代际收入流动：基于教育和就业的视角》，载于《南方经济》2016 年第 5 期，第 34～45 页。

［8］陈琳、袁志刚：《授之以鱼不如授之以渔？——财富资本、社会资本、人力资本与中国代际收入流动》，载于《复旦学报（社会科学版）》2012 年第 4 期，第 99～113 页。

［9］陈琳、袁志刚：《中国代际收入流动性的趋势与内在传递机制》，载于《世界经济》2012 年第 6 期，第 115～131 页。

［10］陈琳：《促进代际收入流动：我们需要怎样的公共教育——基于 CHNS 和 CFPS 数据的实证分析》，载于《中南财经政法大学学报》2015 年第 3 期，第 27～33 页。

［11］陈漫雪、吕康银、王文静：《代际收入传递的经济学分析》，载于《当代经济管理》2016 年第 38 期，第 73～78 页。

［12］陈胜男、陈云：《我国居民代际收入流动性测算及对比研究》，载于《数学的实践与认识》2016 年第 46 期，第 289～296 页。

[13] 陈翔、王小丽：《德国社会医疗保险筹资、支付机制及其启示》，载于《卫生经济研究》2009 年第 12 期，第 20～22 页。

[14] 陈依婷：《社会资本代际传递对少数民族生教育获得的影响——以 X 大学为例》，载于《现代经济信息》2016 年第 10 期，第 434～436 页。

[15] 陈永明：《日本教育财政的现状及其特点》，载于《外国教育》1999 年第 4 期，第 49～54 页。

[16] 陈永正、黄滢：《我国专利药独家药价格谈判机制的战略问题》，载于《现代经济探讨》2017 年第 6 期，第 16～23 页。

[17] 程名望、Jin Yanhong、盖庆恩等：《农村减贫：应该更关注教育还是健康？——基于收入增长和差距缩小双重视角的实证》，载于《经济研究》2014 年第 11 期，第 130～144 页。

[18] 程永明：《日本助推医疗产业国际化的官民协同支持体系》，载于《现代日本经济》2018 第 1 期，第 37～47 页。

[19] 邓力源、唐代盛、余驰晨：《我国农村居民健康人力资本对其非农就业收入影响的实证研究》，载于《人口学刊》2018 年第 1 期，第 102～112 页。

[20] 邸玉娜：《代际流动、教育收益与机会平等——基于微观调查数据的研究》，载于《经济科学》2014 第 1 期，第 65～74 页。

[21] 杜凤莲、石婧、张悦平等：《有其父必有其子吗？中国教育代际传递规模与影响因素分析》，载于《劳动经济研究》2019 年第 7 期，第 32～51 页。

[22] 杜凤莲、赵云霞、任帅等：《收入代际传递性别差异》，载于《数量经济与技术经济研究》2019 年第 10 期，第 137～153 页。

[23] 范君晖、闫明星：《基于结构方程模型的健康人力资本收入效应研究》，载于《湖南财政经济学院学报》2019 年第 35 期，第 57～64 页。

[24] 方鸣、应瑞瑶：《中国城乡居民代际收入流动分解》，载于《中国人口·资源与环境》2010 年第 5 期，第 123～128 页。

[25] 方鸣：《代际收入流动性与收入不平等——基于面板数据联立方程模型的分析》，载于《经济研究导刊》2014 年第 29 期，第 14～17 页。

[26] 龚娜：《试论日本医疗体制改革的具体措施及绩效分析》，载于《社会工作》2012 年第 11 期，第 80～82 页。

[27] 顾和军、刘云平：《照料父母对中国农村已婚妇女健康状况的影响》，载于《妇女研究论丛》2012 年第 5 期，第 23～27 页。

[28] 顾和军、刘云平：《中国农村儿童健康不平等及其影响因素研究——

基于 CHNS 数据的经验研究》，载于《南方人口》2012 年第 27 期，第 25~33 页。

[29] 顾昕：《全球性医疗体制改革的大趋势》，载于《中国社会科学》2005 年第 6 期，第 121~128 页。

[30] 顾昕：《走向准全民公费医疗：中国基本医疗保障体系的组织和制度创新》，载于《社会科学研究》2017 年第 1 期，第 102~109 页。

[31] 顾亚明：《日本分级诊疗制度及其对我国的启示》，载于《卫生经济研究》2015 年第 3 期，第 8~12 页。

[32] 郭丛斌、丁小浩：《中国劳动力市场分割中的行业代际效应及教育的作用》，载于《教育研究》2005 年第 1 期，第 34~40 页。

[33] 郭丛斌、闵维方：《教育与代际流动的关系研究——中国劳动力市场分割的视角》，载于《高等教育研究》2011 年第 2 期，第 22~32 页。

[34] 郭丛斌、闵维方：《教育：创设合理的代际流动机制——结构方程模型在教育与代际流动关系研究中的应用》，载于《教育研究》2009 年第 30 期，第 5~12 页。

[35] 郭丛斌、闵维方：《中国城镇居民教育与收入代际流动的关系研究》，载于《教育研究》2007 年第 5 期，第 3~14 页。

[36] 郭剑雄：《人力资本、生育率与城乡收入差距的收敛》，载于《中国社会科学》2005 年第 3 期，第 27~37 页。

[37] 韩军辉、龙志和：《基于多重计量偏误的农村代际收入流动分为回归研究》，载于《中国人口科学》2011 年第 5 期，第 26~35 页。

[38] 韩军辉：《机会不等与收入不均：城乡家庭收入的代际流动》，载于《华南农业大学学报》2010 年第 3 期，第 72~78 页。

[39] 何勤英、李琴、李任玉：《代际收入流动性与子辈和父辈间收入地位差异——基于收入差异的视角》，载于《公共管理学报》2017 年第 14 期，第 122~131 页。

[40] 何石军、黄桂：《中国社会的代际收入流动性趋势：2000~2009》，载于《金融研究》2013 年第 2 期，第 19~32 页。

[41] 何子英、邱越、郁建兴：《"有管理的竞争"在破除健康保险区域碎片化中的作用——德国经验及其对中国的借鉴》，载于《浙江社会科学》2017 年第 12 期，第 82~87 页。

[42] 何子英、郁建兴：《全民健康覆盖与基层医疗卫生服务能力提升——一个新的理论分析框架》，载于《探索与争鸣》2017 年第 2 期，第 77~81 页。

[43] 贺寨平：《人力资本、政治资本、社会资本对中国城市居民收入不平等的影响》，载于《河海大学学报（哲学社会科学版）》2015 年第 17 期，第 42 ~ 47 页。

[44] 洪秋妹：《健康、贫困与代际支持的理论分析》，载于《理论观察》2014 年第 11 期，第 59 ~ 61 页。

[45] 侯风云、张凤兵：《农村人力资本投资及外溢与城乡差距实证研究》，载于《财经研究》2007 年第 8 期，第 118 ~ 131 页。

[46] 胡洪曙、亓寿伟：《中国居民家庭收入分配的收入代际流动性》，载于《中南财经政法大学学报》2014 年第 2 期，第 20 ~ 29 页。

[47] 黄潇：《如何预防贫困的马太效应——代际收入流动视角》，载于《经济管理》2014 年第 36 期，第 153 ~ 162 页。

[48] 姜大源：《德国"双元制"职业教育再解读》，载于《中国职业技术教育》2013 年第 33 期，第 5 ~ 14 页。

[49] 蒋国河、闫广芬：《城乡家庭资本与子女的学业成就》，载于《教育科学》2006 年第 4 期，第 26 ~ 30 页。

[50] 孔微巍、廉永生、刘聪：《人力资本投资、有效劳动力供给与高质量就业》，载于《经济问题》2019 年第 5 期，第 9 ~ 18 页。

[51] 李超、商玉萍、李芳芝：《基于 TS2SLS 的中国居民代际收入流动性研究》，载于《统计与决策》2019 年第 5 期，第 106 ~ 109 页。

[52] 李超、商玉萍、李芳芝：《中国居民收入差距对代际收入流动的影响研究》，载于《云南财经大学学报》2018 年第 1 期，第 32 ~ 46 页。

[53] 李春玲：《社会政治变迁与教育机会不平等——家庭背景及制度因素对教育获得的影响（1940 ~ 2001）》，载于《中国社会科学》2003 年第 3 期，第 86 ~ 98 页。

[54] 李吉龙、高飞梁：《我国免费中职教育的现实困境和优化策略——借鉴美国和德国经验》，载于《成人教育》2014 年第 12 期，第 107 ~ 109 页。

[55] 李金华：《40 年来中国的教育及其与经济的非均衡发展》，载于《北京师范大学学报》2019 年第 3 期，第 5 ~ 16 页。

[56] 李力行、周广肃：《代际传递、社会流动性及其变化趋势——来自收入、职业、教育、政治身份的多角度分析》，载于《浙江社会科学》2014 年第 5 期，第 11 ~ 22 页。

[57] 李龙杰、李梦玲、李嘉楠：《子代受教育程度与代际收入流动性——基于中国家庭居民收入的实证研究》，载于《经济资料译丛》2018 年

第 1 期，第 40 ~ 50 页。

[58] 李三秀：《日本医疗保障制度体系及其经验借鉴》，载于《财政科学》2017 年第 6 期，第 92 ~ 108 页。

[59] 李享、叶露德：《药品价格形成和补偿机制对我国的启示》，载于《中国卫生资源》2010 年第 6 期，第 307 ~ 309 页。

[60] 李小胜：《中国城乡居民代际收入流动分析》，载于《统计与信息论坛》2011 年第 26 期，第 48 ~ 54 页。

[61] 李亚慧、刘华：《健康人力资本研究文献综述》，载于《生产力研究》2009 年第 20 期，第 189 ~ 192 页。

[62] 李银才：《管办不分：公立医院医生道德风险的本源》，载于《现代经济探讨》2014 年第 6 期，第 88 ~ 92 页。

[63] 李勇辉、李小琴：《人力资本投资、劳动力迁移与代际收入流动性》，载于《云南财经大学学报》2016 年第 32 期，第 39 ~ 50 页。

[64] 连增、何蓉、李超等：《人力资本、社会资本与代际收入传递——关于中国的实证研究》，载于《区域与全球发展》2018 年第 2 期，第 120 ~ 135 页。

[65] 梁梦健：《子代教育期望及教育资本代际传递的影响因素分析》，载于《黑龙江教育学院学报》2019 年第 38 期，第 64 ~ 66 页。

[66] 梁莹、崔惠民：《教育人力资本对城乡居民收入水平差异性的影响分析》，载于《黑龙江工业学院学报（综合版）》2019 年第 19 期，第 40 ~ 48 页。

[67] 林莞娟、张戈：《教育的代际流动：来自中国学制改革的证据》，载于《北京师范大学学报（社会科学版）》2015 年第 2 期，第 118 ~ 129 页。

[68] 林晶：《教育水平代际流动性会影响收入差距吗——基于机会不平等视角》，载于《经济研究参考》2019 年第 3 期，第 56 ~ 64 页。

[69] 林相森、周玉雯：《职业初期的"拼爹"严重吗？——基于代际收入传递的视角》，载于《南方经济》2019 年第 9 期，第 113 ~ 128 页。

[70] 刘国恩、William H. Dow、傅正泓等：《中国的健康人力资本与收入增长》，载于《经济学季刊》2004 年第 4 期，第 101 ~ 118 页。

[71] 刘欢：《人力资本投入对农村贫困家庭的减贫效应分析——基于健康、教育、社会保险、外出务工比较视角》，载于《经济经纬》2017 年第 34 期，第 43 ~ 48 页。

[72] 刘庆彬、张晏玮：《预期寿命对人力资本、生育率及养老金费率的

影响研究》，载于《中国物价》2018 年第 1 期，第 99 ~ 103 页。

[73] 刘文、沈丽杰：《我国代际收入弹性的测度研究》，载于《南方人口》2018 年第 33 期，第 29 ~ 46 页。

[74] 刘文先：《日本医疗改革和医院管理情况考察研究与启示》，载于《中国卫生信息管理杂志》2019 年第 1 期，第 29 ~ 33 页。

[75] 刘一彬：《教育对行业代际效应的逾越作用》，载于《福建商业高等专科学校学报》2005 年第 6 期，第 66 ~ 67 页。

[76] 刘志国、范亚静：《教育与居民收入代际流动性的关系研究》，载于《统计与决策》2014 年第 22 期，第 101 ~ 105 页。

[77] 刘志龙：《农村教育与代际收入流动性传导机制研究》，载于《东北财经大学学报》2014 年第 5 期，第 56 ~ 63 页。

[78] 龙翠红、王潇：《中国代际收入流动性及传递机制研究》，载于《华东师范大学学报（哲学社会科学版）》2014 年第 5 期，第 156 ~ 164 页。

[79] 龙海明、陶冶：《健康投资对中国经济发展的影响研究——基于省级面板数据的空间计量检验》，载于《湖南大学学报（社会科学版）》2017 年第 31 期，第 79 ~ 84 页。

[80] 卢现祥、尹玉琳：《代际职业流动的制度分析》，载于《广东社会科学》2018 年第 3 期，第 185 ~ 198 页。

[81] 栾斌、杨俊：《农村居民收入、健康支付结构与农村健康人力资本——中国省份面板数据的证据》，载于《农业技术经济》2015 年第 2 期，第 76 ~ 84 页。

[82] 吕凤亚、张瑞芳：《论德国现代学徒制及其对我国的启示》，载于《劳动保障世界》2019 年第 11 期，第 77 ~ 78 页。

[83] 吕新军、代春霞：《劳动力市场分割、人力资本投资与收入回报》，载于《北京理工大学学报》2019 年第 1 期，第 88 ~ 96 页。

[84] 吕之望、李翔：《我国农村居民代际收入流动的性别差异》，载于《金融评论》2017 年第 9 期，第 83 ~ 91 页。

[85] 马文武、杨少垒、韩文龙：《中国贫困代际传递及动态趋势实证研究》，载于《中国经济问题》2018 年第 2 期，第 13 ~ 23 页。

[86] 马哲、赵忠：《中国儿童健康不平等的演化和影响因素分析》，载于《劳动经济研究》2016 年第 4 期，第 22 ~ 41 页。

[87] 牟欣欣：《代际收入流动性的所有制差异研究》，载于《现代经济探讨》2017 年第 8 期，第 19 ~ 25 页。

[88] 牟欣欣:《家庭规模如何影响了代际收入流动性》,载于《天津财经大学学报》2017年第37期,第91~101页。

[89] 娜拉:《日本非营利医疗机构制度对我国的启示》,载于《中国医院管理》2016年第4期,第78~80页。

[90] 齐良书、李子奈:《与收入相关的健康和医疗服务利用流动性》,载于《经济研究》2011年第9期,第83~95页。

[91] 齐良书:《经济增长与扩大就业:鱼和熊掌如何得兼》,载于《领导之友》2006年第6期,第16~17页。

[92] 齐良书:《收入、收入不均与健康:城乡差异和职业地位的影响》,载于《经济研究》2006年第11期,第16~26页。

[93] 曲海燕:《从阻断代际贫困的视角探寻盖茨比曲线的破解路径》,载于《经济界》2019年第1期,第28~33页。

[94] 曲同颖、李海民:《德国职业教育发展史对中国职业教育的借鉴意义》,载于《芜湖职业技术学院学报》2011年第1期,第66~69页。

[95] 荣喜朝:《日本的教育公平理念沿革与启示》,载于《教学与管理》2017年第4期,第122~124页。

[96] 邵洲洲、冯剑锋:《家庭纽带与公共教育对代际收入流动性影响的实证》,载于《统计与决策》2019年第35期,第93~96页。

[97] 史志乐、张琦:《教育何以使脱贫成为可能?——基于家庭贫困陷阱的分析》,载于《农村经济》2018年第10期,第1~8页。

[98] 宋静:《基于分位数回归方法的教育对城乡代际收入流动的影响研究》,载于《现代信息科技》2019年第3期,第121~123页。

[99] 宋旭光、何宗樾:《义务教育财政支出对代际收入流动性的影响》,载于《财政研究》2018年第2期,第64~76页。

[100] 宋旭明:《医疗秩序管理重在实现医疗公平》,载于《管理世界》2014年第2期,第172~173页。

[101] 孙昂、姚洋:《劳动力的大病对家庭教育投资行为的影响——中国农村的研究》,载于《世界经济文汇》2006年第1期,第26~36页。

[102] 孙淑华:《德国教育体系之借鉴与思考》,载于《职业》2017年第32期,第118~119页。

[103] 孙伟、李树波、高建等:《德国双元制职业教育双元育人培养过程探析》,载于《辽宁高职学报》2019年第4期,第17~20页。

[104] 孙永强、颜燕:《我国教育代际传递的城乡差异研究——基于中国家庭追踪调查(CFPS)的实证分析》,载于《北京师范大学学报

(社会科学版)》2015 年第 6 期，第 59 ~ 67 页。

[105] 孙早、侯玉琳：《政府培训补贴、企业培训外部性与技术创新——基于不完全劳动力市场中人力资本投资的视角》，载于《经济与管理研究》2019 年第 4 期，第 47 ~ 64 页。

[106] 谭新红、崔惠民：《教育对代际收入流动性影响的实证分析》，载于《太原理工大学学报（社会科学版)》2018 年第 36 期，第 53 ~ 60 页。

[107] 汤术丽：《浅谈德国职业教育师资人才培养》，载于《劳动保障世界》2019 年第 8 期，第 51 页。

[108] 汪燕敏、金静：《我国教育对代际收入流动的影响——基于代际数据的观察》，载于《管理现代化》2013 年第 3 期，第 123 ~ 125 页。

[109] 王彩勤、秦昆、卢宾宾：《教育及其代际流动的空间分布研究》，载于《地理与地理信息科学》2016 年第 32 期，第 57 ~ 62 页。

[110] 王海港：《中国居民收入分配的代际流动》，载于《经济科学》2005 年第 2 期，第 18 ~ 25 页。

[111] 王嘉毅、封清云、张金：《教育与精准扶贫精准脱贫》，载于《教育研究》2016 年第 7 期，第 12 ~ 21 页。

[112] 王文娟、曹向阳：《增加医疗资源供给能否解决"看病贵"问题》，载于《管理世界》2016 年第 6 期，第 98 ~ 106 页。

[113] 王秀芝、易婷：《健康人力资本的收入效应》，载于《首都经济贸易大学学报》2017 年第 19 期，第 20 ~ 26 页。

[114] 王一兵、张东辉：《中国健康人力资本对收入的影响分析——来自纵贯数据的证据》，载于《卫生经济研究》2007 年第 12 期，第 22 ~ 26 页。

[115] 王引、尹志超：《健康人力资本积累与农民收入增长》，载于《中国农村经济》2009 年第 12 期，第 24 ~ 31 页。

[116] 魏颖、张春艳：《代际收入流动与收入不平等问题研究》，载于《中国社会科学院研究生院学报》2009 年第 4 期，第 97 ~ 102 页。

[117] 魏众：《健康对非农就业及其工资决定的影响》，载于《经济研究》2004 年第 2 期，第 64 ~ 74 页。

[118] 向延平：《教育贫困代际传递与阻断：教育精准扶贫路径选择》，载于《当代教育论坛》2018 年第 3 期，第 32 ~ 37 页。

[119] 谢勇：《人力资本与收入不平等的代际间传递》，载于《上海财经大学学报》2006 年第 2 期，第 49 ~ 56 页。

[120] 邢春冰：《中国农村非农就业机会的代际流动》，载于《经济研究》2006年第9期，第103~116页。

[121] 徐俊武、黄珊：《教育融资体制对代际流动性与不平等程度的动态影响：基于OLG模型的分析》，载于《财经研究》2016年第8期，第4~14页。

[122] 徐俊武、易祥瑞：《增加公共教育支出能够缓解"二代"现象吗？——基于CHNS的代际收入流动性分析》，载于《财经研究》2014年第40期，第17~28页。

[123] 徐俊武、张月：《子代受教育程度是如何影响代际收入流动性的？——基于中国家庭收入调查的经验分析》，载于《上海经济研究》2015年第10期，第121~128页。

[124] 徐俊武：《中国公共教育支出效果：基于省际数据的实证分析》，载于《学习与实践》2010年第7期，第41~49页。

[125] 徐丽、杨澄宇、吴丹萍：《教育投资结构对居民收入代际流动的影响分析——基于OLG模型的政策实验》，载于《教育经济评论》2017年第2期，第36~62页。

[126] 徐舒、李江：《代际收入流动：异质性及对收入公平的影响》，载于《财政研究》2015年第11期，第23~33页。

[127] 徐伟等：《日本重大疾病保障制度经验借鉴及启示》，载于《中国卫生经济》2016年第2期，第92~96页。

[128] 徐晓红、曹宁：《部门分割视角下的收入差距代际传递变动趋势》，载于《贵州财经大学学报》2018年第3期，第93~101页。

[129] 徐晓红：《中国城乡居民收入差距代际传递变动趋势：2002~2012》，载于《中国工业经济》2015年第3期，第5~17页。

[130] 薛宝贵、何炼成：《我国阶层收入差距代际传递及矫正》，载于《学习与实践》2018年第2期，第50~57页。

[131] 薛宝贵、何炼成：《现有土地制度下增加农民财产性收入的挑战与路径》，载于《宁夏社会科学》2014年第6期，第30~35页。

[132] 闫淑敏、段兴民：《人力资本参与收入分配的若干问题研究》，载于《中国人力资源开发》2002年第4期，第21~23页。

[133] 闫淑敏、段兴民：《中国城镇家庭人力资本投资动态与收益分析》，载于《预测》2002年第3期，第4~8页。

[134] 严斌剑：《基于代际传递视角的中国教育公平研究》，载于《社会科学辑刊》2019年第2期，第98~105页。

[135] 阳义南、连玉君：《中国社会代际流动性的动态解析——CGSS 与 CLDS 混合截面数据的经验证据》，载于《管理世界》2015 年第 4 期，第 79~91 页。

[136] 杨红岭：《农民工职业流动受人力资本影响效应》，载于《农业经济》2019 年第 4 期，第 73~74 页。

[137] 杨晶、邓大松、申云：《人力资本、社会保障与中国居民收入不平等——基于个体相对剥夺视角》，载于《保险研究》2019 年第 6 期，第 111~124 页。

[138] 杨娟、赖德胜、邱牧远：《如何通过教育缓解收入不平等?》，载于《经济研究》2015 年第 9 期，第 86~99 页。

[139] 杨娟、周青：《增加公共教育经费有助于改善教育的代际流动性吗?》，载于《北京师范大学学报（社会科学版)》2013 年第 2 期，第 116~125 页。

[140] 杨汝岱、刘伟：《市场化与中国代际收入流动》，载于《湘潭大学学报（哲学社会科学版)》2019 年第 43 期，第 112~118 页。

[141] 杨晓军：《中国农户人力资本投资与城乡收入差距：基于省级面板数据的经验分析》，载于《农业技术经济》2013 年第 4 期，第 13~25 页。

[142] 杨新铭、邓曲恒：《城镇居民收入代际传递现象及其形成机制——基于 2008 年天津家庭调查数据的实证分析》，载于《财贸经济》2016 年第 11 期，第 47~61 页。

[143] 杨亚平、施正政：《中国代际收入传递的因果机制研究》，载于《上海经济研究》2016 年第 3 期，第 61~72 页。

[144] 杨玉萍：《健康的收入效应——基于分位数回归的研究》，载于《财经科学》2014 年第 4 期，第 108~118 页。

[145] 姚先国、张海峰：《教育人力资本与地区经济差异》，载于《经济研究》2008 年第 5 期，第 47~57 页。

[146] 姚宇：《控费机制与我国公立医院的运行逻辑》，载于《中国社会科学》2014 年第 12 期，第 60~80 页。

[147] 叶茜红、孙盼弟：《健康人力资本的代际传递效应述评》，载于《中外企业家》2015 年第 16 期，第 201 页。

[148] 叶晓阳：《"以权择校"：父母政治资本与子女择校》，载于《世界经济文汇》2012 年第 4 期，第 52~73 页。

[149] 易迎霞：《教育有助于社会流动吗？——来自中国家庭的微观证

据》，载于《云南财经大学学报》2018 年第 34 期，第 79 ~ 87 页。

[150] 殷文、房强：《德国公共教育经费投入连续 8 年攀升》，载于《世界教育信息》2018 年第 3 期，第 25 ~ 36 页。

[151] 于保容：《德国夏洛特大学医院经营管理简析》，载于《卫生经济研究》2015 年第 7 期，第 35 ~ 38 页。

[152] 于大川、潘光辉：《健康人力资本与农户收入增长——基于 CHNS 数据的经验研究》，载于《经济与管理》2013 年第 27 期，第 25 ~ 29 页。

[153] 余静文、苗艳青：《健康人力资本与中国区域经济增长》，载于《武汉大学学报（哲学社会科学版）》2019 年第 72 期，第 161 ~ 175 页。

[154] 袁韩时弼等：《医保药品支付标准分类管理研究》，载于《卫生经济研究》2017 年第 11 期，第 48 ~ 51 页。

[155] 袁磊：《我国居民代际收入流动的实现路径——兼文献综述》，载于《经济问题探索》2016 年第 11 期，第 173 ~ 181 页。

[156] 苑会娜：《进城农民工的健康与收入——来自北京市农民工调查的证据》，载于《管理世界》2009 年第 5 期，第 56 ~ 66 页。

[157] 张车伟：《人力资本回报率变化与收入差距："马太效应"及其政策含义》，载于《经济研究》2006 年第 12 期，第 59 ~ 70 页。

[158] 张车伟：《营养、健康与效率——来自中国贫困农村的证据》，载于《经济研究》2003 年第 1 期，第 3 ~ 12 页。

[159] 张川川：《健康变化对劳动供给和收入影响的实证分析》，载于《经济评论》2011 年第 4 期，第 79 ~ 88 页。

[160] 张丹青、王兰会：《健康对居民代际收入流动的影响》，载于《市场研究》2018 年第 10 期，第 19 ~ 21 页。

[161] 张津琛、储宁、孙东宁：《教育、健康、语言水平对个人收入的影响》，载于《当代经济》2019 年第 6 期，第 159 ~ 161 页。

[162] 张坤：《德国义务教育发展特色及启示》，载于《现代教育科学》2008 年第 6 期，第 34 ~ 36 页。

[163] 张苏、曾庆宝：《教育的人力资本代际传递效应述评》，载于《经济学动态》2011 年第 8 期，第 127 ~ 132 页。

[164] 张文俊、窦学诚：《农村家庭人力资本投资动态分析——以河南农村为例》，载于《农村经济》2010 年第 1 期，第 101 ~ 104 页。

[165] 张玉华、赵媛媛：《健康对个人收入和城乡收入差距的影响》，载

于《财经问题研究》2015 年第 8 期，第 11~16 页。

[166] 赵红霞、高培培：《子代教育对中国农村贫困代际传递的影响——基于 CHIP2013 的实证分析》，载于《教育学术月刊》2017 年第 12 期，第 26~32 页。

[167] 赵红霞、高永超：《教育公平视角下我国教育代际流动及其影响因素研究》，载于《教育研究与实验》2016 年第 1 期，第 28~32 页。

[168] 赵剑治、陆铭：《关系对农村收入差距的贡献及其地区差异——一项基于回归的分解分析》，载于《经济学（季刊）》2010 年第 9 期，第 363~390 页。

[169] 赵邵阳、臧文斌、尹庆双：《医疗保障水平的福利效果》，载于《经济研究》2015 年第 8 期，第 130~145 页。

[170] 周波、苏佳：《财政教育支出与代际收入流动性》，载于《世界经济》2012 年第 36 期，第 64~73 页。

[171] 周广肃、樊纲、申广军：《收入差距、社会资本与健康水平——基于中国家庭追踪调查（CFPS）的实证分析》，载于《管理世界》2014 年第 7 期，第 12~21 页。

[172] 周绿林、戴宇践、和田康纪：《日本高额疗养改革发展及借鉴》，载于《中国卫生经济》2016 年第 2 期，第 92~96 页。

[173] 周群力、陆铭：《拜年与择校》，载于《世界经济文汇》2009 年第 6 期，第 19~34 页。

[174] 周兴、王芳：《城乡居民家庭代际收入流动的比较研究》，载于《人口学刊》2014 年第 36 期，第 64~73 页。

[175] 周兴、张鹏：《代际间的收入流动性及其对居民收入差距的影响》，载于《中国人口科学》2013 年第 5 期，第 50~59 页。

[176] 朱健、徐雷、王辉：《教育代际传递的城乡差异研究——基于中国综合社会调查数据的验证》，载于《教育与经济》2018 年第 6 期，第 45~55 页。

[177] 祝建华：《贫困代际传递过程中的教育因素分析》，载于《教育发展研究》2016 年第 3 期，第 36~44 页。

[178] 邹薇、马占利：《家庭背景、代际传递与教育不平等》，载于《中国工业经济》，载于 2019 年第 2 期，第 80~98 页。

[179] 邹薇、马占利：《中国代际收入流动测度及致因》，载于《云南财经大学学报》2018 年第 2 期，第 13~23 页。

[180] 邹薇、郑浩：《贫困家庭的孩子为什么不读书：风险、人力资本

代际传递和贫困陷阱》，载于《经济学动态》2014 年第 6 期，第 16 ~ 31 页。

[181] 佐藤宏、李实：《中国农村地区的家庭成分、家庭文化和教育》，载于《经济学季刊》2008 年第 4 期，第 1105 ~ 1130 页。

[182] Ahmad M, Khan R. E. A. (2019), Does Demographic Transition with Human Capital Dynamics Matter for Economic Growth? A Dynamic Panel Data Approach to GMM. *Social Indicators Research*, Vol. 142, No. 2, pp. 753 – 772.

[183] Aina C, Nicoletti C. (2018), The Intergenerational Transmission of Liberal Professions. *Labour Economics*, Vol. 51, No. 2, pp. 108 – 120.

[184] Alekha C M. (2016), Education, Income Distribution and Intergenerational Mobility. *Contemporary Education Dialogue*, Vol. 13, No. 1, pp. 33 – 56.

[185] Almond D. (2006), Is the 1918 Influenza Pandemic Over? Long-term of in Utero Influenza Exposure in Post – 1940 American Population. *Journal of Political Economy*, Vol. 114, No. 4, pp. 672 – 712.

[186] Anema H A, Van S A, Kievit J, et al. (2014), Influences of Definition Ambiguity on Hospital Performance Indicator Scores: Examples from the Netherlands. *European Journal of Public Health*, Vol. 24, No. 1, pp. 73.

[187] Apouey Bénédicte, Geoffard Pierre – Yves. (2013), Family Income and Child Health in the UK. *Journal of Health Economics*, Vol. 32, No. 4, pp. 715 – 727.

[188] Arnaud L, Fumiaki O, Takashi Ya. (2014), Intergenerational Earnings Mobility in Japan among Sons and Daughters: Levels and Trends. *Journal of Population Economics*, Vol. 27, No. 1, pp. 91 – 134.

[189] Atkinson A B, Jenkins SP. (1984), The Steady State Assumption and The Estimation of Distributional and Related Models. *The Journal of Human Resources*, Vol. 19, No. 3, pp. 358 – 376.

[190] Atsuko U. (2011), Intergenerational Mobility of Earnings and Income in Japan. *The B E Journal of Economic Analysis & Policy*, Vol. 9, No. 1.

[191] Becker G S, N Tomes. (1979), An Equilibrium Theory of the Distribution of Income and Intergenerational Mobility. *The Journal of Political*

Economy, Vol. 87, No. 6, pp. 1153 – 1189.

[192] Behrman J R, P Taubman. (1985), Intergenerational Earnings Mobility in the United States: Some Estimates and a Test of Becker's Intergenerational Endowments Model. *Review of Economics and Statistics*, Vol. 67, No. 1, pp. 144 – 151.

[193] Berge J M, Winkler M R, Larson N, et al. (2018), Intergenerational Transmission of Parent Encouragement to Diet from Adolescence into Adulthood. *Pediatrics*, Vol. 144, No. 4, pp. 2 – 9.

[194] Birchenall J. A. (2007), Escaping high mortality. *Journal of Economic Growth*, Vol. 23, No. 4, pp. 351 – 380.

[195] Bjorklund, Anders, Jantti, et al. (2007), Nature and Nurture in the Intergenerational Transmission of Socioeconomic Status: Evidence from Swedish Children and Their Biological and Rearing Parents. *Journal of Economic Analysis & Policy*, Vol. 7, No. 2, pp. 1 – 21.

[196] Black, S. , E. , et al. (2007), From the Cradle to the Labor Market: The Effect of Birth Weight on Adult Outcomes. *Quarterly journal of Economics*, Vol. 122, No. 1, pp. 409 – 439.

[197] Blanden J, Lindsey M. (2016), Educational Inequality, Educational Expansion and Intergenerational Mobility. *Journal of Social Policy*, Vol. 122, No. 4, pp. 589 – 614.

[198] Bloome D. (2017), Childhood Family Structure and Intergenerational Income Mobility in the United States. *Demography*, Vol. 54, No. 2, pp. 541 – 569.

[199] Breen R, Karlson K B. (2014), Education and Social Mobility: New Analytical Approaches. *European Sociological Review*, Vol. 30, No. 1, pp. 107 – 118.

[200] Brunello Stella L, IZA J. (2013), Intergenerational Tnsmission of Human Capital in Europe: Evidence from SHARE. *IZA Journal of European Labor Studies*, Vol. 110, No. 32, pp. 2 – 13.

[201] Brzoska P, et al. (2016), Self-rated Treatment Outcomes in Medical Rehabilitation among German and Non – German Nationals Residing in Germany: An Exploratory Cross-sectional Study. *BMC Health Services Research*, Vol. 16, No. 1, pp. 1 – 10.

[202] Bukodi E, Goldthorpe J H. (2016) Educational Attainment – Relative

or Absolute-as a Mediator of Intergenerational Class Mobility in Britain. *Research in Social Stratification and Mobility*, Vol. 43, No. 1, pp. 5 – 15.

[203] Carvalho, Leandro (2012), Childhood Circumstances and the Intergenerational Transmission of Socioeconomic Status. *Demography*, Vol. 49, No. 3, pp. 913 – 938.

[204] Case A, Fertig A, Paxson C. (2005), The Lasting Impact of Childhood Health and Circumstance. *Journal of Health Economics*, Vol. 34, No. 2, pp. 365 – 389.

[205] Cassandra Robertson, Rourke O'Brien. (2018), Health Endowment at Birth and Variation in Intergenerational Economic Mobility: Evidence from U. S Country Birth Cohort. *Demography*, Vol. 55, No. 1, pp. 249 – 269.

[206] Cebeci E, Algan N, Cankaya S. (2015), The Returns of the Education in the Context of Micro-macro Analysis. *Elsevier Journal*, Vol. 174, No. 2, pp. 916 – 925.

[207] Chengez Simon Fan (2003), Human Capital, Study Effort, and Persistent Income Inequality. *Review of Development Economics*, Vol. 7, No. 2, pp. 311 – 326.

[208] Chenhong Peng, Paul Siu Fai Yip, Yik Wa Law. (2018), Intergenerational Earnings Mobility and Returns to Education in Hong Kong: A Developed Society with High Economic Inequality. *Social Indicators Research*. Vol. 133, No. 1, pp. 1 – 24.

[209] Chu Y W, Lin M J. (2019), Intergenerational Earnings Mobility in Taiwan: 1990 – 2010. *Empirical Economics*, Vol. 56, No. 1, pp. 1 – 35.

[210] Chusseau N, Hellier J. (2011), Educational Systems, Intergenerational Mobility and Social Segmentation. *European Journal of Comparative Economics*. , Vol. 8, No. 2, pp. 255 – 286.

[211] Coneus, Katja, Spiess C. , et al. (2012), The Intergenerational Transmission of Health in Early Childhood – Evidence from the German Socio – Economic Panel Study. *Economics and Human Biology*, Vol. 10, No. 1, pp. 89 – 97.

[212] Ctirad Slavík, Hakki Yazici. (2019), On the Consequences of Eliminating Capital Tax Differentials. *Canadian Journal of Economics/Revue*

Canadienne D'économique, Vol. 52, No. 1, pp. 225 – 252.

[213] Currie, Janet. (2011), Inequality at Birth: Some Causes and Consequences. *American Economic Review*, Vol. 101, No. 3, pp. 1 – 22.

[214] Dan A, Fredrik E. (2007), Social Net-work in the Labor Market and Intergenerational Mobility. *The Economic Journal*, Vol. 117, No. 520, pp. 782 – 812.

[215] Deaton, Angus. (2003), Health, Inequality, and Economic Development. *Journal of Economic Literature*, Vol. 41, No. 1, pp. 113 – 158.

[216] EideE R, MHShowalter. (1999), Factors Affecting the Transmission of Earnings across Generations: A quartile Regression Approach. *Journal of Human Resources*, Vol. 34, No. 2, pp. 253 – 267.

[217] Eleonora P, Yves Z. (2011), Neighborhood Effects And Parental Involvement in the Intergenerational Transmission of Education. *Journal of Regional Science*, Vol. 51, No. 5, pp. 987 – 1013.

[218] Fan Y. , J. Yi, J. Zhang. (2013), Intergenerational Mobility in China: Patterns and Determinants. *Chinese University of Hong Kong working paper*, Vol. 22.

[219] Fletcher J, Han J. (2018), Intergenerational Mobility in Education: Variation in Geography and Time. *NBER Working Papers*. No. 25324.

[220] Fred A. Lazin. (2002), Israel and Ethiopian Jewish Immigrants. *Society*, Vol. 39, No. 4, pp. 55 – 62.

[221] Galor, Oded, Tsiddon, Daniel. (1997), The Distribution of Human Capital and Economic Growth. *Journal of Economic Growth*, Vol. 2, No. 1, pp. 93 – 124.

[222] Gouskova, Elena, Chiteji, et al. (2010), Pension Participation: Do Parents Transmit Time Preference? *Journal of Family and Economic Issues*, Vol. 31, No. 2, pp. 138 – 150.

[223] Gregg P, Jonsson J O, Macmillan L. Mood C. (2017), The Role of Education for Intergenerational Income Mobility: A Comparison of The United States, Great Britain, and Sweden. *Social Forces*, Vol. 114, No. 3, pp. 1 – 31.

[224] Gregg P, Macmillan L, Vittori C. (2019), Intergenerational Income Mobility: Access to Top Jobs, the Low – Pay No – Pay Cycle and the Role of Education in a Common Framework. *Journal of Population Eco-*

nomics, Vol. 32, No. 2, pp. 501 – 528.

[225] Grossman, Michael (1972), On the Concept of Health Capital and the Demand for Health. *Journal of Political Economy*, Vol. 80, No. 2, pp. 223 – 255.

[226] Guo C, Min W F. (2008), Education and Intergenerational Income Mobility in Urban China. *Rontiers of Education in China.* , Vol. 3, No. 1, pp. 22 – 44.

[227] Hack M, Klein N K. (1995), Taylor H G. Long-term Developmental Outcomes of Low Birth Weight Infants. *Future of Children*, Vol. 5, No. 1, pp. 176 – 196.

[228] Haggard S. (2003), Varieties of Capitalism: The Institutional Foundations of Comparative Advantage. *Business History Review*, Vol. 77, No. 2, pp. 352 – 355.

[229] Haider, G Solon. (2006), Life-cycle Variation in the Association between Current and Lifetime Earnings. *American Economic Review*, Vol. 96, No. 4, pp. 1308 – 1320.

[230] Halla, Martin, Zweimuller, et al. (2013), The Effect of Health on Earnings: Quasi-experimental Evidence from Commuting Accidents. *Labour Economics*, Vol. 2, pp. 23 – 38.

[231] Hanushek, Eric A. (1996), Measuring Investment in Education. *Journal of Economic Perspectives*, Vol. 10, No. 4, pp. 9 – 30.

[232] Haverland M, Stiller S. (2010), The Grand Coalition and Pension and Health Care Reform. *German Politics*, Vol. 19, No. 3, pp. 425 – 445.

[233] Heisz C A. (1999), The Intergenerational Earnings and Income Mobility of Canadian Men: Evidence from Longitudinal Income Tax Data. *The Journal of Human Resources*, Vol. 34, No. 3, pp. 504 – 533.

[234] Hentschker C, Mennicken R. (2014), The Volume-outcome Relationship and Minimum Volume Standards-empirical Evidence for Germany. *Health Economics*, Vol. 16, No. 7, pp. A539 – A540.

[235] Horn H, Nink K, Mcgauran N, et al. (2014), Early Benefit Assessment of New Drugs in Germany – Results from 2011 to 2012. *Health Policy*, Vol. 116, No. 2, pp. 147 – 153.

[236] Horrell S, Humphries J, Voth H J. (2001), Destined for Deprivation: Human Capital ForMation and Intergenerational Poverty in Nine-

teenth – Century England. *Explorations in Economic History*, Vol. 38, No. 3, pp. 339 – 365.

[237] Inkwan Chung, Hyunjoon Park. (2019), Educational expansion and trends in intergenerational social mobility among Korean men. *Social Science Research*, Vol. 83.

[238] Jaehyun Nam. (2019), Government Spending during Childhood and Intergenerational Income Mobility in the United States. *Children and Youth Services Review*, Vol. 100, No. 6, pp. 332 – 343.

[239] Jason L, Ferrie J. (2018), Grandfathers Matter (Ed): Occupational Mobility Across Three Generations in the US and Britain. *Economic Journal*, Vol. 128, No. 612, pp. 422 – 445.

[240] Jerrim J, Macmillan L. (2015), Income Inequality, Intergenerational Mobility, and the Great Gatsby Curve: Is Education the Key? *Social Forces: a Scientific Medium of Social Study and Interpretation*, Vol. 94, No. 2, pp. 502 – 533.

[241] Jinyan Zhou, Wen Zhao. (2018), Contributions of Education to Inequality of Opportunity in Income: A Counterfactual Estimation with Data from China. *Research in Social Stratification and Mobility*, Vol. 59, pp. 60 – 70.

[242] Jones, Andrew M. , Wildman, et al. (2008), Health, Income and Relative Deprivation: Evidence from the BHPS. *Journal of Health Economics*, Vol. 27, No. 2, pp. 308 – 324.

[243] Juan Yang, Muyuan Qiu. (2016), The Impact of Education on Income Inequality and Intergenerational Mobility. *China Economic Review*, Vol. 37, pp. 110 – 125.

[244] Kelly E. (2011), The scourge of Asian flu: In Utero Exposure to Pandemic Influenza and Development of a Conhort of British Children. *Journal of Human Resource*, No. 46, pp. 669 – 694.

[245] Kiyoshi N. (1971), Academic Career and Occupational Mobility. *Sociology of Education Research*, Vol. 26, pp. 168 – 182.

[246] Lagomarsino G, et al. (2012), Moving towards Universal Health Coverage: Health Insurance Reformsin Nine Developing Countries in Africa and Asia. *Lancet*, Vol. 380, No. 9845, pp. 933 – 943.

[247] Lee C, G Solon. (2009), Trends in Intergenerational Income Mobili-

ty. *Review of Economics and Statistics*, Vol. 91, No. 4, pp. 766 – 772.

[248] Lefgren, Lars, Lindquist, et al. (2012), Rich Dad, Smart Dad: Decomposing the Intergenerational Transmission of Income. *Journal of Political Economy*, Vol. 120, No. 2, pp. 268 – 303.

[249] Limor Gabay – Egozia, Meir, Intergenerational educational mobility and life course earnings in Israel [EB/OL], https://www. sciencedirect. com/science/article/pii/S0049089X18301406#bib7, 2019 – 07 – 23.

[250] Lowe R. (1998), Schooling as an Impediment to Social Mobility in Nineteenth and Twentieth Century Britain. *Paedagogica Historica*, Vol. 34, No. 2, pp. 57 – 67.

[251] Luft, Harold S. (1975), The Impact of Poor Health on Earning. *Review of Economics and Statistics*, Vol. 57, No. 1, pp. 43 – 57.

[252] Lundborg P, Nordin M, Rooth D. O. (2018), The Intergenerational Transmission of Human Capital: The Role of Skills and Health. *Journal of Population Economics*, Vol. 31, No. 4, pp. 1035 – 1065.

[253] Matsuo M, Nakahara J. (2013), The Effects of the PDCA Cycle and OJT on Workplace Learning. *International Journal of Human Resource Management*, Vol. 24, No. 1, pp. 195 – 207.

[254] Mayer S E, L MLopoo. (2005), Has the Intergenerational Transmission of Economic Status Changed? *Journal of Human Resources*, No. 40, pp. 169 – 185.

[255] Mduduzi Biyase, Frederich Kirsten. (2019), Education and Economic Growth in Cape and Natal Colonies: Learning from History 1. *The Journal of Developing Areas*, Vol. 54, No. 6, pp. 105 – 120.

[256] Miles Corak, Matthew J. Lindquist, Bhashkar Mazumder. (2014), A Comparison of Upward and Downward Intergenerational Mobility in Canada, Sweden and the United States. *Labour Economics*, Vol. 30, pp. 185 – 200.

[257] Moeen N. (2018), Human and Social Capital Complementarities in the Presence of Credit Market Imperfections. *Lahore Journal of Economics*, Vol. 23, No. 2, pp. 109 – 150.

[258] Mudrazija S. (2014), The Balance of Intergenerational Family Transfers: A Life-cycle Perspective. *European Journal of Ageing*, Vol. 11, No. 3, pp. 249 – 259.

[259] Murray C, Clark R G, Mendolia S, et al. (2018), Direct Measures of Intergenerational Income Mobility for Australia. *Economic Record*, Vol. 94, No. 307, pp. 445 – 468.

[260] Mushkin, S. J. (1962), Health as an Investment. *Journal of Political Economy*, Vol. 70, No. 5, pp. 129 – 157.

[261] Nabil Annabi. (2017), Investments in Education: What are the Productivity Gains? *Journal of Policy Modeling*, Vol. 39, No. 3, pp. 499 – 518.

[262] Nam J. (2019), Government Spending during Childhood and Intergenerational Income Mobility in the United States. *Children and Youth Service Review*, Vol. 100, No. 3, pp. 332 – 343.

[263] Otgontugs Banzragch, Suguru Mizunoya, Munkhireedui Bayarjargal. (2019), Education inequality in Mongolia: Measurement and Causes. *International Journal of Educational Development*, Vol. 68, No. 12, pp. 68 – 79.

[264] Palloni A. (2006), Reproducing Inequalities: Luck, Wallets, and The Enduring Effects of Childhood Health. *Demography*, Vol. 43, No. 3, pp. 587 – 615.

[265] Pelkowski, Jodi Messer, Berger, et al. (2004), The Impact of Health on Employment, Wages, and Hours Worked over the Life Cycle. *Quarterly Review of Economics and Finance*, Vol. 44, No. 1, pp. 102 – 121.

[266] Plug, Erik. (2004), Estimating the Effect of Mother's Schooling on Children's Schooling Using a Sample of Adoptees. *American Economic Review*, Vol. 94, No. 1, pp. 358 – 368.

[267] Ren Wang, Rui Wang, Hongqi Ma. (2019), The Effect of Healthy Human Capital Improvement on Savings and Growth: An Empirical Study Based on China's Inter-provincial Panel data. *Proceedings of Rijeka Faculty of Economics: Journal of Economics & Business*, Vol. 31, No. 1.

[268] Sacerdote, Bruce. (2007), How Large are the Effects from Changes in Family Environment? A Study of Korean American Adoptees. *Quarterly Journal of Economics*, Vol. 122, No. 1, pp. 119 – 157.

[269] Schad M. (2016), Education Policy and Intergenerational Income Mobility. *Intergenerational Income Mobility and Redistributive Policy*,

Vol. 113, No. 5, pp. 19 – 44.

[270] Schmid A, Ulrich V. (2013), Consolidation and Concentration in the German Hospital Market: The Two Sides of the Coin. *Health Policy*, Vol. 109, No. 3, pp. 301.

[271] Schoen C, et al. (2011), New 2011 Survey of Patients with Complex Care Needs in Eleven Countries Finds that Care is Often Poorly Coordinated. *Health Affairs*, Vol. 30, No. 12, pp. 2347 – 2448.

[272] Schoen C, et al. (2015), A Survey of Primary Care Physicians in Eleven Countries, 2009: Perspectives on Care, Costs, and Experiences. *Health Affairs*, Vol. 28, No. 6, pp. 1171 – 1183.

[273] Schuck B, Steiber N. (2018), Does Intergenerational Educational Mobility Shape the Well – Being of Young Europeans? Evidence from the European Social Survey. *Social Indicators Research*, Vol. 139, No. 3, pp. 1237 – 1255.

[274] Schultz, T. Paul, Tansel, et al. (1997), Wage and Labor Supply Effects of Illness in Cote D'Ivoire and Ghana: Instrumental Variable Estimates for Days Disabled. *Journal of Development Economics*, Vol. 53, No. 2, pp. 251 – 286.

[275] Solon Gary. (1992), Intergenerational Income Mobility in the United States. The *American Economic Review*, Vol. 82, No. 3, pp. 393 – 408.

[276] Solon, Gary, Page, et al. (2000), Correlations between Neighboring Children in Their Subsequent Educational Attainment. *Review of Economics and Statistics*, Vol. 82, No. 3, pp. 383 – 392.

[277] Solon, Gary. (1999), Intergenerational Mobility in the Labor Market. *Handbook of Labor Economics*, Vol. 38, No. 6, pp. 1761 – 1800.

[278] Stella B L, IZA J. (2013), Intergenerational Tnsmission of Human Capital in Europe: Evidence from SHARE. *IZA Journal of European Labor Studies*, Vol. 110, No. 32, pp. 2 – 13.

[279] Stephan marchin, Education Systems and Intergenerational Mobility [EB/OL]. https: //sites. hks. harvard. edu/pepg/PDF/events/Munich/PEPG – 04 – 18Machin. pdf, 2019 – 7 – 24.

[280] Sturgis P, Buscha F. (2015), Increasing Intergenerational Social Mobility: is Educational Expansion the Answer? *The British Journal of Sociology*, Vol. 66, No. 3, pp. 512 – 533.

[281] Susan E. Mayer, Leonard M. Lopoo. (2007), Government spending and intergenerational mobility. *Journal of Public Economics*, Vol. 92, No. 1, pp. 139 – 158.

[282] Tachibanaki, Toshiaki. (2007), Confronting Income Inequality in Japan: A Comparative Analysis of Causes, Consequences, and Reform. *Boston: The MIT Press.*

[283] Von B O, et al. (2016), Ten-year Analyses of the German DRG Data about Negative Pressure Wound Therapy. *International Wound Journal*, Vol. 14, No. 3, pp. 501 – 507.

[284] Yanfang Liao. (2019), Does Education Improve Intergenerational Income Mobility? *Journal of Social Science*, Vol. 7, No. 5, pp. 86 – 98.

[285] Yuliya Kulikova, Health, Intergenerational Mobility and Inequality [EB/OL]. https://editorialexpress.com/cgi – bin/conference/download. cgi? db_name = SAEE40&paper_id = 466, 2019 – 07 – 23.

[286] Yumei Guo, Yang Song, Qianmiao Chen. (2019), Impacts of Education Policies on Intergenerational Education Mobility in China. *China Economic Review*, Vol. 55, No. 6, pp. 124 – 142.

[287] Zhongda Li, Lu Liu, Meijin Wang. (2014), Intergenerational Income Mobility and Public Education Spending: Evidence from China. *Children and Youth Services Review*, Vol. 40, No. 6, pp. 89 – 97.